Online-Redaktionsmanagement in Unternehmen

 *Saim Rolf Alkan* ist Geschäftsführer der Kommunikationsagentur aexea – Integrierte Kommunikation. Nach seinem Studium zum Wirtschaftsingenieur war Saim Rolf Alkan zunächst zwölf Jahre in der klassischen Werbung tätig, bevor er 2002 den Grundstein für die Agentur aexea legte. Mit aexea ist er im Bereich medienadäquater Kommunikation beratend, schulend und ausführend tätig. In zwei Niederlassungen an den Standorten Stuttgart und Leipzig analysiert und konzipiert Saim Rolf Alkan Inter-, Intra- und Extranet-Auftritte von Unternehmen. Je nach Projekt und Kundenbedarf arbeiten die Teams vor Ort eigenständig oder standortübergreifend zusammen.

Texte für das jeweilige Medium – insbesondere im Online-Bereich – optimal zu gestalten, ist das Ziel der Arbeit von Saim Rolf Alkan. Bei der Beratung der Unternehmen, der Planung und der Umsetzung der einzelnen Maßnahmen legt Saim Rolf Alkan besonderen Wert auf die empfängerorientierte Gestaltung. Seine systematische Herangehensweise hat sich in zahlreichen Projekten bewährt. Sie umfasst eine ausführliche Analyse der Web-Site, aus der sich ein Maßnahmenset ableitet, das konkrete Vorschläge beinhaltet, wie die Qualität der Web-Site verbessert werden kann. Im Sinne einer kontinuierlichen Wissenserweiterung und Wissensweitergabe fließen in die Beratung Erkenntnisse aus eigenen Forschungsaktivitäten ein. Halbjährlich gibt Saim Rolf Alkan zusammen mit Oliver Zschau von contentmanager.de die Content Studie heraus, die auf Basis der Befragung von Online-Redakteuren und CMS-Anwendern die Praxis der Online-Produktion unter die Lupe nimmt.

Sein Wissen im Bereich der Online-Kommunikation gibt Saim Rolf Alkan in Schulungen von Online-Redakteuren und Online-Textern und der begleitenden Beratung (Coaching) von Online-Redaktionen weiter. Außerdem hat er mehrere Fachbücher über Texten im Internet und Online-Journalismus veröffentlicht.

Saim Rolf Alkan

Online-Redaktionsmanagement in Unternehmen

Qualität – Prozesse – Organisation

DEVK Deutsche Eisenbahn Versicherung
Sach- und HUK-Versicherungsverein a. G.
Betriebliche Sozialeinrichtung der Deutschen Bahn
Zentrale Riehler Straße 190, 50735 Köln

Bibliografische Information Der Deutschen Bibliothek:

Die Deutsche Bibliothek verzeichnet diese Publikation in der Deutschen Nationalbibliografie; detaillierte bibliografische Daten sind im Internet über http://dnb.ddb.de abrufbar.

ISBN-10: 3-8334-9158-2

ISBN-13: 978-3-8334-9158-0

© 2007 Saim Rolf Alkan

Herstellung und Verlag:

Books on Demand GmbH, Norderstedt

Redaktionsleitung:

Adela Schneider
Verena Pohl

Redaktion, Layout und Satz:

Ralf Christofori, Heike Häfele, Thomas Koch, Michael Kuhn, Petra Mayer, Juliana Méndez, Matthias Scheffelmeier, Isabel Wünsch, Anna-Lisa Zug

1 Einleitung 11

2 Qualitätsdimensionen 21

2.1 Eine Diskussion über Pudding, Köder und Fische 21
2.2 Die Dimensionen von Qualität nach Günther Rager 26
    2.2.1 Relevanz 27
    2.2.2 Aktualität: Get it first! 30
    2.2.3 ... But get it right? Richtigkeit 35
    2.2.4 Vermittlung 38
    2.2.5 Exkurs: Usability – alles, was der User braucht 39
2.3 Die fünfte Dimension: Glaubwürdigkeit 41

3 Aspekte der Qualitätssicherung 47

3.1 Qualität – sichern oder managen? 47
3.2 Von Normen und Reihen 48
3.3 Qualitätssicherung als Prozess 54
3.4 Leitbilder und Style-Guides 57
    3.4.1 Redaktionelle Leitlinien: Weichenstellung für die Qualität 57
    3.4.2 Style-Guides: Wegweiser für die Qualität 64
3.5 Textverständlichkeit 68
    3.5.1 Ist Lesbarkeit messbar 69
    3.5.2 Verständlichkeitskonzepte 72
    3.5.3 So machen Sie Ihre Texte verständlicher 73
3.6 Redaktionelles Marketing 79
    3.6.1 Zielgruppenanalyse 80
    3.6.2 Was kann redaktionelles Marketing leisten? 85
3.7 Fehlermanagement 86
    3.7.1 Todsünde oder Kavaliersdelikt? 86
    3.7.2 Der Idealfall: Fehlerprävention 87
    3.7.3 Methoden zur Fehlervermeidung 88
    3.7.4 Konstruktive Fehlerkultur 90
    3.7.5 Der kritische Blick von außen 91

3.8	Redaktionskonferenzen	93
	3.8.1 Konferenzen – viel zu selten	94
	3.8.2 Die Blattkritik	96
3.9	Redaktionscoaching	99
	3.9.1 Coaching als arbeitsbezogene Selbstreflexion	100
	3.9.2 Der Coaching-Prozess	101
	3.9.3 Coaching einer Online-Redaktion	102

4 Organisation der Online-Redaktion — 105

4.1	Die Situation in den Redaktionen	105
	4.1.1 Die Redaktionsgröße	105
	4.1.2 Die Zusammensetzung der Redaktionen	107
4.2	Die Ein-Raum-Redaktion	108
4.3	Integration in die Unternehmensstruktur	111
	4.3.1 Am Tropf: Informationsfluss	113
	4.3.2 Die Rolle der Geschäftsführung	114
	4.3.3 Zusammenarbeit mit der IT-Abteilung	115
4.4	Der Online-Redakteur	118
	4.4.1 Der klassische Online-Journalist	118
	4.4.2 Der Online-Redakteur im Unternehmen	120
	4.4.3 Ausbildungswege	123
	4.4.4 Die Realität: Journalistische Kompetenzen fehlen oft	126
4.5	Fragen an ...	127

5 Arbeitsprozesse in einer Online-Redaktion — 131

5.1	Was machen Online-Redakteure den ganzen Tag?	131
5.2	Gute Recherche – guter Start	132
	5.2.1 Recherche – täglich Brot	132
	5.2.2 Der Rechercheprozess	135
	5.2.3 Recherche als Routine	138
	5.2.4 Infoquellen der Online-Redaktion	139
	5.2.5 Die Online-Redaktion als Lokalredaktion	140
	5.2.6 Recherche im Netz – ein Heimspiel für Online-Redakteure	141

5.3	Schreiben im beruflichen Kontext	150
	5.3.1 Der Schreibprozess	151
	5.3.2 Schreibprozesse anleiten	154
	5.3.3 Schreiben als Routine	156
	5.3.4 Schreiben hat sich verändert	158
5.4	Ohne Redigieren kein Publizieren	159
	5.4.1 Redigieren im Online-Bereich	160
	5.4.2 Redigieren: Ein Begriff – viele Aspekte	161
	5.4.3 Redigieren – Institutionalisierung	164
5.5	Interaktivität – ein redaktionelles Arbeitsfeld?	167
	5.5.1 Keiner zuständig?	167
	5.5.2 Interaktivität – mehr als E-Mails beantworten	170

6 Content-Management-Systeme 173

6.1	Berechtigungsmanagement	174
6.2	Workflow	175
	6.2.1 Freigabezyklus	177
	6.2.2 Attributierung	177
	6.2.3 Der Workflow in der Praxis	178
6.3	Routinen automatisieren	179
	6.3.1 Link-Checking	179
	6.3.2 Newsticker, Verzeichnisse und Sitemaps	180
	6.3.3 Zeitgesteuerte Freigabe	181
6.4	Das Content-Repository – Content speichern und verwalten	181
	6.4.1 Versionisierung: Content kontrollieren	181
	6.4.2 Die Leihbibliothek: Check-In – Check-Out	183
	6.4.3 Content aufbrechen und speichern	184
	6.4.4 Für viel Bild und Ton: Media-Asset-Management-Systeme	187
	6.4.5 Daten über Daten – Meta-Daten	187
6.5	Content veröffentlichen: Statisch oder dynamisch?	189
6.6	CMS – geschenkt, gekauft, geliehen oder selbst gebaut?	191
6.7	Fragen an ...	194

7 Webspezifische Kommunikationsformen und Web 2.0   197

7.1	Das Potenzial von Web 2.0	198
7.2	Weblogs	200
	7.2.1 Chancen und Probleme eines Blogs	203
	7.2.2 Nutzen eines Blogs	206
	7.2.3 Gefahren eines Blogs	207
7.3	Podcasts, Newsfeeds und Online-Plattformen	209
	7.3.1 Podcasts	209
	7.3.2 RSS-Newsfeed	211
	7.3.3 Social Networks & Communities	213
7.4	Traditionelle Kommunikationsformen im Internet	214
	7.4.1 Newsletter	214
	7.4.2 Forum	220

8 Recht und Online-Redaktion   225

8.1	Das neue Telemediengesetz	225
8.2	Haftungspflicht und Umgang mit Links	227
8.3	Vorsicht: Foren	230
8.4	Impressumspflicht	231
8.5	Urheberrecht	233
8.6	Kennzeichnung von Werbung	235
8.7	Rechtsfragen im Intranet werden stiefmütterlich behandelt	236

9 Intranet   239

9.1	Mehr als Einweg-Kommunikation	240
9.2	Herausforderungen für die Intranet-Redaktion	243
9.3	Die Mitarbeiter mit im Boot	244
9.4	Intranet-Usability – Entwicklung nutzungsfreundlicher Intranets mit Hilfe von Card-Sorting-Untersuchungen *Von Thorsten Wilhelm*	248

10 Fazit 251

11 Literaturverzeichnis 255

1 Einleitung

Sind Sie Chefredakteur in einer Online-Redaktion? Dann sind Sie sicher in einem Medienunternehmen beschäftigt, denn außerhalb der Medienbranche ist der Beruf des Chefredakteurs in Online-Redaktionen ein seltenes Phänomen. Diese Beobachtung ist das Ergebnis praktischer Erfahrung in der Betreuung von Online-Redaktionen – und wird von den Ergebnissen der Content Studie 2007/1 belegt. In der Studie wird ein Personenkreis befragt, der sich aus Web-Verantwortlichen in medienfremden Unternehmen zusammensetzt, deren Aufgabenschwerpunkt auf der Betreuung der Inhalte für das Inter- und Intranet liegt. In Medienunternehmen trägt der Chefredakteur die Verantwortung für die Inhalte. Auf die Frage, welche Berufsbezeichnung die Befragten der Content Studie tragen, kam hingegen die Antwort „Chefredakteur" nur vereinzelt. Aber es hat sich auch keine andere Berufsbezeichnung etabliert, wie die unendlich scheinende Liste von Berufsbezeichnungen zeigt. Manche der Namen waren kaum mit der Verantwortlichkeit für die Inhalte einer Web-Site in Verbindung zu bringen, wie etwa IT-Manager oder Projektleiter Wissensmanagement.

Natürlich kann man an dieser Stelle fragen: Wozu brauchen Unternehmen Chefredakteure? In den meisten Unternehmen werden doch keine Zeitschriften, Magazine, Hörfunk- oder Fernsehsendungen produziert. Chefredakteure gehören in den Journalismus und mit dem haben die meisten Unternehmen nichts zu tun. Das stimmte – bis das Internet die althergebrachten Ordnungen des Publizierens durcheinander brachte. Viele Unternehmen, Organisationen oder Verbände begannen eine Präsenz im Netz aufzubauen, die allmählich nicht mehr nur Visitenkarten-Charakter hatten. Und hier beginnen die ersten zaghaften Annäherungen an den Journalismus, die sich inzwischen intensiviert haben. Auf vielen Web-Sites werden dem Leser Informationen geliefert, die über die Beschreibung der Unternehmensstruktur, Werbung und Produktbeschreibung hinausgehen. Wer solche Inhalte für das Netz produziert, ist Journalist.

Angestellte in der Unternehmenskommunikation **Marketingleiter** Marketingkoordinator Marketing Manager Online Manager Assistentin für Online Marketing-Kommunikation Referent Online Marketing Mitarbeiter Online-Kommunikation **Marketing-Referent** Marketingassistenz

Head of Internet Activities Coordinator Internet **Intranetverantwortlicher**

Geschäftsführer Assistentin der Geschäftsführung

Employee IKT/Web **Webmaster** Web-Entwickler Webdeveloper Web-Portal Manager Internet-Informationskoordinator Website-Manager Web-Producer Webadministrator

technischer Leiter **Informatiker** Technical Consultant Information-Architect Internet-Programmierer IT-Koordinator IT-Manager IT-Consultant Systemanalytiker Systemsupport IT-Systemkaufmann IT-Infrastruktur IT-Koordinator

Chief Editor **Online-Redakteur** **Intranet-Redakteur** Internet-Redakteur **Redakteur** Texterin Web Editor Journalist Webredakteur Technischer Redakteur Webpublisher Mitarbeiterin der Pressestelle und Online-Redaktion Chefredakteur Intranet Gruppenleitung Redaktion

Internet Koordinator **Berater** Competence Manager **Projektleiter** Projektleiter Online **Projektmanager** Projektleiter Online Redaktion Web Project Manager Senior Consultant **Produkt-Manager** Manager Website Development Internet- / Intranetmanager Consultant WebMarketing

Web-Designer Mediengestalter für Digital- und Printmedien Kommunikationsdesigner Grafiker

Leiter Online-Kommunikation Qualitätssicherung & Öffentlichkeitsarbeit Werbekaufmann Projektmanager Internet Leiter Interne Medien Projektleiter Wissensmanagement Usability Consultant Manager Interactive Sales PR-Beraterin Leiterin Kommunikation + E-Business Konzeption Neue Medien

Content Area Manager & Editor CMS Manager CMS-Spezialist Webcontent-Managerin **Content-Manager** Content Master Intranet Leitung Content Management Portale CMS-Betreuer Internet Content Manager CMS Developer Leiter Webservices

Berufsbezeichnungen der Teilnehmer der Content Studie 2007/1 (Quelle: Content Studie 2007/1.)

Denn die Zugehörigkeit zur Journalisten-Gilde wird in der Regel über die Tätigkeit definiert. So etwa vom Deutschen Journalisten-Verband. Nach seiner Auffassung ist Journalist, wer

> *(...) hauptberuflich produktiv oder dispositiv Informationen sammelt, auswertet und/oder prüft und Nachrichten unterhaltend, analysierend und/oder kommentierend aufbereitet, sie in Wort, Bild und/oder Ton über ein Medium an die Öffentlichkeit vermittelt oder den publizistischen Medien zu dieser Übermittlung bereitstellt.*[1]

Nach diesem Verständnis sind die Redakteure in den Unternehmen eingeschlossen, die für die Web-Site Inhalte produzieren. Die Definition rechnet die Unternehmenskommunikation zum Journalismus, was einige Kritiker auf den Plan ruft. So grenzt Christoph Neuberger in seiner Analyse „Journalismus im Internet: Auf dem Weg zur Eigenständigkeit" im Jahr 2000 das Terrain deutlich ab. Für ihn zählt zum Online-Journalismus nur, was zur Medienbranche gehört, alles

---

[1] Deutscher Journalisten-Verband http://www.djv.de/Hintergruende.217.0.html#245

andere nennt er „Parajournalismus" und „pseudojournalistische Angebote"[2]. In der Zwischenzeit hat diese Art von Journalismus kräftigen Aufschwung erhalten, denn die Angebote aus echten Medienunternehmen haben im Netz längst Konkurrenz bekommen. Journalismus oder Pseudojournalismus, ist der Unterschied denn so wichtig? Ein Blick auf die Befürchtungen von Christoph Neuberger zeigen, warum er an der Teilung festhalten will: „Bei reinen Onlineanbietern, die also nicht in der alten Medienwelt verwurzelt sind, erheben sich außerdem Zweifel, ob sie überhaupt ein journalistisches Selbstverständnis besitzen und berufliche Standards anerkennen."[3]

Genau das ist die Situation in vielen Online-Redaktionen: Zwar gehören journalistische Tätigkeiten, wie Informationen sammeln, schreiben oder redigieren zum Arbeitsalltag, aber von einem journalistischen Selbstverständnis ist oft nur wenig zu spüren. Aber genau darin besteht die grundsätzliche Gefahr für die Qualität journalistischen Publizierens: Wer sich nicht darüber bewusst ist, dass er journalistische Funktionen ausübt, wird kaum auf die Idee kommen, sich an journalistischen Standards auszurichten. Sie nicht zu beachten, führt zu Qualitätsverlust. So wird oft viel Potenzial verschenkt, denn trotz aller Neuerungen gelten journalistische Qualitätsstandards im Netz weiterhin. Dass sie nicht angewendet werden, liegt aber unter anderem daran, dass in vielen Unternehmen das Bewusstsein darüber, dass sie mit ihrer Web-Site faktisch ins „Mediengeschäft" eingestiegen sind (noch) nicht entwickelt hat. Und genau hier ist der Chefredakteur gefragt! Denn der Ausdruck symbolisiert die Verbindung zum klassischen Journalismus. Ganz gleich wie die Berufsbezeichnung im Unternehmen lautet, derjenige der die Inhalte verantwortet, sollte ein Bewusstsein dafür entwickeln, dass er auch „Chefredakteur" ist.

Jedes Unternehmen hat seine Online-Publikation anders ausgerichtet, die Web-Site unterschiedlichen Bereichen zugeteilt, bei fast jedem Unternehmen sind die Arbeitsprozesse anders organisiert. Diese Individualität erfordert eigene Lösungen für die Online-Redaktion und für den Chefredakteur. In einigen Unterneh-

---

[2] Neuberger, Christoph, Journalismus im Internet, 310.
[3] Neuberger, Christoph, Journalismus im Internet, 310.

men sind seine Kompetenzen umfassend, in anderen ist seine Entscheidungsfreiheit stärker eingeschränkt. Manchmal muss er noch andere Aufgaben etwa in der Unternehmenskommunikation übernehmen, in anderen Fällen kann er sich ganz auf die Online-Redaktion konzentrieren. Ganz grundsätzlich kann jedoch ein relativ genaues Bild der Rolle eines Online-Chefredakteurs in Unternehmen gezeichnet werden – auch hier nützt ein Rückgriff auf seinen Kollegen aus dem Medienbereich. Er ist in erster Linie ein Fachmann, ein Online-Redakteur mit allen Kompetenzen. Deswegen gilt für ihn alles, was wir über den Online-Redakteur schreiben, in zugespitzter Form. Er ist die Kontrollinstanz, im Idealfall die personalisierte Leitlinie der Redaktion. Daneben nimmt er auch Management-Aufgaben innerhalb der Redaktion wahr, muss – im Rahmen seiner betrieblichen Möglichkeiten – sein Team rekrutieren, die Aufgaben verteilen und die redaktionsinternen Prozesse steuern, kurz Führungsverantwortung übernehmen. Zusätzlich ist er Nahtstelle zwischen der Online-Redaktion und den anderen Abteilungen, hier ist der Chefredakteur in einem Unternehmen stärker gefordert als sein Journalisten-Kollege, weil die abteilungsübergreifenden Prozesse oft nicht eindeutig geklärt sind. Sieht man alle Aufgaben unter dem übergeordneten Prinzip der Qualität, dann ist der Chefredakteur in erster Linie Qualitätsmanager für ein publizistisches Produkt jenseits der Medienwelt. Jetzt stellt sich die Eingangsfrage in einem neuen Licht: Sind Sie Chefredakteur?

Alles nur PR? Was ist denn Online-Journalismus?

Die Diskussion um die Abgrenzung von Online-Journalismus und Public Relations ist brandaktuell. Ihren vorläufigen Höhepunkt erreicht sie darin, dass das Netzwerk Recherche 2006 einen mit dem Pressekodex des Deutschen Presserates konkurrierenden Medienkodex herausgegeben hat. Thomas Leif, Vorsitzender des Netzwerks Recherche und Chefreporter Fernsehen beim SWR in Mainz, bringt die gegenläufigen Grundpositionen dieser Diskussion in einem Interview für die insight auf den Punkt: Der neue Medienkodex grenzt demnach die interessengeleitete PR als langfristige Bedrohung des Journalismus aus, „Journalisten machen keine PR". Der Presserat – kritisiert Thomas Leif – sehe dagegen keinen grundlegenden Unterschied zwischen klassischem Journalismus und PR. Da dieses Thema aktuell hohe Wellen schlägt, soll es in diesem Buch kurz angerissen werden – zumal die Streitfrage PR versus Journalismus insbesondere im Online-Bereich durch verschwimmende Grenzen charakterisiert ist.

Absicht dieses Buches ist jedoch weniger, die Unterschiede zwischen Online-Journalismus und Online-PR hervorzuheben, als vielmehr die Gemeinsamkeiten zu finden. Eine pragmatisch orientierte Auseinandersetzung mit dem Berufsbild Online-Redakteur erscheint sinnvoll: Aus unserer Sicht übt ein Online-Redakteur eines Unternehmens die gleichen Tätigkeiten aus, nutzt dasselbe Handwerkszeug, sollte dieselbe journalistische Ausbildung haben und muss sich mit denselben journalistischen Qualitätskriterien und Fragestellungen auseinandersetzen wie ein Redakteur eines klassischen journalistischen Massenmediums. Er wendet sich außerdem direkt an seinen Leser, so wie der Medienjournalist. Dadurch unterscheidet er sich vom klassischen PRler, der sich an die Medien als Multiplikatoren wendet. Aus diesem Grund ist es wünschenswert, wenn Online-Redakteure in Unternehmen von Online-Journalisten lernen.

Problematisch und missverständlich wird die Diskussion dann, wenn PR und Werbung gleichgesetzt werden. In einem Interview äußert sich der scheidende Deutschlandfunk-Chef und Mitgestalter des Medienkodex des Netzwerks Recherche Rainer Buchardt zum Thema PR und Journalismus: „(…) Das ist Public Relations, das heißt also Werbejournalismus (…)"[4]

Dabei kann und muss PR von der klassischen Werbung deutlich abgegrenzt werden. Klassische Werbung bezieht sich auf Produkte von Unternehmen und dient der Verkaufsförderung. PR, wie wir sie sehen, nutzt hingegen entwickelte Kommunikationsstrategien, die in der Öffentlichkeit Vertrauen gegenüber dem Auftraggeber aufbauen und Verständnis für seine Belange wecken soll. PR heißt demnach „Themenlieferant" und ist keinesfalls der verlängerte Arm der Verkaufsförderung. Genauer betrachtet versteckt sich in der eingangs erwähnten Diskussion über die Abgrenzung der beiden Begriffe jedoch eine zweite Streitfrage, durch die erstere erst angefacht wurde. Dabei geht es um das Risiko für Glaubwürdigkeit und Qualität des Journalismus. Dieses erwächst aus der Prob-

---

[4] http://www.dradio.de/dlf/sendungen/interview_dlf/470556/

lematik, dass Studien zufolge immer mehr Journalisten PR-Mitteilungen, als eine der journalistischen Recherchequellen, unreflektiert übernehmen würden.

Die „klassische" Arbeitsteilung zwischen PR und Journalismus

Unsere Absicht ist aber nicht eine Lösung dieses ursprünglichen Konfliktes; uns geht es um das journalistische Handwerk an sich. Der Online-Redakteur, der die Web-Site eines Unternehmens betreut, ist durchaus PR-Fachmann, da er für oder im Sinne des Unternehmens kommuniziert. Er übernimmt in seiner Funktion als Online-Redakteur jedoch nur einen Teil der gesamten klassischen PR-Arbeit. Und das ist der Teil, der stark journalistisch geprägt ist. Er ist also irgendwie beides: PR-Fachmann und Journalist. Zu den Zielen der Online-Präsenz von Unternehmen zählt Ansgar Zerfaß in seinem Aufsatz über „Interaktive Öffentlichkeitsarbeit"[5]

- Die strategische Positionierung im Online-Meinungsmarkt
- Die Steigerung des Bekanntheitsgrades des Unternehmens
- Imagegewinn und die Profilierung des eigenen Unternehmens
- Die Beeinflussung der öffentlichen Meinung hinsichtlich kritischer Themen
- Die Förderung des Dialogs mit relevanten Ansprechgruppen
- Die Beschleunigung des Kommunikationsprozesses

Einige dieser Punkte lassen sich im Online-Medium besonders gut verwirklichen. Während in der klassischen PR größtenteils Medien und Journalisten als Zielgruppe und Multiplikatoren zur Erreichung dieser Ziele relevant waren, gilt dies so nicht im Internet. Hier kann die Online-PR zwar auch als Informations-

---

[5] Zerfaß, Ansgar, Fietkau, Karen, Interaktive Öffentlichkeitsarbeit.

quelle des Journalisten dienen, jedoch richtet sie sich auch direkt an den Nutzer selber, ohne zwischengeschaltete Multiplikatoren. Das Unternehmen kann somit die Öffentlichkeit im Minutentakt direkt informieren. Haben in der klassischen PR eben diese zwischengeschalteten Mittler die Informationen journalistisch aufbereitet, gilt es, den journalistisch kreativen und unterhaltenden Aspekt nun bereits bei der Entstehung zu berücksichtigen. Nur so werden die Nutzer des Internet die Informationen finden und auch rezipieren wollen: Der Nutzer muss auch auf Unternehmensseiten und in PR-Mitteilungen seinen „redaktionell aufbereiteten Mehrwert" erkennen können. Um diesen Anreiz zu geben und Qualität und Glaubwürdigkeit zu sichern, muss ein Online-Redakteur bei der Erstellung von Online-PR-Texten dieselben Standards wie im klassischen Journalismus berücksichtigen und diese auch einhalten. Diese Tätigkeiten werden als journalistische Kernqualifikationen bezeichnet und gleichermaßen in herkömmlichen Massenmedien wie im Online-Journalismus erwartet:

- Recherche und Dokumentation von Inhalten und Quellen
- Vorbereitung, Durchführung und Auswertung von Interviews
- Formulieren und Gestalten in den journalistischen Darstellungsformen
- Auswählen, Bearbeiten und Redigieren von fremden Texten, Bildern sowie Ton- und Videosequenzen
- Medien- und zielgruppengerechte Präsentation
- Organisation und Planung von Themen, Teamarbeiten, Einsatz freier Mitarbeiter oder Publikumskontakten

Jedoch sind die Herausforderungen an den Online-Journalisten als neues Berufsbild noch weitreichender. Neben den journalistischen Elementen treten Tätigkeiten aus ganz anderen Gebieten hinzu, wie aus Informationstechnologie und Design. Aus diesem umfassenden Aufgabenbereich der Online-Journalisten ergeben sich neue und vielfältige Anforderungen an seine Qualifikation. So stellt das Internet durch seine Interaktivitäts- und Dialogmöglichkeit neue Anforderungen an die Gestaltung der Inhalte und der kommunikativen Beziehungen zwischen Online-Journalist und Nutzer. Aus den vielfältigen Möglichkeiten des Internet und seinen spezifischen Eigenschaften ergibt sich somit eine größere Variationsbreite publizistischer Angebotstypen. Der Online-Journalist kann und muss aus diesen auswählen. Hinzu kommt eine immer stärker auftretende Konkurrenz um Zeit, Geld und die Aufmerksamkeit der Nutzer. Dieser starke Wettbewerb unter Content-Anbietern im Internet resultiert nicht zuletzt aus dem wachsenden Zeit- und Aktualitätsdruck, der kennzeichnend für das Online-Medium ist. Die Nutzer ihrerseits stellen immer höhere Erwartungen an eine multimediale, ansprechende und angemessene Präsentationsform. Nur so kann ihre Aufmerksamkeit erlangt werden. Damit dem Internetnutzer dieser Mehrwert geboten werden kann, wird von Online-Journalisten erwartet, immer die bestehenden kommunikativen und funktionalen Interaktionsmöglichkeiten dieses Mediums auszuschöpfen. Er muss trotz der rasanten Innovationszyklen bei Hard- und Software immer auf dem neuesten Technik- und Wissenstand sein, um so aus dem Pool der Durchschnitts-Unternehmensseiten herauszustechen und ausgewählt zu werden. Mehrwert für den Nutzer und Besucher der Seite kann jedoch nicht nur durch die Art der Präsentation geschaffen werden. Das Internet bietet zudem die Möglichkeit Services und Zusatzdienste anzubieten. Solche Angebote helfen dabei die Online-Präsenz von anderen abzuheben. Darüber hinaus können sie bei der Auswahl durch den User entscheidend sein.

Die Content Studie

Die 2006 von aexea Integrierte Kommunikation und contentmanager.de initiierte und halbjährlich durchgeführte Content Studie befasst sich mit dem Inhalt (*content*) von Websites und Portalen und schließt damit die Lücke zwischen technischen und internetallgemeinen Studien.

Bei der Content Studie handelt es sich um eine Trendumfrage, die aussagekräftige Interpretationen erlaubt. Die Teilnehmer aus Unternehmen unterschiedlicher Branchen (z.B. IT, Multimedia, Finanzen und öffentlicher Dienst) betreuen zum größten Teil Internet-Auftritte. An der Content Studie 2006/1 nahmen 378 Unternehmen, an der Content Studie 2006/2 285 Unternehmen teil.

Per Online-Fragebogen werden Nutzer von Content-Management-Systemen und Online-Redakteure befragt. Allgemeine Fragen zur Zusammensetzung und Organisation in der Online-Redaktion bilden die Basis einer jeden Studie.

Zusätzlich gibt es in jeder Studie Sonderthemen, die bestimmte Aspekte genauer unter die Lupe nehmen. So befasste sich die Content Studie 2006/1 zusätzlich mit den Themen Recht und Sicherheit, die Content Studie 2006/2 mit der Ausbildung von Online-Redakteuren. In der laufenden Content Studie 2007/1 werden die Themen Berufsbild des Online-Journalisten und Webstatistiken gesondert abgefragt.

Mit den praxisbezogenen Fragestellungen ermöglicht die Studie erstmals eine Dokumentation des Ist-Zustands von Online-Redaktionen in Unternehmen. Durch die regelmäßig durchgeführte Erhebung kann über einen längeren Zeitraum die Entwicklung gewisser Fragestellungen verfolgt werden.

- Alkan, Saim Rolf, Zschau, Oliver, Content Studie 2006/1. Erste deutschsprachige Studie über die Qualität und Steuerung von Online-Inhalten, Leipzig 2006.
- Alkan, Saim Rolf, Zschau, Oliver, Content Studie 2006/2. Content Management in deutschen Online-Redaktionen, Norderstedt 2007.

2 Qualitätsdimensionen

2.1 Eine Diskussion über Pudding, Köder und Fische

Langwierige Diskussionen haben die Eigentümlichkeit, Langeweile zu erzeugen. Schlagworte werden wie Treibgut durch die öffentlichen Debattenkanäle gespült, bis sie verschwunden sind. Die gründliche Auslegung dessen, was journalistische Qualität „eigentlich" ist – von journalistischer, wissenschaftlicher oder einfach nur interessierter Seite – gehört hier zu den seltenen Ausnahmen. Vielleicht liegt es daran, dass einige Protagonisten die Debatte mit Leidenschaft und Wortwitz führen. Wie etwa Stephan Ruß-Mohl, der 1992 das Bild vom Pudding prägte, den man ebenso wenig an die Wand nageln könne, wie man in der Lage sei, journalistische Qualität zu definieren. Auch der ehemalige RTL-Chef Helmut Thoma belebte die Diskussion mit dem Bonmot, demzufolge der Köder dem Fisch schmecken soll und nicht dem Angler. Damit brachte er „die Quote" ins Spiel, die sich in den Ohren einiger Medienmacher so wunderbar auf „Qualität" stabreimte, dass man die beiden kurzerhand gleichsetzte: Qualität = Quote = alles, was dem Fisch schmeckt.

Diese Logik hatte indes – wie beim Angeln üblich – einen Haken. Denn einige Angler wollten nicht den Fischen allein die Entscheidung darüber überlassen, was ein „guter" Köder sei. Angeln hatte für sie nicht nur den Zweck, eine Menge Fische zu fangen. Ihnen ging es eher um das Selbstverständnis dessen, was einen guten Angler und einen angesehenen Angelverein ausmacht. Dabei haben sich vor allem die öffentlich-rechtlichen Rundfunkanstalten immer wieder von der quantifizierbaren Masse oder Quote distanziert, um stattdessen an eine qualifizierte erzieherische oder aufklärende Funktion des Journalismus in der Gesellschaft zu appellieren. So betonte Fritz Pleitgen, scheidender Intendant des Westdeutschen Rundfunks, am 22. Januar 2007 in seiner letzten Rede vor dem WDR-Rundfunkrat: „In dieser Welt des Chaos und der Tabubrüche muss der öffentlich-rechtliche Rundfunk ein Fels der Glaubwürdigkeit und Qualität sein; unverzichtbar für die stabile Weiterentwicklung unserer demokratischen Gesellschaft."

Ganz klar haben Medien und Journalismus wichtige Aufgaben in der Gesellschaft, aus denen sich einige Ansprüche an den Journalismus ableiten. Über Qualität aber ist dadurch noch nichts ausgesagt. Nicht zuletzt deshalb kommt die Diskussion über journalistische Qualität in wellenartiger Bewegung in Wissenschaft und Medien immer wieder. Dabei wird deutlich, dass diese Diskussion immer dann mit besonderer Vehemenz geführt wird, wenn sich die so genannte „Medienwelt" zu verändern droht: wenn öffentlich-rechtliche Fernsehsender die Konkurrenz der privaten Anbieter zu spüren bekommen; wenn renommierte Tageszeitungen, wie etwa die New York Times, den Druck der „informellen Information" durch Weblogs fürchtet; oder wenn die Online-Redaktionen von faz.net oder SPIEGEL ONLINE immer noch schneller publizieren können, wollen oder müssen. Fest steht, dass die Frage, was „guter Journalismus" ist, alle Medien betrifft. Es ist aber auch klar, dass keines der genannten Medien darauf eine eindeutige Antwort weiß – ganz gleich, ob es sich nun auf „Pudding", „Fische" oder „Köder" spezialisiert hat.

Normen versus Funktionalität

Guter Journalismus? Muss immer aktuell, vielfältig, relevant und sachlich ausgewogen sein. Oder sollte er doch lieber verschieden, objektiv und verständlich sein? Nein, ohne Transparenz und Originalität geht gar nichts. Immer wieder wurde versucht, übergreifende Merkmale für journalistische Qualität zu finden. Und immer wieder wurden zahlreiche Kriterien aufgezählt, zu Bündeln geschnürt, wieder zu einigen wenigen eingedampft, erweitert, gedreht und gewendet.

In der Diskussion hat sich herausgestellt, dass der Umgang mit Normen zu Schwierigkeiten führt, denn um ein möglichst breites Spektrum an journalistischen Medien und Formaten abzudecken und einen hohen Grad an Allgemeingültigkeit zu erzielen, sind die Kriterien sehr abstrakt und manchmal schon schwammig. Diese Kriterien dann umgekehrt wieder mit konkreten Inhalten zu füllen, ist entsprechend mühsam. Wahrscheinlich hat dieser Umstand Stephan Ruß-Mohl zu der inzwischen berühmt gewordenen Erkenntnis inspiriert, dass es einfacher sei, einen Pudding an die Wand zu nageln als journalistische Qualität zu definieren.

Zum anderen lieferten diese normativen Definitionsbemühungen Begriffe, die in erster Linie zu einem eher anspruchsvollen und nicht minder elitären Journalismusbegriff zu passen schienen. Die Messlatte wurde so hoch angesetzt, dass sich in den formulierten Ansprüchen letztlich nur noch der investigative Journalismus jener (meist großen) Tageszeitungen und Rundfunkanstalten wiederfinden durfte, die sich Aufklärung, kritische Auseinandersetzung und umfassende Information von wichtigen gesellschaftlichen Themen als Ziel gesetzt haben. Schnell wurden unterhaltende Angebote ausgegrenzt und mit dem Etikett „mindere Qualität" versehen.

Aber: Schließen sich Unterhaltung und Qualität wirklich aus? Gelten für diese Angebote andere Normen? Und wenn ja, wo ist dann die Grenze zu ziehen? Spätestens hier wird deutlich, dass es nicht ausreicht, sich auf einige allgemeingültige Kriterien zu einigen. Vielmehr muss man die Frage beantworten, wozu ein journalistisches Produkt dienen soll. Soll es unterhalten oder informieren? Wer soll damit erreicht werden? Welche Darstellungsformen sollen gewählt werden?

Zieht man diese Fragen in Betracht, dann eröffnet im Vergleich zum normativen Ansatz der funktionale Ansatz eine umfassendere Perspektive. Er differenziert nicht nur die Angebote, sondern bezieht auch den Kontext ein, in dem die Bewertung von Qualität vorgenommen wird. Dabei gibt es per se kein „gut" oder „schlecht". Die Qualität eines Produkts ergibt sich funktional – wenn es die selbst gewählten Funktionen erfüllt – oder eben dysfunktional, wenn dies nicht der Fall ist. Damit ist das Ringen um den Qualitätsbegriff beendet, weil es „Qualität als absolute Größe" nicht gibt – so das Fazit von Kurt Weichler in seinem Buch zum Redaktionsmanagement. Das elitäre Joch ist abgeschüttelt, weil die Qualität eines Produkts sich aus dessen Funktion ergibt.

Eine Web-Site, die sich zum Ziel gesetzt hat, jugendliche User über die neuesten Spiele auf dem Laufenden zu halten, kann damit ebenso qualitativ hochwertig sein, wie die Neue Zürcher Zeitung. In Anlehnung an Prozesse in der Wirtschaft ist nun entscheidend, ob die vorher festgelegten individuellen Kriterien erfüllt werden. Hier wird vor allem die Ausrichtung auf die Zielgruppe verstärkt betont, da der Leser zum Schiedsrichter über Qualität und Nichtqualität erkoren wird. Jetzt entscheidet wieder der Fisch über den Köder! Nur geht es nicht mehr alleine darum, wie viele Fische beißen, sondern auch darum, ob der Köder ihnen auch tatsächlich schmeckt. Und das kann man erst herausfinden, wenn er ihn bereits geschluckt hat.

Das magische Vieleck

Der Angler steht im Grunde wieder vor demselben Problem wie zuvor: Ihm fehlen nach wie vor die Anhaltspunkte dafür, wie er feststellen kann, was ein guter Köder ist und was nicht. Ist man nun wieder am Anfang der ganzen Diskussion?

Nicht ganz, denn aus den Disputen kann schon eine Quintessenz gewonnen werden: Erstens ist zwar eine einmütige Einigung auf einen allgemeingültigen Normenkatalog in der Theorie nicht gelungen, aber ganz so weit liegen die Definitionsversuche inhaltlich nicht auseinander, und viele der Kriterien können zur individuellen Qualitätsdefinition verwendet werden. Zum Zweiten zeigen die Überlegungen zu den unterschiedlichen Funktionen, dass Qualität im journalistischen Bereich sich nicht auf eine statische Norm zurückziehen kann, weil die Bandbreite der Produkte, Produzenten und Rezipienten viel zu groß ist. Kurz: Jede funktionale Qualitätsbestimmung braucht ein normatives Bezugssystem, um sich nicht komplett der Maßgabe „Gut-ist-was-gut-ankommt" auszuliefern: Umgekehrt braucht jedes normative Bezugssystem eine funktionale Differenzierung im Sinne des großen Spektrums von Medien und Formaten.

Tatsächlich hat sich auch Stephan Ruß-Mohl von seiner pessimistischen Puddinggeschichte distanziert und zu beiden Punkten interessante Denkansätze vorgeschlagen. Er definiert die Qualitätsmaßstäbe im Journalismus als Variablen, die nicht nur von der Funktion und der Zielgruppe abhängen, sondern auch vom Medium, der Darstellungsform, der Periodizität und nicht zuletzt vom Selbstverständnis der Journalisten. Ein solches relationales Konzept berücksichtigt die unterschiedlichen Bedingungen, denen journalistische Produkte und Journalisten unterworfen sind und verhindert, dass „(...) Äpfel mit Birnen und Fischstäbchen(…)"[6] verglichen werden – wie es Herbert Riehl-Heyse von der Süddeutschen Zeitung pointiert ausgedrückt hat.

Die dazu passenden Kriterien ordnet Stephan Ruß-Mohl zu einem „magischen Vieleck", einem Modell, das er aus der Wirtschaftstheorie übernommen hat, die ein System von Zielvereinbarungen und -erreichungen auf diese Weise darstellt. „Magisch" ist dabei, dass nie alle Ziele gleichzeitig erreicht werden können, weil zwischen ihnen ein Zielkonflikt besteht. Einige der Ziele können kongruent sein: Wenn man beispielsweise versucht seine Quellen offen zu legen, um Transparenz zu erreichen, dann wird die Objektivität nicht darunter leiden. Ganz anders, wenn die Aktualität eine ganz große Rolle spielt – da bleibt nicht immer die Zeit mehrere Perspektiven aufzuzeigen. Hier verhalten sich die Kriterien konkurrierend.

Das magische Vieleck der journalistischen Qualität nach Ruß-Mohl (Quelle:Ruß-Mohl, Stefan. Der I-Faktor, 96.)

Das Modell des „magischen Vielecks" zeigt sehr eindrücklich, dass nie alle Kriterien perfekt erfüllt werden können. Gerade bei der Planung von Qualität

---

[6] Zitiert nach: Neuberger, Christoph, Qualität im Onlinejournalismus, 39.

wird oft vergessen, dass das Ziehen an dem einen Eck oft das andere Eck mitbewegt und nicht immer in die Richtung, die einem passt. Hier ist die wichtigste Aufgabe die Gewichtung der einzelnen Kriterien. Ein Ranking dieser allgemeinen Kriterien in einer Redaktion kann ein sehr wichtiger Zielfindungsprozess für die Aufstellung von konkreten Qualitätsmerkmalen sein.

2.2 Die Dimensionen von Qualität nach Günther Rager

Um die Ecken des magischen Vielecks mit konkreten Qualitätsmerkmalen zu befüllen, können Sie auf die Schlagworte von Stephan Ruß-Mohl zurückgreifen. Eine individuelle Ausarbeitung des Modells wird jedoch in den meisten Fällen zu besseren Ergebnissen führen. Also doch die „Normenklaturen" durchforsten und sich in schwierige Begriffsklärungsdebatten einarbeiten?

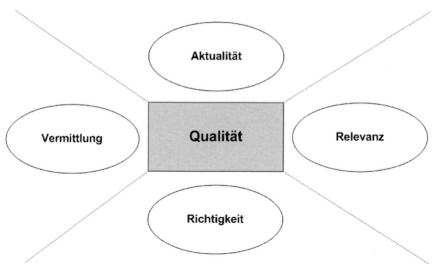

Die vier Dimensionen journalistischer Qualität nach Günther Rager

Hier hat Günther Rager wertvolle Vorarbeit geleistet, auf die Sie zurückgreifen können. Er hat in den Dschungel der Normenbegriffe eine Schneise geschlagen, indem er aus allen Kriterienkatalogen die zentralen Aspekte herausgeschält und noch einmal geprüft hat, was damit gemeint sein könnte. Diese Kriterien hat er in die vier wichtigsten Dimensionen zusammengefasst: Aktualität, Relevanz, Richtigkeit und Vermittlung.

Damit hat er Kriterienfelder geschaffen, die die wesentlichen Aspekte journalistischer Qualität abdecken und gleichzeitig alltagstauglich sein sollen. Die vier Dimensionen sind für den klassischen Journalismus aus den Bereichen Print, Hörfunk oder Fernsehen entwickelt worden, aber für die Entwicklung qualitativer Standards im Online-Bereich genauso geeignet.

2.2.1 Relevanz

Bei der Befragung von 100 leitenden Redakteuren deutscher Tageszeitungen, welche der von Rager formulierten Dimensionen für sie am wichtigsten sei, landete „Relevanz" auf dem letzten Platz! Sind den Redakteuren die Themen, über die sie schreiben gleichgültig? Ist es ihnen einerlei, ob ihre Leser sich für die Artikel interessieren oder nicht? Wohl kaum. Viel eher ist anzunehmen, dass diese journalistischen Profis eine Art „Relevanzfilter" so selbstverständlich in ihr Denken und Arbeiten integriert haben, dass er ihnen kaum noch auffällt, geschweige denn wirklich Probleme bereitet. Für sie ist „Relevanz" Tagesgeschäft und bestimmt fast jeden ihrer Schritte. Das geht von der Themenauswahl über die Gewichtung der einzelnen Themen bis hin zu deren Aufmachung. Sowohl die Recherche als auch das Schreiben werden unter Relevanzgesichtspunkten gestaltet: Ein Aspekt der Relevanz bezieht sich auf den einzelnen journalistischen Beitrag, der natürlich danach beurteilt werden kann, inwiefern er alle inhaltlich relevanten Informationen vermittelt. Hier stellt sich die Frage nach der Vollständigkeit und der Detailtiefe.

Was relevant ist und was nicht, lässt sich natürlich nicht objektiv beantworten, denn „(…) ein Sachverhalt oder Vorgang ist nie an sich und aus sich heraus relevant oder bedeutsam, sondern immer nur im Bezug auf etwas anderes."[7] Dieses „andere" ist in Fachkreisen ein heftig diskutiertes Thema, vor allem vor dem Hintergrund der Einflussnahme der Massenmedien. Inwiefern können „die

---

[7] Schatz/Schulz, Qualität von Fernsehprogrammen, zitiert nach: Wyss, Vinzenz, Redaktionelles Qualitätsmanagement, 133.

Medien" durch ihre Themenauswahl das Interesse der Öffentlichkeit lenken oder gar manipulieren? Legen sie fest, was für den Leser relevant ist und was nicht? Oder führt die Ausrichtung auf den Rezipienten nicht eher dazu, dass irrelevante Themen zu stark im Vordergrund stehen, weil mutmaßliches Leserinteresse für wichtiger angesehen wird als die Entfaltung handwerklich-journalistischer Kompetenz?

Experimentelle Studien ergaben, dass sich Journalisten bei der Nachrichtenauswahl und der Argumentation sehr stark an den redaktionellen Leitlinien orientieren. Sind diese nicht ausdrücklich formuliert, sind persönliche Vorlieben ausschlaggebend. Gerade bei der Darstellung umstrittener Ereignisse und unter dem Aspekt der journalistischen Freiheit muss jedoch dem Redakteur Spielraum für die Bewertung der Relevanz bleiben. Strikte Linientreue widerspricht hier nicht nur dem Objektivitätsgebot, sondern kann ebenso Qualitätsverlust bedeuten. Auf der anderen Seite garantieren klare Leitlinien, dass Themen und Informationen nach in etwa gleich bleibenden Selektionskriterien bestimmt werden, was für den Leser Verlässlichkeit bedeutet und eine größere Leserbindung nach sich ziehen kann.

Wenn Sie die Gesichtspunkte herausarbeiten, die den Relevanzfilter für Ihre Publikationen bilden, können Sie auf die Ergebnisse der Nachrichtenwertforschung zurückgreifen. Diese beschäftigt sich mit der Frage, welche Faktoren bei der Auswahl der Informationen ausschlaggebend sein können, wie diese von den Journalisten gewichtet und wie von den Lesern bewertet werden. Natürlich mag es wie ein Allgemeinplatz klingen, wenn als erstes Auswahlkriterium für eine Nachricht „Neuigkeitswert" genannt wird – im Zweifelsfall bewusst auf diesen Aspekt zurückzugreifen, kann aber die Entscheidung für oder gegen ein Thema erheblich erleichtern. Hinzu kommt, dass eine Nachricht einen Informationswert für den Leser haben muss – sei es, dass er sich mit dem neuen Wissen besser in seinem Fachgebiet orientieren kann oder ihn das Wissen vor Schaden bewahrt. Ihre Leser mögen vielleicht noch nichts von der haarlosen mexikanischen Hunderasse gehört haben und sie können auch ohne dieses Wissen gut weiterleben – diese Info kann aber unter Umständen einen Unterhaltungswert für sie besitzen. Auch das ist ein Informationswert.

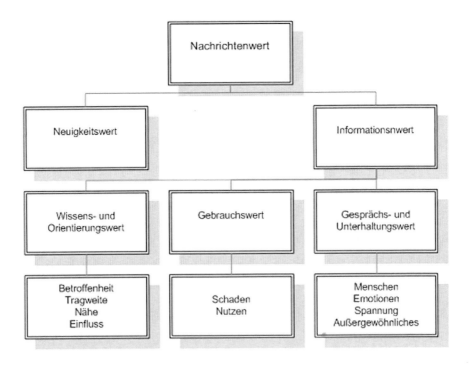

Die Nachrichtenauswahl, Schwiesau. (Quelle: http://www.journalistische-praxis.de/nachr/nachricht/auswahl.htm)

Die Dimension „Relevanz" spielt eine besondere Rolle, wenn Sie als Redakteur Informationen selektieren müssen, weil Ihnen nur wenig Platz zur Verfügung steht, um sie zu veröffentlichen. Eine Tageszeitung ist in ihrer einzelnen Ausgabe im Umfang sehr begrenzt, genau wie etwa Hörfunknachrichten. Zwar hat Ihre Web-Site so große Datenkapazitäten, dass jeder Artikel, jedes Thema und auch noch eine zusätzliche Bilderstrecke bequem Platz hat, aber auch hier gilt: Achten Sie darauf, relevante Informationen für Ihre Leser auszusuchen, um sie ihnen schnell und medienadäquat online zur Verfügung stellen zu können. Am Rohstoff Information besteht im Netz kein Mangel, wohl aber an der journalistischen Leistung der Auswahl, Einordnung und Beurteilung.

2.2.2 Aktualität: Get it first!

Das Nobelpreiskomitee in Oslo verkündete am 13. Oktober 2006 um genau elf Uhr, dass der diesjährige Friedensnobelpreis zu gleichen Teilen an Muhammad Yunus und die Grameen Bank in Bangladesh geht. Acht Minuten später vermeldet orf.at – die Online-Ausgabe des österreichischen Rundfunks – auf ihrer Web-Site kurz diese Neuigkeit. Innerhalb weniger Minuten haben alle wichtigen Online-Magazine diese Info auf ihrer Web-Site. So schnell ist kein anderes Medium. Natürlich kann man im Hörfunk oder im Fernesehen ebenso schnell reagieren, allerdings mit wesentlich höherem Aufwand: Sendungen müssen unterbrochen werden, Nachrichten eingeschoben werden. Das geschieht nur, wenn es sich um sehr wichtige Neuigkeiten handelt. Im Internet gehört diese Geschwindigkeit zum Alltagsgeschäft.

Günther Rager hat schon vor dem Internet-Boom die Aktualität als zentrale Dimension bezeichnet. Die Qualitätsdimension Aktualität lässt sich hier daran bemessen, wie schnell eine Redaktion auf ein Thema reagiert beziehungsweise wie gut sie auf dessen Veröffentlichung vorbereitet ist. Bei einem Vergleich zwischen den Mediengattungen steht das Internet in diesem Bereich an erster Stelle, denn hier ist das Intervall zwischen dem Ereignis und der Veröffentlichung der Nachricht oft auf wenige Minuten zusammengeschrumpft. Tatsächlich hat der Begriff aktuell im Online-Bereich ganz neue Dimensionen erreicht. Er unterscheidet sich so grundlegend vom Print-Bereich, dass die Regel zur Aktualität, die Bernd Blöbaum formuliert hat, hier keine Bedeutung findet: Für einen Kollegen vom Print sei aktuell, was zwischen zwei Ausgaben passiere. Der Online-Redakteur kann damit nichts anfangen. Feste Publikationszeiten oder gar Ausgaben kennt er nicht. Im Prinzip kann er jede Minute eine Nachricht bekommen, die er bearbeiten und online stellen kann. Und vielleicht auch muss, denn der Konkurrenzdruck ist auch in Bezug auf die Aktualität im Netz besonders groß: Online-Angebote können unmittelbar miteinander verglichen werden. Bei wem ist das Thema schon „drin" und bei wem nicht? Viele Online-Angebote versehen ihre Artikel nicht nur mit dem Datum, sondern auch mit der Uhrzeit der Freigabe. So kann der Nutzer immer im Blick behalten, welche Redaktion am schnellsten arbeitet. Was der Nutzer zu schätzen weiß, kann zu einem enormen Druck für die Redakteure führen, vor allem wenn Aktualität als sehr wichtiges

Kriterium eingestuft wird. Ständig müssen in sehr kurzer Zeit neue Nachrichten geprüft und die eigene Web-Site nach veralteten Artikeln durchsucht werden, die dann wieder auf Grundlage der Informationen überarbeitet werden müssen. Ein solcher Aktualisierungsdruck erhöht natürlich die Fehlerrate. Nicht immer bleibt die Ruhe zum Gegenlesen oder zur Gegenrecherche – eine gründliche Überarbeitung der Texte braucht eben auch ihre Zeit. Aktualität geht auch auf Kosten der Originalität, denn je schneller die Redakteure sein müssen, desto geringer kann ihr Eigenanteil am Veröffentlichen sein. Oftmals werden Agenturmeldungen ins Netz gestellt. Im Extremfall übernimmt ein eingebundener Nachrichtenticker diese Aufgabe automatisch, der Redakteur fällt als Kontrollinstanz komplett weg. Die negativen Auswirkungen des Aktualisierungsdrucks können durch eine dicke Personaldecke gemindert werden.

Wenn Sie der Dimension Aktualität für Ihre Web-Site den richtigen Stellenwert zuweisen wollen, sollten Ihre Überlegungen auf mehreren Ebenen stattfinden – vor dem Hintergrund Ihrer individuellen „Funktionsfolie". Sie müssen berücksichtigen, wie wichtig Ihrer Zielgruppe die schnelle Information in Ihrem Themenbereich ist und vor allem Ihr journalistisches Selbstverständnis definieren. Für die Leiter der faz.net-Redaktion bedeutet z.B. Aktualität nicht schnelle Faktenmeldung, sondern schnelle Einordnung, Hintergrundrecherche und Analyse. Aus diesem Grund wird auf die Angabe der Uhrzeit bei den Artikeln verzichtet. Frank Gaube, der Chefredakteur von faz.net, betont, dass die Redaktion vom „(…) unnötigen und für das Qualitätsniveau schädlichen Druck der Aktualität (…)"[8] bewahrt werden soll. Gleichzeitig setzt er auf den Ehrgeiz der Redaktion bei wichtigen Ereignissen selbstverständlich „(…) den Wettkampf zu suchen (…)"[9] und damit als erste am Markt zu sein.

Setzt man beide Aussagen nebeneinander, wird deutlich, dass auch die großen Online-Zeitungen Schwierigkeiten haben, ihre Haltung zur Dimension Aktualität eindeutig zu klären. Klarer wird das Bild, wenn das Kriterium Richtigkeit hinzu-

---

[8] Gaube, Frank, Qualitätssicherung im Online-Journalismus, 257.

[9] ebenda

gezogen wird. Für faz.net ist die „exakte Berichterstattung"[10] das oberste Gebot, die Schnelligkeit kommt erst an zweiter Stelle.

Aktualisierungszyklus und Archivierung

Wenn Sie an einem solchen Wettkampf um die schnellste Berichterstattung teilnehmen wollen, müssen Sie dafür sorgen, dass Ihre Web-Site permanent aktualisiert wird und Artikel leicht online gestellt oder ausgetauscht werden können. Hier kann es durchaus zu Konflikten kommen: „Die neueste Nachricht oben" – das Ordnungsprinzip der Blog-Seiten ist inzwischen auf Startseiten weit verbreitet. Es kann aber dazu führen, dass ältere, jedoch wichtigere Artikel nach unten verschoben werden und der User auf den ersten Blick aktuellere aber unwichtigere Nachrichten sieht. Gerade wenn die Startseite diese Funktion erfüllen soll, ist die Themensteuerung besonders heikel, da sie auch unterschiedliches Nutzerverhalten berücksichtigen muss. Nutzer, die oft vorbeikommen, sollten dort immer etwas Neues finden. Diejenigen, die Ihr Angebot eher sporadisch nutzen, brauchen eher einen Überblick über die wichtigsten Themen.

Steht die Aktualität nicht an allererster Stelle, können Sie Ihre Artikel entweder ins Netz stellen, sobald sie fertig sind oder zu einem bestimmten vorher festgelegten Zeitpunkt. Klaus Meier spricht in diesem Zusammenhang von „willkürlicher Aktualisierung"[11] im Gegensatz zu „selbst geschaffener Periodizität"[12]. Auf den ersten Blick mag ein fester Veröffentlichungstermin zu sehr an die Printwelt erinnern („Montag ist SPIEGEL-Tag") und den Vorteil des schnellen Mediums verspielen. Tatsächlich aber können feste Aktualisierungstermine redaktionelle Abläufe vereinfachen, weil kleinteilige Arbeitsschritte zusammengelegt werden können. So können etwa kurze Nachrichten zu bestimmten Themen oder für bestimmte Site-Rubriken gesammelt, en bloc bearbeitet und ins Netz gestellt werden, anstatt für jede kleine Nachricht länger dauernde Arbeitsprozesse zu unterbrechen. Zudem sollten Sie nicht vergessen, dass selbst das schnelle Medi-

---

[10] ebenda

[11] Maier, Klaus, Internet-Journalismus, 83.

[12] ebenda

um Internet einer redaktionellen Steuerung im Hinblick auf die Wichtigkeit und Dringlichkeit von Informationen bedarf. Ein fester Publikationstag für weniger dringliche Informationen ist in diesem Zusammenhang oft sinnvoller, als jede einzelne Meldung sofort online zu stellen.

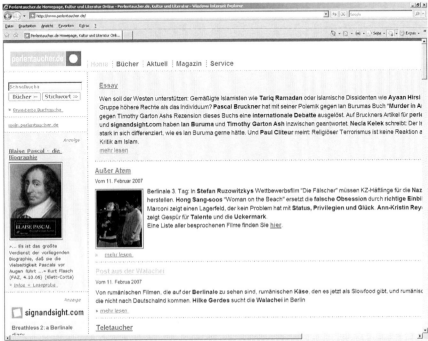

Die Leser von Perlentaucher wissen genau, wann sie den Überblick über die aktuellen Kulturthemen bekommen können, denn die Rubrik „Heute in den Feuilletons" wird täglich um 9 Uhr aktualisiert (Quelle: http://www.perlentaucher.de)

Feste Termine bieten den Usern Orientierungsmöglichkeiten und können auch für sie zeitsparend sein. So müssen sie nicht unablässig eine Web-Site ansteuern, um auf dem Laufenden zu bleiben, sondern wissen, wann sich etwas geändert hat. Ein RSS-Abo kann hier zwar Abhilfe schaffen, hat sich aber nicht bei allen Zielgruppen als Standard etabliert. Andererseits werden Sie eine hohe Besucherfrequenz Ihrer Web-Site sicher nicht als Nachteil einstufen, genauso wenig wie eine gute Leserbindung. Wenn Sie wollen, dass Ihre Leser regelmäßig und oft wiederkommen, müssen Sie Ihnen natürlich Anreize dafür schaffen und immer wieder etwas Neues – vielleicht sogar das Neueste in Ihrem Bereich – bieten.

Die Forderung nach Schnelligkeit und damit nach kurzen Aktualisierungszyklen bezieht sich auch nicht auf die gesamte Web-Site, sondern in der Regel nur auf die Startseite, die Rubrik Aktuelles oder die „News-Seite" – je nachdem, welchen Bereich Sie für die neuesten Nachrichten eingerichtet haben. Andere Teile der Web-Site betreffen weniger das Tempo der Veröffentlichung, als ein onlinespezifischer Aspekt der Dimension Aktualität: nämlich die Aktualisierung selbst. Wenn Fernseh- oder Hörfunksendung ausgestrahlt worden sind, wandern sie ins Archiv; gelesene Zeitungen oder Magazine kommen, spätestens wenn die neue Ausgabe erschienen ist, ins Altpapier. Dabei ist etwas beinahe Mysteriöses zu beobachten: Die Informationen, die sie beinhalten, verwandeln sich: Ihre Zeit ist abgelaufen, sie sind nicht mehr in vollem Umfang gültig. Aktualität ist sicher nicht das, was man der Zeitung von gestern zuschreibt. Das bereitet aber niemandem Kopfzerbrechen, weil es ja heute eine neue Zeitung gibt.

Auf der Web-Site findet diese geheimnisvolle Metamorphose ebenfalls statt, nur muss jetzt entschieden werden, welche Informationen noch gültig sind. Aktualität zu garantieren, ist in dieser Hinsicht bei Web-Sites deshalb viel aufwendiger und erfordert konzeptionelle Vorarbeiten beziehungsweise Kontrollen, die in die Arbeitsroutinen integriert sein müssen. Im Vorfeld sollte etwa geklärt werden, ob ein Artikel nur geändert wird, wenn es sein Thema betreffende Neuigkeiten gibt, oder ob er in diesem Fall ganz neu geschrieben wird. Im zweiten Fall muss auch geklärt werden, was mit der älteren Version geschehen soll: Bleibt sie einfach auch online? Wird sie ins Archiv verschoben und verlinkt? Auch wie lange Artikel in bestimmten Rubriken online stehen dürfen, in welchen Zyklen die Aktualität kontrolliert werden und wie das Web-Site-Archiv gehandhabt werden soll, muss vorher möglichst exakt und eindeutig festgelegt werden.

Auf vielen Web-Sites trifft der User auf veraltete Informationen oder auf solche, deren Aktualitätsgrad er schlecht abschätzen kann, z.B. weil er keinen Anhaltspunkt für die Entstehung des Textes hat. Bei der Zeitung schaut er einfach auf das Datum in der Kopfzeile. Im Internet setzt sich die Datierung von Artikeln – zumindest im journalistischen Bereich – zunehmend durch. Userbefragungen sehen die Aktualität der Web-Site beim Kriterien-Ranking für die Beurteilung der Qualität von Web-Angeboten regelmäßig ganz oben. Das heißt auch, dass der User nicht nur Aktualität voraussetzt, sondern er will sich auch versichern können, dass die Informationen wirklich aktuell sind.

2.2.3 ... But get it right? Richtigkeit

Der Ruf nach „Wahrheit" als Kriterium für journalistische Qualität ist inzwischen doch eher leise geworden. Dazu haben zweifelsohne die „vielen Lügen in den Medien" beigetragen, weit mehr aber überwiegt die Einsicht, dass „Wahrheit" ein unhandlicher Begriff ist, der sich der Überprüfung in der Praxis leicht entzieht. Hartnäckiger hält sich die Forderung nach „Objektivität" des Berichteten – kaum ein Begriff wurde in der Qualitätsdebatte so ausführlich und kontrovers diskutiert.

Beide Begriffe berühren die Dimension der Richtigkeit, die Günther Rager als vereinfachte Version der umstrittenen Begriffe anbietet. Im Wesentlichen geht es um sachliche Richtigkeit, bei der Qualität bedeutet, dass die genannten Fakten stimmen, geäußerte Meinungen unverfälscht wiedergegeben werden, die Informationen vollständig sind und der Text frei von logischen Widersprüchen bleibt. Bei der Umsetzung dieser Dimension kommt das journalistische Handwerkszeug ins Spiel, denn sachliche Richtigkeit gründet sich auf dem routinierten Einsatz der journalistischen W-Fragen sowie auf einer gründlichen Recherche und Gegenrecherche der Informationen. Der Dimension Richtigkeit kann am besten entsprochen werden, wenn drei Faktoren beherzigt werden:

1. Die Recherche berücksichtigt unter allen Umständen das 2-Quellenprinzip.
2. Das Gegenlesen ist institutionalisiert – kein Text wird online gestellt ohne dass eine andere Person ihn gelesen hat.
3. Der Umgang mit Fehlern ist geregelt. Je transparenter und eindeutiger Sie mit Fehlern umgehen, desto besser kann Ihr Leser einschätzen, wie sehr Sie die Dimension Richtigkeit schätzen.

Erweiterte Sorgfaltspflicht

Voraussetzung für die sachliche Richtigkeit ist die journalistische Sorgfaltspflicht, wie sie in Ziffer 2 des Pressekodex des Deutschen Presserats formuliert ist: „Zur Veröffentlichung bestimmter Informationen in Wort, Bild und Grafik sind mit der nach den Umständen gebotenen Sorgfalt auf ihren Wahrheitsgehalt zu prüfen und wahrheitsgetreu wiederzugeben."[13]. Der Pressekodex gilt zwar nur für Printmedien, bildet aber einen anerkannten ethischen Rahmen für alle Mediengattungen. Dieser Forderung allerdings ist im Internet sehr viel schwerer nachzukommen. Das liegt nicht nur daran, dass hier – wie unter dem Stichpunkt Aktualität beschrieben – alles schnell gehen muss, vielmehr ist die Sorgfaltspflicht bei Online-Publikationen erweitert. Die Redakteure tragen nicht nur Verantwortung für das, was sie recherchiert und geschrieben haben, sondern auch für andere Inhalte auf ihrer Site, die sie in Teilen nicht oder nur mit einem sehr großen Arbeitsaufwand kontrollieren können. Das betrifft eingebundene Inhalte wie z.B. Nachrichtenticker, mit denen automatisch Agenturmeldungen ins Angebot übernommen werden, und reicht bis zu externen Quellen, wenn diese als Zusatzinformationen verlinkt sind. In welchem Umfang und mit welcher Sorgfalt Sie externe Links prüfen, ist nicht nur ausschlaggebend für die Qualität und die Einhaltung ethischer Normen Ihrer Publikation, sondern hängt auch von der Rechtslage ab. In Bezug auf die Rechtslage müssen Sie immer auf dem Laufenden sein und Ihre Mitarbeiter informieren, da Verstöße gegen die Sorgfaltspflicht weitreichende Folgen haben können.

Publish now, edit later – Vom Umgang mit Fehlern

Selbst wenn Sie viel Geld und Zeit investieren, journalistischen Profis alle Ressourcen für die gründlichste Recherche und die sorgfältigste Aufbereitung einräumen und anschließend die Artikel vier Mal gegenlesen lassen, werden in Ihrer Publikation Fehler auftauchen. Natürlich steht die Fehlervermeidung an erster Stelle. Sie müssen sich aber auch damit auseinandersetzen, wie Sie mit aufgetretenen Fehlern umgehen. Während bei den Printmedien fehlerhafte Veröffentlichungen erhalten bleiben, macht es Ihnen das Internet vergleichsweise leicht, denn die Informationen sind nicht mehr materiell fixiert, so dass Sie nach der Veröffentlichung nichts mehr tun können. Hier können Sie ohne großes Aufsehen Ihre Fehler korrigieren: einfach die Artikel überarbeiten, wieder online stel-

---

[13] Deutscher Presserat, Publizistische Grundsätze, 4.

len, im schlimmsten Fall stillschweigend entfernen – und keiner hat was gemerkt! Das spurlose Überarbeiten kann zur Routine werden, die die Arbeitsprozesse umschichtet: Getrieben vom Zeitdruck, werden Artikel schnell geschrieben und veröffentlicht, erst dann gegengelesen, korrigiert und manchmal sogar nach der Publikation nochmals komplett umgeschrieben.

Im Internet scheint die Chance zu bestehen, bei Fehlern ungeschoren davonzukommen, und sicher nutzen viele Redakteure und Herausgeber dieses Hintertürchen, um sich keine Blöße zu geben. Nun gehört Schummeln jedoch nicht gerade zu den positiven Qualitätsmerkmalen – im Gegenteil: Größere Fehler nicht einzugestehen verstößt gegen das journalistische Ethos und wird früher oder später negative Folgen haben. Tatsächlich können Sie einen fehlerhaften Artikel sehr leicht von Ihrer Web-Site löschen, aber es wird Ihnen unter Umständen nicht gelingen, ihn aus dem Netz zu entfernen. Denn das Internet hat viele kritische Augen. Das wurde lange Zeit vergessen.

Die Auseinandersetzung mit der Frage, wie mit fehlerhaften Inhalten umgegangen werden soll, stand bereits Ende der 90er Jahren auf der Agenda, als man sich vielleicht der Andersartigkeit und Problematik des Mediums noch stärker bewusst war. Damals prägte der Journalist Frank Sennett dem Begriff *slipstreaming* für die nachträgliche Korrektur von Fehlern auf Web-Sites. Mit seiner Web-Site slipup.com hat er die Funktion der *watchblogs* vorweggenommen. Auf seiner Web-Site – die heute nicht mehr existiert – hat Sennett immer wieder den laschen Umgang mit Fehlern gerügt und eindeutige Standards für die Korrekturen gefordert. „There are no standards for identifying, correcting and editing the errors in newspaper Web editions."[14] – diese Klage stammt aus dem Jahr 1997, gilt aber heute noch genauso. Der Erfolg von BILDblog und anderen *watchblogs* aber zeigt, dass solche Korrektive von der Net-Community nicht nur angemahnt, sondern aktiv eingefordert werden. Die Betreiber solcher Wächterblogs haben es sich zur Aufgabe gemacht, einzelne Medien zu beobachten, um Fehler oder tendenziöse Berichterstattung nachzuweisen.

---

[14] Zitiert nach: Welch, Matt, The Corrector: slipup.com

2.2.4 Vermittlung

Im Jahr 2005 ist der durchschnittliche Journalist 41 Jahre alt, männlich, verheiratet und versteht sich als neutraler Vermittler mit dem Anspruch, schnell und objektiv zu informieren. Das ergibt die neueste Studie zur Lage des Journalismus in Deutschland[15]. Genau auf diesen Aspekt des journalistischen Selbstverständnisses verweist Günther Rager, indem er seine vierte Qualitätsdimension Vermittlung nennt. Darunter versteht er das Herstellen einer Beziehung zwischen Journalisten und Lesern. Je besser das dem Journalisten gelingt, desto höher ist die Qualität dieser Dimension einzuschätzen. Dabei geht es jedoch nicht um eine Aufforderung zum gemütlichen Plausch oder zu persönlicher Kontaktaufnahme, sondern um professionelle Fähigkeiten. Ein Journalist schreibe nicht „einfach drauf los", um Informationen zu verbreiten, so Rager, vielmehr sei es Aufgabe des Journalisten, das Interesse des Lesers für bestimmte Themen zu wecken, indem er seine Artikel möglichst unterhaltsam, interaktiv und originell aufbereitet.

Die Qualität des Vermittlungsprozesses bemisst sich also daran, wie gut es gelingt, eine kommunikative Beziehung zwischen Autor und Leser aufzubauen. Im Arbeitsalltag gibt es für diese Dimension einige verlässliche Regeln: die Wahl des passenden journalistischen Genres, das Bemühen um Verständlichkeit der Darstellung, die zielgruppengerechte Ansprache, die redaktionellen Vorgaben zum Design und dazu eine Ausbildung der persönlichen Handschrift eines Journalisten.

So kann etwa ein Interview manche Informationen einfacher und eindrucksvoller transportieren als ein Bericht. Um diese Stärke einzusetzen, muss der Journalist einschätzen können, in welchen Fällen ein Interview geeignet ist. Darüber hinaus muss er wissen, wie er ein Interview richtig führt und angemessen transkribiert. Die zielgruppengerechte Ansprache ist im Falle eines Interviews von doppelter Relevanz, weil diese Ansprache von zwei Personen ausgeht: vom Befragten und

---

[15] Malik, Maja, Scholl, Armin, Weischenberg, Siegfried, Journalismus in Deutschland 2005.

vom Fragenden. Gerade hier kommt es auf die persönliche Handschrift des Journalisten an.

Leider gibt es kaum wissenschaftliche Erkenntnisse darüber, wann welches Genre oder welche Darstellungsform am besten passt. Fest steht jedoch, dass sich durch das das Internet das Spektrum der Darstellungsformen erweitert hat – vor allem um multimediale Ergänzungen oder modularisierte Aufbereitungstechniken. Und es ist durchaus ein Ausweis von Qualität, wenn die Möglichkeiten des Mediums auch genutzt werden. Die gedruckte Version einer Tageszeitung 1:1 als Online-Ausgabe zu publizieren, entspricht sicher nicht den Erwartungen der User, leidet unter den Einschränkungen der Lesbarkeit am Bildschirm und verzichtet letztlich auf den Mehrwert, den eine medienadäquat aufbereitete Online-Publikation darstellt.

Die Möglichkeiten des Internet zu nutzen, beschränkte sich in der bisherigen Praxis weitgehend auf den Einsatz von Bildern und einfachen Verlinkungen. In diesem Bereich hat sich in jüngster Zeit einiges bewegt – wie Sie auch im Kapitel „Webspezifische Kommunikationsformen und Web 2.0" nachlesen können: Videos in Form von Podcasts verbreiten sich rasend schnell, da sie nicht mehr von fehlenden Bandbreiten kleiner Modems behindert werden. Sehr häufig werden solche Video- oder Audiodateien als Ergänzung eines Artikels oder als Quellenangabe zur Verfügung gestellt. Vorreiter sind die Online-Ausgaben der Fernsehsender, da diese über das multimediale Material bereits verfügen. Im Falle der Verlinkung haben die Blogs sich wieder auf die Stärken des Hypertexts besonnen. Nachdem Links zwischenzeitlich vernachlässigt und oft nur am Ende eines Artikels angehängt wurden, erleben sie jetzt eine fröhliche Wiederkehr. In den Blogs sind Verlinkungen natürliche Bestandteile der Texte.

2.2.5 Exkurs: Usability – alles, was der User braucht

Sowohl beim Bemühen um verständliche Darstellung als auch bei der zielgruppenorientierten Ansprache sieht Günther Rager Defizite in der Praxis, weil sich die Journalisten auf ihre Intuition verlassen und keine weiteren Informationen hinzuziehen. Diese Betonung des eigenen journalistischen Gefühls ist in der Medienbranche weit verbreitet und in vielen Fällen auch tatsächlich ein sehr gutes Instrument für die journalistische Qualität. Man bekommt es in die Wiege gelegt oder entwickelt es im Laufe seines Berufslebens. Keine gute Nachricht für Berufseinsteiger. Andererseits geht die Frage, wie Verständlichkeit und Zielgruppenansprache am besten umgesetzt werden, weit über Talent oder Berufserfahrung hinaus. Hier besteht Handlungsbedarf – und zwar auch und gerade bei jenen Profis, die vermeintlich wissen, „wie man es macht". „Nicht einmal die Ergebnisse der Leserforschung werden systematisch für die Gestaltung journalistischer Texte eingesetzt"[16] – Diese Einschätzung Günther Ragers gilt so nicht für das Internet, denn hier spielt die Usability-Forschung eine zunehmend wichtige Rolle.

Wenn Ihr User auf Ihre Web-Site kommt, hat er ...
- …ein Orientierungsproblem: Wie ist die Web-Site aufgebaut? Wie sind die Ordnungskriterien?
- …ein Einstiegsproblem: Auf der Startseite muss er bereits eine Menge Entscheidungen treffen. Das stellt besondere Anforderungen an die Homepage.
- …ein Navigationsproblem: Er muss ständig entscheiden, wie er von einem Punkt zum anderen kommt und weiß manchmal nicht zu welchem Punkt er will.
- …ein Einordnungsproblem: Oft kommt er über der Trefferliste von Google an und landet mitten auf der Web-Site. Befindet er sich jetzt mitten in einem modulierten Text? Was geht der Seite voraus? Was folgt?

(nach: Bucher, Hans-Jürgen, Barth, Christoph, Rezeptionsmuster der Onlinekommunikation.)

In der Usability-Forschung steht der User und sein Web-Verhalten im Mittelpunkt des Interesses. Denn er ist hier mit Besonderheiten konfrontiert, die er als Leser einer Zeitung nicht kennt. Das beeinflusst sein Verhalten, seine Erwartungen und sein Qualitätsurteil sehr stark. Auch wenn das Internet für die meisten User kein Neuland mehr ist, stellen die Strukturen im Netz noch höhere Anforderungen an das Gedächtnis und die Orientierung des Users. Er hat zum einen

---

[16] Rager, Günther, Dimensionen, 203.

mehr Verantwortung im Leseprozess, weil er selbst entscheidet, wann er welchen Abschnitt liest. Zum anderen ist er stärker auf Orientierungspunkte angewiesen, die er auf der Web-Site findet, weil jedes Angebot einen eigenen Aufbau hat und nach anderen Ordnungsprinzipien organisiert ist.

Wenn Sie die Ergebnisse der Usability-Forschung bei der Konzeption Ihrer Web-Site mit einbeziehen, erleichtern Sie Ihrem Leser das Leben. Er wird sich auf Ihrer Web-Site besser zurechtfinden, Ihre Texte leichter lesen können und aus diesen Gründen wieder kommen. Womit wieder der Köder und die Fische ins Spiel kommen: In der Usability-Forschung wird beobachtet, wie die Fische beißen. Häufig geschieht das durch einfaches Beobachten oder durch das Verfahren des *eye tracking*, bei dem eine Software das Blickverhalten des Users beim Besuch einer Web-Site aufzeichnet. Hatte sich die Usablity-Forschung bislang vornehmlich auf Aspekte der Web-Gestaltung beschränkt, so eignet sich der Forschungsbereich durchaus auch, um Qualitätsaspekte in Bezug auf das Nutzerverhalten abzufragen. Interessante Ergebnisse werden hier sicher in naher Zukunft zu erwarten sein. In den USA hat die Journalisten-Vereinigung Online News Association (ONA) im Jahr 2001 eine solche repräsentative Umfrage gestartet. Die User schätzen bei den besuchten Nachrichten-Web-Sites vor allem die konstante Aktualisierung, die Genauigkeit der Information und die Vertrautheit des Anbieters.

2.3 Die fünfte Dimension: Glaubwürdigkeit

Eine Studie aus Deutschland, durchgeführt vom Allensbacher Institut für Demoskopie im Jahr 2002, bringt neben den von Günther Rager genannten Dimensionen eine fünfte Dimension ins Spiel: Die User nennen „Glaubwürdigkeit" als notwendiges Merkmal für eine gute Informationsquelle. Was die User generell für glaubwürdig halten und was nicht, dazu gibt die Studie keine Auskunft. Man kann hier jedoch auf eine von Werner Wirth vorgeschlagene Definition zurückgreifen:

> *Glaubwürdigkeit kann als prinzipielle Bereitschaft verstanden werden, Botschaften eines bestimmten Objekts als zutreffend zu akzeptieren und bis zu einem gewissen Grad in das eigene Meinungs- und Einstellungsspektrum zu übernehmen. Dabei kann die Bereitschaft auf*

konkreten Evaluationsprozessen oder auf Images beruhen, die sich beim Subjekt herausgebildet haben, von ihm jedoch als Objekteigenschaften wahrgenommen werden.[17]

Glaubwürdigkeit ist demnach keine Eigenschaft des Angebots. Sie kann nicht produziert werden, sondern liegt in der Einschätzung des Lesers.

Keine Leserakzeptanz ohne Glaubwürdigkeit

Was ist ein Online-Beitrag wert, dem Leser keinen Glauben schenken? Nicht viel – es sei denn, Sie möchten Ihre Leser mit Märchen und phantastischen Erzählungen unterhalten. Doch selbst in diesem Fall muss dem Leser klar sein, welche Textgattung er vor sich hat. Unter keinen Umständen darf er sich getäuscht fühlen, sonst haben Sie ihn als Leser unwiederbringlich verloren. Vertrauen spielt auch oder sogar gerade in den Online-Medien eine entscheidende Rolle. „Blindes Vertrauen" können Sie jedoch nicht von ihren Lesern erwarten. Was also ist zu tun?

Wenn Sie die oben genannten Prinzipien Relevanz, Aktualität, Richtigkeit und Vermittlung berücksichtigen, sind Sie bereits auf einem sehr guten Weg. Der Online-Leser erwartet, dass ihm die für ihn relevanten Informationen möglichst zeitnah zur Verfügung stehen. Dass es sich um korrekte Angaben handeln muss, versteht sich von selbst. Wie können Sie jedoch Ihrem Leser zeigen, dass Sie bei Ihren Recherchen die notwendige Sorgfalt walten lassen und sich Ihrer besonderen Verantwortung als Autor bewusst sind? – Ganz einfach: Setzen Sie eindeutige Zeichen!

Schreibrichtigkeit: Make no mistake about it!

Lassen Sie sich nicht täuschen: Rechtschreib- und Grammatikfehler auf Ihrer Web-Site gelten schon lange nicht mehr als Kavaliersdelikt. Als das Internet noch in den Kinderschuhen steckte, sah mancher User noch großzügig über diese „Kleinigkeiten" hinweg. In Zeiten relativ gut funktionierender Rechtschreibprüfungs- und Wörterbuch-Software sollte dieser Fehlertypus jedoch der Vergan-

---

[17] Wirth, Methodologische und konzeptionelle Aspekte, 55.

genheit angehören. Das Überprüfen der Schreibrichtigkeit ist ein wichtiger Bestandteil der Qualitätssicherung. Bitten Sie einen Kollegen, Ihre Texte gegenzulesen. Ohnehin sollte das Vier-Augen-Prinzip, also das Korrekturlesen mindestens einer weiteren Person, in jeder Online-Redaktion zur Routine gehören. Dieser Zeitaufwand lohnt sich. Er zeigt, dass Ihre Inhalte es wert sind, in einer ansprechenden Weise präsentiert zu werden. Ihr Leser mag noch so tolerant sein, unterbewusst speichert er diese leicht vermeidbaren Fehler als Negativpunkte ab. Die Nutzerfreundlichkeit Ihrer Seite und ein attraktives Layout signalisieren dem Leser ebenfalls Ihre Wertschätzung.

Transparenz und Nachprüfbarkeit

Neben dem laxen Umgang mit Grammatik und Orthografie hat sich im Internet eine weitere Unsitte breitgemacht: das unsaubere Zitieren. Autoren berufen sich auf Quellen, ohne diese genauer zu benennen. Das ist unprofessionell und erweckt den Anschein, als gäbe es etwas zu verbergen. Legen Sie deshalb Ihre Quellen offen, indem Sie Links auf Ihre Quellen setzen oder ein Literaturverzeichnis anlegen. Im Allgemeinen gilt: Beiträge, die ihre Quellen explizit nennen, sind glaubwürdiger als Artikel ohne Quellenangaben. Auf diese Weise gewinnt Ihre Argumentation an Überzeugungskraft und ist darüber hinaus für den Leser leicht nachvollziehbar. Natürlich ist darauf zu achten, dass diese Angaben aktuell sind. *Dead links* – virtuelle Sackgassen – verärgern den interessierten Leser. Bindet man Inhalte von Dritten ein, ist wie bei Printmedien die inhaltliche Richtigkeit kritisch zu prüfen. Werbliche Inhalte sind auf das absolut Notwendigste zu beschränken, denn sie lassen an der Objektivität der Seite zweifeln.

Geben Sie Ihrem Online-Beitrag ein Gesicht!

Was in der realen Welt gilt, gilt auch im WWW: Traue keinem Unbekannten! Der Internet-User möchte gerne wissen, mit wem er es zu tun hat. Ideal wäre es, wenn Ihre Web-Site die Möglichkeit bietet, sich kurz vorzustellen – ein bis zwei Sätze genügen. Hierbei sollten Sie hervorheben, was Sie zum Experten für das von Ihnen bearbeitete Thema macht: Welche Organisation vertreten Sie? Zeichnet Sie Ihr beruflicher Werdegang aus? Sind Sie Autor weiterer Publikationen? Diese vertrauensbildende Maßnahme macht sich auch auf lange Sicht bezahlt.

Überzeugt die Qualität Ihrer Beiträge, so steigt die Wahrscheinlichkeit, dass der Leser bald gezielt nach Ihren Artikeln sucht.

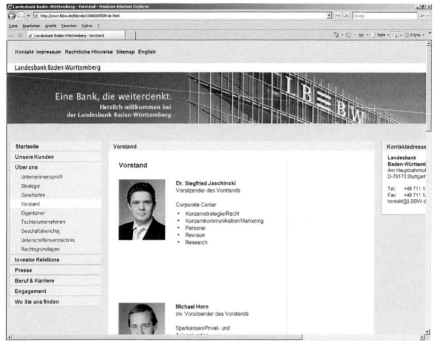

Diese Bank zeigt ihre wichtigsten Köpfe
(Quelle:http://www.lbbw.de/lbbwde/1000000508-de.html)

Zumindest sollte jeder Artikel das Kürzel des Verfassers tragen, so dass ein interessierter oder auch kritischer Leser mit dem verantwortlichen Autor Kontakt aufnehmen kann. In vielen Fällen ist es lohnenswert, dem Leser beispielsweise durch die Angabe einer E-Mail-Adresse die Kontaktaufnahme so leicht wie möglich zu machen. Auf diese Weise erhalten Sie wertvolles Feedback und eventuell Anregungen für neue Beiträge. Zeigen Sie, dass Sie die Meinung Ihrer Leser schätzen. Das erhöht die Leserbindung.

Zehn goldene Regeln zur Web-Glaubwürdigkeit

Eine Studie des Stanford Persuasive Technology Lab belegt: „Nur eine glaubwürdige Web-Site ist eine erfolgreiche Web-Site." Innerhalb eines Zeitraums von drei Jahren befragten die amerikanischen Wissenschaftler 4.500 Personen zum Thema Web-Glaubwürdigkeit. Auf Grundlage ihrer Ergebnisse entwickelten sie zehn Richtlinien, die jedem Online-Redakteur als wertvolle Checkliste dienen sollten[18]:

1. Machen Sie es Ihrem User so leicht wie möglich, die Richtigkeit Ihrer Informationen nachzuprüfen (z.B. Links, Quellenangaben).

2. Zeigen Sie, dass eine real existierende Organisation hinter Ihrem Webauftritt steht (z.B. Foto vom Firmensitz, Unternehmenszahlen).

3. Heben Sie den Expertenstatus Ihrer Organisation hervor. Zeigen Sie, dass für Ihre Inhalte und Dienstleistungen Experten verantwortlich sind (z.B. Verweis auf Auszeichnungen, Mitgliedschaften).

4. Zeigen Sie, dass reale, vertrauenswürdige Personen hinter Ihrer Organisation stehen (z.B. Fotos, Kurzlebenslauf).

5. Machen Sie es Ihrem User so leicht wie möglich, mit Ihnen Kontakt aufzunehmen (z.B. Kontaktformular).

6. Geben Sie Ihrer Web-Site ein professionelles Design, das im Einklang mit Ihrem Unternehmensziel steht (Inhalte stehen jedoch im Vordergrund).

7. Achten Sie darauf, dass Ihre Web-Site benutzerfreundlich und nützlich zugleich ist (leicht nachvollziehbare Navigation, relevante Inhalte).

8. Bringen Sie die Inhalte Ihrer Web-Site auf den neuesten Stand (Datumsangabe der letzten Aktualisierung, Beseitigung von *dead links*).

9. Setzen Sie werbliche Inhalte Dritter nur mit Vorsicht ein (keine Pop-ups!).

10. Vermeiden Sie Fehler aller Art, so geringfügig sie erscheinen mögen (wiederholtes Korrekturlesen – am besten auf Papier).

---

[18] Stanford Guidelines for Web Credibility

Machen sich Online-Redakteure diese Regeln zu eigen, könnte die Pauschalisierung „Printmedien sind glaubwürdiger als Online-Medien" bald als Vorurteil zu den Akten gelegt werden. Gerade was die ständige Aktualisierung und den Kontakt zwischen User und Autor anbelangt, ist das Online-Medium dem traditionellen Printmedium einen Schritt voraus. Diese Potenziale gilt es zu nutzen.

3 Aspekte der Qualitätssicherung

3.1 Qualität – sichern oder managen?

Die vorhergehenden Kapitel zeigen, dass die Diskussion rund um die journalistische Qualität unter anderem geprägt ist von Nuancen in den Begrifflichkeiten. Manchmal kann sogar der Eindruck entstehen, dass es in einzelnen Fällen bis zur Wortklauberei reicht.

Alles ein Problem der Theorie? Wenn jetzt die Praxis stärker zum Zug kommt, bleibt man davon verschont – sollte man meinen. Leider ist dem nicht so, deshalb muss vor dem Kapitel rund um die Umsetzung der Qualitätsstandards in die Praxis eine Begriffsklärung erfolgen. Grund dafür ist die Unterscheidung oder eben Nicht-Unterscheidung der beiden Worte „Qualitätsmanagement" und „Qualitätssicherung". Die Fachsprache der Qualitätsnormen (DIN EN ISO 9000:2000) verwendet beide als definierte Fachbegriffe folgendermaßen:[19]

- Qualitätsmanagement: aufeinander abgestimmte Tätigkeiten zum Lenken und Leiten einer Organisation, die darauf abzielen, die Qualität der produzierten Produkte oder der angebotenen Dienstleistung zu verbessern
- Qualitätssicherung: der Teil des Qualitätsmanagements, der durch das Erzeugen von Vertrauen darauf gerichtet ist, dass Qualitätsanforderungen erfüllt werden

Bis vor kurzem wurde – auch in den ISO-Normen – für „Qualitätsmanagement" das Wort „Qualitätssicherung" verwendet. In der Umgangssprache und auch in der einschlägigen Literatur rund um Redaktionsmanagement und journalistische Qualität ist das bis heute so. Wir schließen uns dem an und bleiben beim vertrauten Begriff „Qualitätssicherung", weil für Qualität nicht nur die ISO-Norm zählt und weil unserer Meinung nach die Endung „-management" einen leichten Beigeschmack von Beliebigkeit hat. „Sicherung" hingegen trifft nach unserem Sprachgefühl den Kern der Sache einfach besser: „Qualität sichern" impliziert

---

[19] http://www.q-m-a.de/2definitionen/2qualitätsmanagement/view

für uns eine größere Wertschätzung der Qualität als „Qualität managen". Das ist natürlich eine willkürliche Entscheidung, weil auch andere Argumentationen möglich sind: Macht es die Verwendung des Wortes „Qualitätsmanagement" nicht etwa deutlicher, dass die Sicherung der Qualität eine Management-Aufgabe ist und damit von der Leitung des Unternehmens mitgetragen werden muss? Dass Qualität eine Strategie braucht, organisiert und gesteuert werden kann?

3.2 Von Normen und Reihen

So bringt uns die Diskussion um die Begriffe zu einem wichtigen Angelpunkt des Themas: Im Bereich Qualitätssicherung gibt es bereits Normen und Modelle für unterschiedliche Branchen, so dass für Online-Redaktionen das Rad der Qualitätssicherung nicht neu erfunden werden muss. Die vorhandenen Modelle müssen aber auf jeden Fall modifiziert und angepasst werden. Aus dem Bereich des klassischen Redaktionsmanagements gibt es bereits einige ansprechenden Ergebnisse: So hat Miriam Meckel in ihrem einschlägigen Buch zum Thema „Redaktionsmanagement" das Drei-Stufen-Konzept zum Qualitätsmanagement von Dienstleistungen von Manfred Bruhn übernommen. Sie will damit zeigen, dass Qualitätssicherung in Redaktionen sich vor allem an Prozessen orientieren sollte, die geplant, durchgeführt und kontrolliert werden müssen.

Vinzenz Wyss hat das Total Quality Management Konzept als Grundlage für seine Studie zum redaktionellen Qualitätsmanagement genommen. Er ist allerdings nicht bei einem theoretischen Transfer des Modells auf die Anforderungen unterschiedlicher Redaktionen geblieben, sondern hat in den Redaktionen nachgefragt: Vier Schweizer Tageszeitungen, zwei Wochenzeitungen und drei Hörfunkstationen bilden sein Forschungsfeld rund um das Thema Qualitätsmanagement. Allerdings zieht er eine – wie er selbst schreibt – ernüchternde Bilanz: In der Praxis werden die Qualitätsziele und Qualitätskriterien in den seltensten Fällen klar definiert. Es entsteht zwar der Eindruck, dass viele Sicherungsinstrumente vorhanden sind, aber nicht als Teil eines ganzen Qualitätssicherungssystems wahrgenommen werden.

Was heißt hier EN DIN ISO 9000ff?

Eine Qualitätsmanagementnorm, wie die EN ISO 9001, beschreibt, welchen Anforderungen das Management eines Unternehmens genügen muss, um einem bestimmten Standard bei der Umsetzung des Qualitätsmanagements zu entsprechen und zertifiziert zu werden. Die 9000ff-Norm ist von allen europäischen Normungsintsituten anerkannt, was sich an den Abkürzungen ablesen lässt (EN = Europäische Normen, DIN = Deutsches Institut für Normung, ISO = Internationale Organisation für Ordnung).

- EN ISO 9000: definiert Grundlagen und Begriffe der Normen
- EN ISO 9001: legt die Anforderungen für eine Zertifizierung fest und beschreibt modellhaft die wichtigsten Grundsätze des Qualitätsmanagements
- EN ISO 9004: enthält die „Managementphilosophie" der Normenreihe und eine Anleitung zur Umsetzung, die in Richtung TQM geht
- EN ISO 9011: enthält Anweisungen zum Auditieren (= Bewerten von Prozessabläufen)

Dazu kommt eine sehr eingeschränkte Zusammenarbeit zwischen Geschäftsführung und Redaktion. Trotzdem warnt Wyss davor, das Konzept des TQM als unbrauchbar für Redaktionen einzustufen und vor allem auf eine systematische und kontinuierliche Qualitätssicherung zu verzichten. Den größten Hinderungsgrund für die Umsetzung von Qualitätssicherungssystemen sieht er in den Gepflogenheiten der Medienbranche: Hier fehlt eine direkte Kundenbeziehung zwischen Redaktion und Publikum. Anders als in anderen Branchen bleiben die Leser eher passiv und fragen nicht eine bestimmte Qualität nach, so dass der Leistungsanbieter sich nicht gezwungen sieht, sich nach den Kundenanforderungen zu richten. Hier bekommt die Bedeutung der Zielgruppenausrichtung wie sie das redaktionelle Marketing propagiert eine neue Dimension: Zu wissen, wer der User ist und was er mag, was er von dem Angebot erwartet und – nicht zuletzt – was er für Ansprüche an das Angebot hat, ist nicht nur einer der wichtigsten Faktoren bei der Setzung von Qualitätsstandards. Es zeichnet sich ab, dass ohne eine Präsenz der User im Bewusstsein der Redakteure und in der Redaktionskultur die Voraussetzung fehlt, Qualitätssicherung zu betreiben.

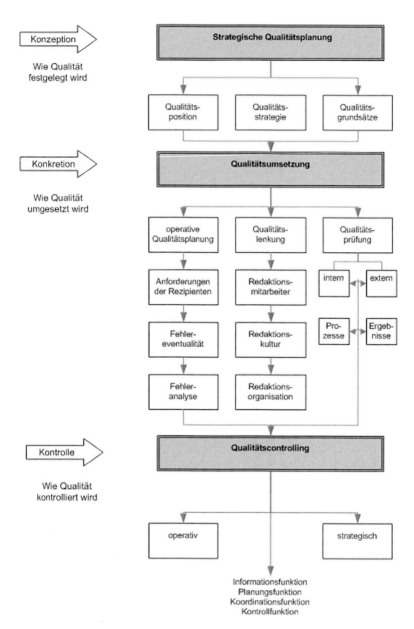

Drei-Stufen-Konzept zum Qualitätsmanagement (Quelle: Meckel, Redaktionsmanagement, 49.)

Was ist TQM?

Total Quality Mangement – auch umfassendes Qualitätsmanagement genannt – ist nach DIN EN ISO 8402:

„Eine auf die Mitwirkung aller ihrer Mitglieder gestützte Managementmethode, die Qualität in den Mittelpunkt stellt und durch das Zufriedenstellen der Kunden auf langfristigen Geschäftserfolg sowie auf Nutzen für die Mitglieder der Organisation und für die Gesellschaft abzielt."

- Das Management-Konzept bezieht die Belange aller Interessengruppen ein und grenzt gesellschaftliche Fragen nicht aus
- Es prüft nicht nur die Eignung der Prozesse, sondern auch die erzielten Ergebnisse
- Es orientiert an der Nachhaltigkeit der Ergebnisse

In Europa ist das EFQM (=European Foundation for Quality Management)-Modell das verbreitete Modell zur Umsetzung von TQM, an dem sich auch nationale Modelle orientieren.

Der größte Nachteil solcher umfassender Systeme zur Qualitätssicherung ist der große Aufwand, der zur Einführung und auch Durchführung notwendig ist: Es kostet zeitliche, personelle und finanzielle Ressourcen alle dort geforderten Maßnahmen zu planen, einzusetzen und zu kontrollieren. Ob ein Einsatz lohnt, hängt natürlich vom Stellenwert ab, den der Faktor „Qualität" für die Web-Site hat. Eine Web-Site deren Anerkennung allein darauf basiert, ob hohe inhaltliche Qualitätsstandards gesetzt und gehalten werden, wird darauf nicht verzichten können. Hier geht es um Nuancen, denn die meisten Redaktionsleiter werden natürlich die Bedeutung der Qualität nicht bezweifeln. Nur haben einige Web-Sites noch weitere Standbeine, die das Selbstverständnis prägen: Sei es, dass sie vom gedruckten oder ausgestrahlten Muttermedium profitieren, wie etwa RTL.de oder FOCUS Online. Oder der User ist auf eine andere Weise an die Web-Site gebunden, wie etwa bei AOL, die neben Informationen noch weitere Dienste anbietet.

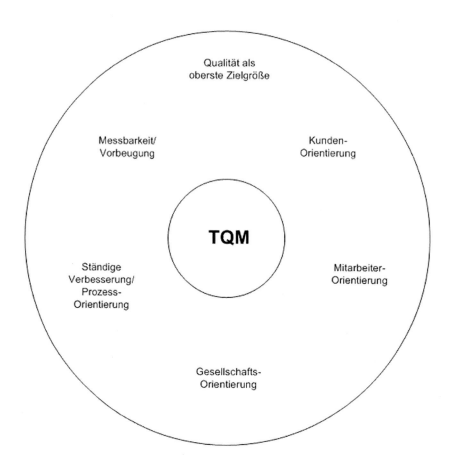

Die Prinzipien des TQM (Quelle: Wyss, redaktionelles Qualitätsmanagement, 69.)

Bei dem Für und Wider einer Einführung eines Qualitätsmanagementsystems sind organisatorische Fragen zu bedenken: Die Faktoren Größe, Organisationsform und Einbindung in Unternehmensstrukturen müssen in die Entscheidung mit einbezogen werden. So werden kleinere, in sich abgeschlossene Redaktionen mit fester ausgebildeter Belegschaft weniger auf die Institutionalisierung angewiesen sein, wie große Redaktionen mit komplexen Strukturen und eher unklaren Zuständigkeiten.

Der Befund von Vinzenz Wyss aus dem Bereich der Schweizer Medien und von Sandra Hermes für Nachrichtenredaktionen und die Diskussion ihrer Ergebnisse zeigt, dass eine große Zahl von Akteuren der Medienbranche solchen Management-Systemen – auch aus ideellen Gründen – eher skeptisch gegenüber steht. Ausnahmen sind öffentlich-rechtliche Sendeanstalten, hier haben sich umfassende Qualitätssicherungssysteme eingebürgert. Die Ursache hierfür sind wohl deren juristisch festgelegter öffentlicher Auftrag und dessen Auslegung. Auch in diesem Fall münden Auseinandersetzungen mit dem Selbstverständnis und Qualitätsdiskussion in eine präzisere Regelung von Qualitätsstandards.

	Tageszeitung	Öffentlich-rechtliches Fernsehen	Online-Angebote	Redaktionen gesamt
Ja, TQM	7,7	8,3	0	5,1
Ja, andere QM-Strategien	29,5	13,3	26,3	30,9
Ja, wird in Redaktionskonferenzen thematisiert	44,9	37,5	13,2	42,2
Nein	16,7	8,3	13,2	16,8

Die Tabelle zeigt die Situation in Nachrichtenredaktionen. Frage: „Gibt es in der Redaktion, in der Sie arbeiten, Initiativen, um die Qualität Ihres speziellen Medienproduktes bewusst zu sichern und zu fördern?" (Quelle: Sandra Hermes, QM in Nachrichtenredaktionen, 2006, 239)

Es liegt die Vermutung nahe, dass in medienfremden Branchen Berührungsängste mit Management-Modellen nicht so stark ausgeprägt sind. Dies führt aber nicht dazu, dass sie in unternehmensinternen Online-Redaktionen die Regel sind. Darauf weisen die Ergebnisse der Content Studie 2006 hin: Bei über der Hälfte der Redaktionen fehlen schriftlich fixierte Qualitätsstandards in jeglicher Form und damit auch Qualitätsmanagement-Strategien. Offen ist, ob die restlichen 50% mit einfachen Leitfäden und Anweisungen arbeiten oder ob ihrer Arbeit tatsächlich ein komplexeres Qualitätssicherungssystem zugrunde liegt.

Es kann auch der Fall sein, dass die Redaktion als Teil eines Unternehmens in die unternehmensweite Qualitätssicherung eingebunden ist. Eine solche Implementierung ist für die Redaktion genauso möglich, wie für andere Abteilungen eines Unternehmens. Voraussetzung ist hier aber erneut eine „ordentliche" Einbindung in die Strukturen, die Online-Redaktion müsste als abgeschlossene organisatorische Einheit „Online-Redaktion" oder „Internet-Redaktion" im Organigramm des Unternehmens erscheinen. Leider entspricht das aus unterschiedlichen Gründen nicht der Wirklichkeit.

Ganz klar, ein solches umfassendes Qualitätsmodell wie das Total Quality Management ist für die Produktion und Sicherung von qualitativ hochwertigen Web-Sites und weitgehend reibungslosen Abläufen in der Redaktion ein Idealfall, weil einfach alle Facetten der Qualitätssicherung abgedeckt sind. Dazu gehört nicht nur die Kontrolle des Produkts, sondern auch die Überprüfung der einzelnen Arbeitsschritte, ein ausgeklügeltes Personalmanagement, die konzeptionelle Entwicklung neuer Formate, Marktbeobachtung, partnerschaftliche Kooperation auf allen Ebenen und Schnittstellen. Nicht selten aber ist – um es mit dem Stuttgarter Dichter Georg Rudolf Weckherlin zu sagen – das Beste der größte Feind des Guten. Natürlich ist es das Beste, ein solches umfassendes Modell anzustreben, was aber nicht zu einer Ganz-oder-Gar-nicht-Haltung führen soll. Und in der Praxis gibt es sehr viele Faktoren, die einer 1:1 Umsetzung entgegenstehen. Das Gute wäre in diesem Fall, sich die Grundsätze zur Qualitätssicherung anzuschauen, auf den Redaktionsalltag zu übertragen und sich daraus ein individuelles Qualitätssicherungssystem zusammenzustellen.

3.3 Qualitätssicherung als Prozess

Auf die Gefahr hin, sich zu wiederholen: Qualitätssicherung ist ein Prozess mit den Phasen Planung, Sicherung und Kontrolle. Qualität muss in einem ersten Schritt festgelegt werden, wird dann produziert, wobei bestimmte Arbeitsroutinen eingehalten werden müssen, und schließlich kontrolliert.

Das soll kurz an einem Beispiel durchgespielt werden. Ein Unternehmen hat eine Web-Site mit dem Bereich „Aktuelles". Insgesamt hat die Redaktion im Leitbild den Wert Aktualität sehr hoch veranschlagt, was mit der Schnelllebigkeit der Brancheninformationen begründet ist und der Annahme, ihre Kunden wollten immer auf dem Laufenden gehalten werden. Diese Einschätzung fließt in das Redaktionshandbuch hinein, der für die Artikel im Bereich „Aktuelles" vorschreibt, dass Meldungen aus bestimmten Quellen innerhalb einer bestimmten Frist bearbeitet und online gestellt werden müssen. In den Konferenzen zur Blattkritik werden daraufhin immer wieder Fehler in schnell einzustellenden Artikeln gefunden. Das kann viele Ursachen haben: War zu wenig Arbeitszeit für den Korrekturprozess eingeplant? Dann hat die Redaktionsleitung unterschiedliche Reaktionsmöglichkeiten: Sie kann dem zuständigen Redakteur Druck machen, damit er sein Arbeitspensum trotzdem erfüllt. Diese Methode wird wahrscheinlich kurzfristig zum Erfolg führen, längerfristig werden die Fehler wohl wieder erscheinen. Die Leitung kann auch die Arbeitsprozesse analysieren. Wenn es ihr dann gelingt, durch Umstellung Kapazitäten frei zu machen, ist das natürlich die sparsamste und beste Lösung. Oder sie stellt einen zusätzlichen Redakteur ein – falls die finanziellen Mittel ausreichen. Ein anderer möglicher Schritt besteht darin, die Qualitätsstandards einer erneuten Überprüfung zu unterziehen und zur Planungsphase zurück zu kehren: Ist es wirklich notwendig eine solch kurze Frist einzuhalten? Wie oft besucht denn ein durchschnittlicher User die Web-Site? Ist es nicht sinnvoller der Dimension Aktualität in Rücksicht auf die Dimension Richtigkeit weniger Stellenwert einzuräumen? Dadurch hätte der zuständige Redakteur Zeit, die Artikel einem weiteren Kollegen zur Korrektur vorzulegen. Die Änderungen werden eingeführt und dann erfolgt erneut die Kontrolle. Zum einen über die Blattkritik. Ist die Fehlerquote signifikant zurück gegangen? Sollten dann die Änderungen Bestand haben? Zum anderen z.B. durch die Auswertung des Userverhaltens: Haben sich die Zugriffszahlen auf diesem Bereich verändert? Gab es Leserreaktionen, z.B. dass sich Leser über spätere Meldungen beschwert haben? Wenn ja, wie kann man damit umgehen?

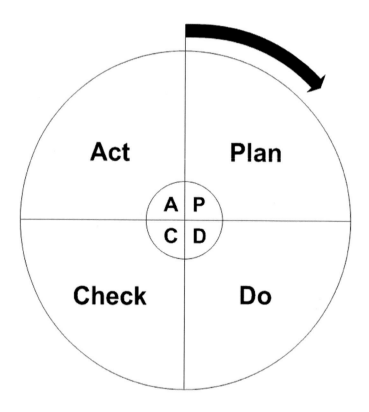

Qualitätssicherungsprozes als Zyklus
(Quelle:http://en.wikipedia.org/wiki/Image:PDCA.gif)

Für diese Art des Vorgehens hat das moderne Qualitätsmanagement das Modell des Demingkreises oder PDCA-Zyklus entwickelt, der aus den folgenden vier Elementen besteht: Erstens *plan*: vor seiner eigentlichen Implementierung muss der Prozess geplant werden. Zweitens *do*: der Prozess wird umgesetzt. Drittens *check*: Der Ablauf und seine Resultate werden überprüft, der Soll-Ist-Abgleich wird durchgeführt. Und schließlich *act*: Die Ursachen der festgestellten Abweichungen werden die Ursachen der festgestellten Abweichungen werden abgestellt, der Prozess kann wieder von vorne beginnen – selbstverständlich unter Berücksichtigung des PDCA-Zyklus. Qualitätssicherung endet also nie!

3.4 Leitbilder und Style-Guides

3.4.1 Redaktionelle Leitlinien: Weichenstellung für die Qualität

Als Henri Nannen, damals Herausgeber des Stern, Ende der 70er Jahre seinen stellvertretenden Chefredakteur Manfred Bissinger „beurlaubte", feuerte das einen Konflikt erneut an, der seit einiger Zeit schwelte. Bissinger hatte einen Artikel über Steuerflüchtlinge geschrieben, der einige wichtige Anzeigenkunden verärgerte. Die Unabhängigkeit der Redaktionen gegenüber dem Verlagshaus vertraglich zu regeln, war seit Ende der 60er Jahre das Ziel der „Redaktionsstatutenbewegung". Der Fall Bissinger stellte für ihre Vertreter einen erneuten Beweis für die Notwendigkeit solcher Verträge dar. Der Begriff Redaktionsstatut war derzeit unverwechselbar, heute verschwimmen die Grenzen zwischen Redaktionsleitbild und Redaktionsstatut; oft werden die Begriffe z.B. synonym verwendet. Das Redaktionsstatut wird auch als „innere Pressefreiheit" gewertet und soll eine unabhängige Position und eine Mitsprache der Redaktion innerhalb eines Medienunternehmens sichern. Das Redaktionsleitbild hingegen hält vor allem die verlegerischen Zielsetzungen und Kompetenzen sowie die publizistische Grundhaltung der Zeitung, Zeitschrift oder des Magazins fest.

Während Redaktionsstatuten auf den Journalismus beschränkt sind, wird eine spezielle Position von unternehmenseigenen Online-Redaktion weniger thematisiert – wie Sie im Kapitel „Organisation der Online-Redaktion" nachlesen können. Wenn sie überhaupt als eigene Einheit existiert, fehlt häufig eine organisatorische Aufhängung in die Unternehmensstruktur und eine verbindliche Vereinbarung über Zuständigkeiten und Weisungsbefugnisse. Eine vertraglich geregelte Zusicherung redaktioneller Freiheiten ist in den meisten Unternehmen Utopie. Einer kurzen Überlegung in Richtung inhaltlicher Freiheit der Redaktion Raum zu geben, verspricht gerade im Zusammenhang mit dem erläuterten Problem der Glaubwürdigkeit neue Erkenntnisse.

Wenige Berührungsängste hingegen haben die Unternehmen beim Thema Leitbild – so wenige, dass auch Kritikerstimmen zu dem Thema laut wurden. So stellte der Systemtheoretiker Peter Fuchs im Jahr 2000 in der taz fest: „Überall verpasst man sich Leitbilder. (…) Es geht um Richtschnüre, Vor- und Maßgaben für Zukünftiges, um Ideale, Missionen, Messages, die zu verfertigen nicht allzu schädlich scheint, da die Bilder des Zukünftigen mangels Realitätskontaktes immer nur flach ausfallen können."[20] Tatsächlich klingen einige *mission statements*, Unternehmensleitbilder oder -missionen nicht sonderlich aufschlussreich, geschweige denn originell. Trotzdem sind Unternehmen, die auf Leitbilder setzen langfristig erfolgreicher als Unternehmen, die auf den Einsatz verzichten. Vor allem, wenn die Mitarbeiter das Leitbild kennen, verstehen und umsetzen.

Das Leitbild ist als Instrument fest in den Normen zur Qualitätssicherung verankert. Gefordert wird es als Nachweis, wie die Organisation ihre Strategie formuliert, sie stufenweise herunterbricht und in Pläne und Maßnahmen umsetzt. Das Leitbild oder die redaktionellen Leitlinien stellen die Verfassung der Redaktion dar, in der die zentralen Werte und strategischen Optionen sowie die Ziele der Redaktion in schriftlicher Form festgehalten werden sollen. Wenn Sie eine Diskussion über die Qualitätsdimensionen geführt, daraus Standards und Maßstäbe abgeleitet und die wichtigsten Ergebnisse notiert haben, haben Sie die Eckpunkte Ihres redaktionellen Leitbildes bereits erarbeitet. Aus diesem Leitbild lassen sich dann spezifische Ziele ableiten und konkrete Maßnahmen bestimmen, die zu diesen Zielen führen. Gerade im redaktionellen Alltag bietet ein Leitbild Orientierung und Hilfe bei Diskussionen über strittige Sachlagen, richtiges Handeln oder richtige Prioritäten. Zusätzlich dient das Leitbild als Hilfestellung für die Kontrolle der Qualitätsstandards, denn sie müssen immer wieder an den gesteckten Zielen gemessen werden.

Vorteile einer schriftlichen Fixierung des redaktionellen Leitbildes
- Sie schafft einen Zwang zu genauerem, präzisen Denken
- Das Problembewusstsein wird aktiviert
- Sie schafft eine höhere Verbindlichkeit und Beständigkeit
- Sie erleichtert die Kommunikation

(Quelle: Bleicher, Knut, Leitbilder, 42)

---

[20] Zitiert nach: Wolter, Brigitte, Firmenleitbilder: Alles Mode oder was?

Beispiele für redaktionelle Leitbilder

Redaktionelle Leitlinien wurden bisher nicht veröffentlicht, denn das war in Druckwerken schlecht durchführbar. Kaum ein Leser hätte Interesse daran gehabt, auf der letzten Seite seiner Zeitung über das Leitbild der Redaktion informiert zu werden. Die Bedingungen im Web sind anders und so sind einige Redaktionen aus dem Medienbereich dazu übergegangen, ihre redaktionellen Leitbilder online zu stellen. Das tut auch netzeitung.de – nach eigenen Angaben die erste deutsche Zeitung, die es nur im Internet gibt. Ihr redaktioneller Kodex spiegelt deutlich die Auseinandersetzung mit den Rager'schen Dimensionen wider und macht das Bemühen deutlich, die medienspezifischen Ansprüche zu berücksichtigen.

Im ersten Abschnitt wird der Unternehmenszweck formuliert: die Berichterstattung über alle relevanten Themen aus den wichtigsten gesellschaftlichen Bereichen. Die Redaktion unterstreicht dabei die Bedeutung der unabhängigen Berichterstattung, ihre Verpflichtung zur Objektivität und Wahrhaftigkeit.

Zum Thema Vermittlung wird angeführt:

> *Die Netzeitung nutzt für ihre Berichterstattung alle technischen Möglichkeiten des Mediums Internet, auch animierte Elemente, mittels derer Informationen mitunter rascher und besser vermittelt werden können als allein durch Sprache. Sie erschließt ferner für ihre Leser Informationen, die im Internet verfügbar sind, und stellt sie über Hyperlinks vor.*

Zum Thema Richtigkeit:

> *Die Journalisten der Netzeitung sind sich der Tatsache bewusst, dass die Produktion einer Zeitung im Internet besondere Sorgfalt erfordert, da angesicht der Geschwindigkeit des Mediums neben den klassischen journalistischen Qualitäten erhöhte Genauigkeit gefordert ist.*

Die Redaktion und die Redaktionsleitung von faz.net haben ebenfalls unter dem Titel „redaktioneller Kodex" eine Stellungnahme veröffentlicht, die von dem Beispiel der netzeitung.de abweicht. Nachdem sich die Redaktion im ersten

Abschnitt zum Grundgesetz bekannt hat, beschreibt sie im Anschluss die Zielsetzung ihres Angebots:

„Die Redaktion versteht ihr Angebot als journalistisches Informationsangebot (...). Ihr Ziel ist es, einen möglichst hohen Lesernutzen zu stiften". Konkretisiert wird diese Angabe in Abschnitt IV:

> *Die von der Redaktion erarbeiteten Inhalte dienen als effiziente Informationsquelle für die Zielgruppe der gut ausgebildeten Nutzer. Das Angebot beinhaltet:*
>
> *die Bereitstellung eines generalistischen Informationsangebots in den klassischen Ressorts: Wirtschaft, Politik, Feuilleton, Sport und Gesellschaft*
>
> *die Ergänzung des klassischen Angebots um die Themenbereiche Reise, Wissen, Auto und Computer*
>
> *die Bereitstellung umfassender Börseninformationen, Analysen und Einschätzungen sowie strategischer Finanztools für den privaten Anleger*
>
> *visuelle Zugänge und Aufbereitungen durch Video, Bilder, Infografiken, Illustrationen, Flash, animated GIFs und andere Medienformate, die Informationen schneller und klarer transportieren als Texte.*

Hier zeigt sich, wie der abstrakte Begriff des Lesernutzens auf eine konkrete Ebene gebracht werden kann, wie etwa im Fall der Börseninformationen oder beim Einsatz multimedialer Elemente.

Nicht im Internet veröffentlicht, aber trotzdem Teil der redaktionellen Leitlinien ist die Haltung von faz.net zum Verhältnis Richtigkeit – Aktualität:

> *Oberstes Gebot ist die exakte Berichterstattung, erst an zweiter Stelle kommt die Schnelligkeit. Für die faz.net-Redaktion sind Aktualität und Einordnung gleichrangig. Beschreibendes und erläuterndes Material*

> *wird bereits in die erste Version eines Beitrags eingearbeitet, spätestens aber in der ersten Aktualisierung angeboten.*[21]

Überraschend direkt und in anschaulicher Sprache präsentiert sich das *mission statement* der Financial Times Deutschland, das der Gründungsredakteur Andrew Gowers mit seinem Team für die Zeitung und den Online-Auftritt aufgesetzt hat. Seine Zielgruppe beschreibt er so:

> *Die Leser, die wir erreichen wollen, sind Männer und Frauen, die Entscheidungen treffen; solche, die bereits in verantwortungsvollen Positionen sind und solche, die noch am Anfang ihrer Karriere stehen. Sie suchen nach Orientierung, um sich im ständigen Wandel behaupten und von den Veränderungen profitieren zu können. Unser Leser ist der Vorstandschef und der Topmanager des börsennotierten Unternehmens, die Führungskraft im dynamischen Mittelstand und natürlich auch der Unternehmer. (...)*

Hier folgen noch einige Beispiele für den Leser, dann schließt unmittelbar die Forderung nach handwerklichen Qualitäten an, die er genauso beim Namen nennt. Zum Themenbereich Vermittlung führt er an:

> *Wir müssen schnell auf den Punkt kommen. Unser Stil muss direkt sein, dicht und zugleich verständlich. Keine Fachsprache, egal aus welchem Bereich. Die Präsentation unserer Geschichten ist sehr wichtig. Schon unsere Überschriften müssen unseren Lesern die Frage beantworten: Ist diese Geschichte neu? Ist sie relevant?*
>
> *Wir wollen unsere Leser nicht nur informieren, sondern auch unterhalten. Wir wollen Vergnügen bereiten und nicht nur Pflichtlektüre sein.*
>
> *Wir müssen die Möglichkeiten des Internets ausschöpfen. (...) Online wollen wir unser Blatt ergänzen und erweitern – etwa mit Web-Dossiers, in denen ein Thema viel umfangreicher als in der Zeitung dargestellt werden kann.*

---

[21] Zitiert nach: Gaube, Frank, Qualitätssicherung im Online-Journalismus am Beispiel faz.net, 351.

Zur Aktualität:

> *Wir müssen den Vorteil unseres späten Redaktionsschlusses nutzen. Unsere Nachrichten und Analysen müssen bis zuletzt aktualisiert werden. Das heißt nicht nur, Nachrichten aufzunehmen, die andere nicht mehr berücksichtigen können. Es heißt auch, die Analyse der wichtigen Nachrichten vom Nachmittag oder frühen Abend weiter zu vertiefen und Geschichten voranzutreiben.*

Und schließlich hat er auch eine dezidierte Haltung zur Relevanz:

> *Am wichtigsten aber ist unsere Urteilskraft. Wir müssen die Dinge bewerten, und das beginnt bei der Auswahl unserer Nachrichten und Themen.(...) Wir sortieren, wählen aus und gewichten. Unsere Aufgabe ist es, den Lesern deutlich zu machen, was wichtig für sie ist – durch die Auswahl der Information, ihre Platzierung im Blatt, ihren Umfang, die Überschrift und Illustration.*

Redaktionelle Leitbilder – oft eine vergebene Chance

Wer eine solche redaktionelle Leitlinie liest, wie sie Andrew Gowers verfasst hat, wird nicht mehr verstehen, wie man auf ein solches Dokument verzichten kann. Schriftlich fixierte Zielformulierungen haben sich allerdings in der Medienbranche kaum etabliert. Vinzenz Wyss hat in seiner Untersuchungsgruppe in 64% der Redaktionen redaktionelle Leitbilder vorgefunden. Sandra Hermes kommt für die Nachrichtenredaktionen mit etwa 35% auf eine noch kleinere Zahl, die Online-Redaktionen liegen dabei im Schnitt. Da scheinen Unternehmen ein wenig besser dazustehen, denn in der Content Studie gaben fast die Hälfte der Befragten an, über einen schriftlich fixierten Qualitätsstandard zu verfügen. Je mehr Mitarbeiter in der Online-Redaktion vorhanden sind, deren Schwerpunkt auf der redaktionellen Arbeit liegt, desto eher liegen solche Standards vor.

Das bloße Vorhandensein von fixierten Qualitätszielen gibt zwar einen ersten Anhaltspunkt für das vorhandene Bewusstsein für Qualitätsfragen, sagt jedoch nichts über die Praxisrelevanz aus. Die wichtigste Voraussetzung dafür ist die Akzeptanz des Leitbildes bei den Mitarbeitern. Die wird am besten erreicht, wenn die Redakteure beim Erstellungsprozess und den notwendigen Diskussionen der Qualitätsstandards mit eingebunden werden. Beim Total Quality Management mit dem Prinzip der Ganzheitlichkeit und Mitarbeiterorientierung wird dieser Beteiligung besonderer Wert beigemessen. Nicht ohne Grund, denn die Mitarbeiter wissen beispielsweise oft am Besten, welche Leistungen mit den vorhandenen Ressourcen erreicht werden und fühlen sich den vereinbarten Zielen später stärker verpflichtet. Das Management hat nicht selten zu hohe Erwartungen und setzt vielleicht in Teilen utopische Ziele. Wenn diese nicht erreicht werden, kann das zur Frustration der Mitarbeiter und zur Enttäuschung der Leitung führen.

Die Teilhabe der Mitarbeiter bei der Entstehung des Leitbildes reicht aber oft nicht aus, es in der Alltagsarbeit der Redaktion präsent zu halten. Viele Chefredakteure äußern sich in der Studie von Vinzenz Wyss zwar dahingehend, dass ihre Mitarbeiter die Ziele genau kennen müssen. Wie diese Ziele aber konkret aussehen, bleibt oft offen: „Wenn Sie mich nach den Hauptpunkten unseres redaktionellen Leitbildes fragen, wäre ich außerstande diese zu nennen. Ich weiß nicht, ob ich das je einmal gelesen habe. Was geschrieben steht, ist das eine, die Wirklichkeit ist das andere."[22] Hier ist die Managementebene in der Pflicht, denn je höher die Redaktionsleitung die Bedeutung des Leitbildes einschätzt und sie auch in kritischen Fragen tatsächlich hinzu zieht, desto höher wird die Akzeptanz auch bei den Mitarbeitern sein.

Fixierte Qualitätsstandards dienen nicht nur als Ausweis für Qualität, obwohl man sie im Rahmen der Außendarstellung der Redaktion durchaus einsetzen kann. Wie die Beispiele von netzeitung.de, faz.net oder Financial Times Deutschland zeigen, können die Ziele bewusst nach außen getragen werden. Sie dienen dem Image einer Redaktion und bewahren diese möglicherweise vor der Gefahr, nach Qualitätskriterien beurteilt zu werden, die sie für sich selbst gar nicht beanspruchen.

Vielmehr bieten Qualitätsstandards in der Alltagsarbeit eine wichtige Orientierungshilfe. Sie schaffen Sicherheit bei Unklarheiten inhaltlicher Art: Passt das Thema in unser Konzept? Ein Blick in die redaktionellen Leitlinien liefert oft

---

[22] Wyss, Vinzenz, Qualitätsmanagement, 293f.

eine wirksame Entscheidungshilfe. Aber auch bei Differenzen zwischen einzelnen Kollegen oder zwischen Kollegen und Leitung kann das Leitbild eine unverzichtbare Instanz sein, weil sie nicht an Personen gebunden und somit nicht parteiisch ist. Eine der wichtigsten Vorzüge des Leitbilds wird deutlich, wenn neue Kollegen in das Team kommen. Es bietet eine Kontinuität, die auch personelle Veränderungen überlebt.

3.4.2 Style-Guides: Wegweiser für die Qualität

Wenn das redaktionelle Leitbild die Verfassung einer Redaktion darstellt, dann entsprechen die Stilbücher oder Style-Guides den Gesetzen. Hier steht nicht mehr der übergeordnete Gedanke oder die große Linie im Vordergrund, hier werden die Details geregelt. Die wichtigste Regel für einen Style-Guide gleich vorweg geschickt: Es gibt (fast) nichts, was hier nicht beschrieben oder geregelt werden kann. Der Name Style-Guide mag in die Irre führen – es geht nicht nur darum, den richtigen Ton zu treffen. In einem Style-Guide werden Abläufe genauso beschrieben, wie die Gestaltung einzelner Artikel. Das Handbuch der Schweizer Ratgeber-Web-Site beobachter.ch, das vom Verein Qualität im Journalismus ausgezeichnet wurde, stellt manches journalistische Weiterbildungsseminar in den Schatten. Es bietet unter anderem Handwerkstipps zum Interview, zur Reportage oder zum Umgang mit dem Zitat. Dazu kommen Anweisungen, etwa „Wie plane ich einen Artikel?" oder „Wie setze ich ein Thema um?". Selbstverständlich sind redaktionelle Leitlinien in diesem umfassenden Handbuch genauso vorhanden, wie Stellenprofile, das heißt eine Übersicht darüber, wer für was in der Redaktion zuständig ist.

Was kann rein?

Es liegt an den Charakteristiken des Style-Guides, dass er immer eine individuelle Lösung darstellt. Deswegen folgt an dieser Stelle nur ein kleiner kommentierter Überblick über die wichtigsten Themen. Wie Sie diese Themen im Einzelnen abhandeln, hängt von ihrer speziellen Situation ab.

Organisation der Redaktion:

- Wie arbeitet die Redaktion? Gibt es Konferenzen?

- Rollenkonzepte: Welche unterschiedlichen Rollen gibt es? Möglich sind etwa der Autor, der Experte, der für die Kontrolle der Inhalte verantwortlich ist.
- Idealtypischer Erstellungsprozess: Wie sehen die Stationen aus, die ein Artikel durchlaufen soll?
- Briefing: Wie läuft das Briefing für einen Artikel ab? Hier können auch Formulare für ein Briefing vorgehalten werden.

Gestaltung und Inhalte:

- Medienadäquate Aufbereitung der Inhalte: Hervorhebungen für die Scanbarkeit?
- Gliederung und Struktur: Sind die W-Fragen beantwortet?
- Überschriften: Welche Überschriften gibt es? Wieviele Zeichen sollen sie umfassen? Wie werden sie fomuliert?
- Links: Wie setzen Sie sie in der Regel ein? Wie sollen sie beschriftet werden? Wie sollen sie geprüft werden?
- Wie ist Ihr Artikel? Passt er auf 1½ Bildschirmseiten? Kann er sonst modularisiert werden?
- Ist der Text ausreichend strukturiert (Überschriften, Zwischentitel, Aufzählungszeichen)?

Sprache und Stil:

- Sprachebene: Welche Art von Sprache setzen Sie für welchen Artikel ein? Eher werblich oder eher ein nachrichtlicher Stil?
- Formulierungstipps: Anleitungen zum einfachen Formulieren. Informationen zur Textverständlichkeit.
- Corporate Wording: Welche Wörter verwenden Sie nicht? Welche Abkürzungen verwenden Sie? Wie sehen die Schreibweisen häufig genutzer Namen aus?

- Füllwörter: Stellen Sie eine Liste der Wörter zusammen, die Ihnen überflüssig erscheinen. Stellen Sie sicher, dass die Liste zum Redigieren auch verwendet wird.

Formate:

- Beschreiben Sie die Bereiche Ihrer Web-Site. Welche unterschiedlichen Formate gibt es? Wo sind sie zu finden? Welche Funktion soll ein Format haben? Geben Sie Hinweise und Beispiele dafür, wann welches Format geeignet ist.

Weitere Bereiche:

- Nach welchen Kriterien liefert die lokale Suchmaschine Treffer? Welche Auswirkung hat das für die Artikel? Müssen Meta-Daten hinzugefügt werden?

Auch wenn Ihnen vieles zu selbstverständlich klingt, gilt immer noch die anfangs erwähnte Hauptregel: Nehmen Sie möglichst alles in den Style-Guide auf und zwar möglichst konkret. Je mehr Einzelheiten und Beispiele desto besser. Der Grad der Detaillierung des Stilbuches des faz.net reicht an einigen Stellen bis hin zur Festlegung der maximalen Zahl von Anschlägen für jeden einzelnen Textbaustein. Auch sprachliche Belange regelt faz.net-Redaktion hier präzise:

> *Die faz.net-Redaktion prägt einen modernen Sprachstil, in dem sie auf veraltete und bürokratische Begriffe (z.B. erklären, bekräftigen, unterstreichen) verzichtet und straff formuliert. Formulierungen wie „...teilte mit" und „sagte gegenüber (der ARD)" sind ausgeschlossen.*[23]

Die Kunst besteht darin, den Style-Guide so zu strukturieren, dass sich jeder Mitarbeiter leicht darin zurechtfinden kann. Scheint er Ihnen zu umfangreich, können Sie Auszüge für einen bestimmten Personenkreis erstellen. Die freien Mitarbeiter beim beobachter.ch etwa bekommen eine etwas gekürzte Version des Redaktionshandbuches, weil für sie die genauen Abläufe innerhalb der Re-

---

[23] Gaube, Frank, Qualitätssicherung im Online-Journalismus am Beispiel faz.net, 351.

daktion nicht so wichtig sind. Dafür sind für sie dort zusätzliche Informationen zur Honorarfragen angehängt.

Manche Aspekte des Style-Guides sind auch in der verwendeten Software abgebildet. Oft reglementiert das Content-Management-System die Abläufe durch einen festgelegten Workflow oder definiert die unterschiedlichen Formate. Trotzdem sollten Sie auf eine schriftliche Fixierung unabhängig vom eingesetzten Content-Mangement-System nicht verzichten, denn zu leicht können sich hier wichtige Bestandteile ändern. Und eine Rekonstruktion der Vorgaben kann sehr zeitaufwendig sein.

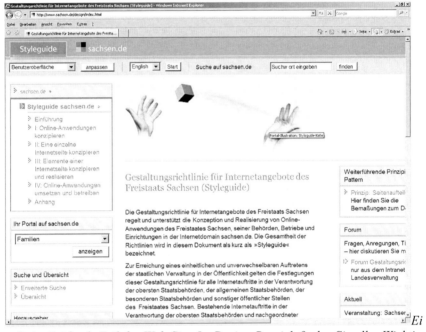

Ein Style-Guide als Teil der Web-Site. Im Design-Bereich finden Sie alles Wichtige rund um Konzeption, Gestaltung und Qualität der Web-Site. Wirklich ein Musterbeispiel! (www.sachsen.de)

Ein Style-Guide ist umso wichtiger, je mehr Personen an der Produktion der Inhalte in irgendeiner Funktion beteiligt sind. Dabei spielt die Organisation der Redaktion eine wichtige Rolle: Zentrale Redaktionen können viele Aspekte einfach mündlich regeln. Das funktioniert nicht mehr, wenn die Redaktion auf mehrere Abteilungen verteilt ist. Auch der Grad der Professionalisierung ist entscheidend: Je besser die journalistische Ausbildung ist, desto eher können Sie etwa auf die Hinweise zur Artikelerstellung verzichten.

Die Realität der Online-Redaktionen außerhalb der Medienbranche – wie sie im Kapitel „Organisation der Online-Redaktion" beschrieben ist – stellt sich aber folgendermaßen dar: In der Regel werden die Inhalte der Web-Site abteilungsübergreifend von Mitarbeitern mit der unterschiedlichsten Ausbildungen und Kompetenzen erstellt. Viele von ihnen haben keine journalistischen Basisqualifikationen und sind mit den redaktionellen Abläufen nicht vertraut. Hier können Sie auf einen Style-Guide nicht verzichten ohne große Abstriche an der Qualität oder sehr viel zusätzliche Arbeit in der Online-Redaktion in Kauf zu nehmen.

3.5 Textverständlichkeit

Kabel Deutschland hatte sich mit dem Versuch, das durch vorangegangene Ungereimtheiten angeschlagene Verhältnis zu seinen Kunden zu kitten, einen Bärendienst erwiesen. Der Grund: missverständliche Formulierungen – eine riesige Kommunikationspanne.

> *Kabel Deutschland handelte sich mit einem Schreiben Ende 2006 einen derartigen Proteststurm ein, dass WISO, das Ratgebermagazin des ZDF, darüber berichtete. Das Schreiben war auf allen Textebenen – inhaltlich, stilistisch und sprachlich – so missverständlich verfasst, dass es schlichtweg nicht verstanden wurde. Anstatt ein Treueangebot für Altkunden anzupreisen – die eigentliche Absicht des Schreibens – vermittelte es den Eindruck, dass eine Preiserhöhung anstehe und alle Haushalte „zwangsdigitalisiert" würden. Der Bundesverband der Verbraucherzentrale hielt das Angebot sogar für „attraktiv". Doch statt bei den Kunden punkten zu können liefen diese Sturm. Verbraucherschützer mussten zeitweise Sonder-Hotlines für die vermeintlich geschädigten Kunden einrichten.*

Die Verständlichkeit von Texten – mündlichen wie schriftlichen – bestimmt ganz wesentlich deren Erfolg. Fehlende Verständlichkeit ist das Manko, das

Leser Schriftstücken am häufigsten ankreiden. Die Financial Times Deutschland ist sich dieser Tatsache bewusst, wenn sie in ihrem oben zitierten *mission statement* die Verständlichkeit als eine der wichtigsten Texteigenschaften nennt. Verständlichkeit ist die Grundvoraussetzung aller Qualitätsstandards und das wichtigste Erfolgskriterium eines Textes: Ist ein Text nicht verständlich, spielt es keine Rolle, ob er sich z.B. mehr der Aktualität oder der Richtigkeit verschrieben hat. Aus diesem Grund und angesichts der Tatsache, dass Kriterien, die Verständlichkeit sichern, nicht allzu offensichtlich sind, ist das folgende Unterkapitel der Textverständlichkeit gewidmet.

Ein Text ist nur dann erfolgreich, wenn beim Leser das Verständnis der beabsichtigten Sendung eintritt. Sei es eine Witze-Sammlung für Kinder, die Kinder auch tatsächlich witzig finden, sei es ein Internet-Auftritt, der seine Besucher minutiös über aktuelle Börsenentwicklungen informieren will und dies auch tut. Dieses Verständnis hängt am Verstehensprozess seitens des Lesers, und der – damit schließt sich der Kreis – kann durch verständliches Texten entscheidend unterstützt werden.

Was kann ein Autor berücksichtigen, um einen gut verständlichen Text zu verfassen? In der Beantwortung dieser Frage kann das Stichwort „Zielgruppe" gar nicht oft genug fallen. So plakativ es in Ihren Ohren auch klingen mag: Seinem Leser entgegen zu gehen – ihn da abzuholen, wo er steht – ist die halbe Miete. Vorwissen, Lesererwartung, Sprachkompetenzen, aber auch Konzentrationsfähigkeit und sogar sozio-kulturelles und psychologisches „Gepäck" spielen eine Rolle.

Der zweite Aspekt, der Verstehen ausmacht, ist die Art, wie ein Text geschrieben ist. Nun sind Zielgruppenanalysen relativ einfach möglich und oft gängige Praxis um den bedeutsamen Aspekt des Adressaten zu berücksichtigen. Lässt sich aber auch das zweite Kriterium des Verstehens – lassen sich die tatsächlichen Qualitätsstandards eines Textes kalkulieren?

3.5.1 Ist Lesbarkeit messbar?

Verfahren zur Berechnung der Lesbarkeit eines Textes stellen den Versuch dar, das relative Maß der Leseleichtigkeit mithilfe einer mathematischen Formel zu bestimmen. So abstrakt der Ansatz auch ist, die Absicht, die dahinter steckt, ist eine sehr konkrete und benutzerorientierte: Produzenten soll Hilfestellung bei der Überarbeitung ihrer Manuskripte gegeben und Rezipienten damit das Lesen vereinfacht werden.

Es gibt mittlerweile eine beachtliche Anzahl an Lesbarkeitsformeln. Sie klassifizieren beispielsweise nach dem notwendigen Lesealter oder notwendigen Schuljahren, die der Text für ein erfolgreiches Lesen voraussetzt. Oder aber sie bewerten mittels eigens entwickelten Skalen. Insgesamt tendieren alle Ansätze dazu, die Wort- und Satzschwierigkeit als die entscheidenden Variablen zu identifizieren, die einen Text leichter oder schwerer lesbar machen. Solche Lesbarkeitsindizes schaffen, was bis dato unmöglich schien: Dynamisches, schwer objektiv zu bewertendes Sprachmaterial in Zahlenwerte zu übersetzen, die eine eindeutige Sprache sprechen. In die Berechnungen solcher Formeln gehen allerdings generell nur textliche Oberflächenmerkmale ein. Die eigentliche Informationsqualität, Aspekte der inhaltlichen Strukturierung und die Voraussetzungen, die der Leser mitbringt, bleiben erklärtermaßen unberücksichtigt.

Aber auch die Verfahrensweise als solche lässt sich mit gesundem Menschenverstand hinterfragen: Denn auch wenn sich empirisch Wort- und Satzlänge als die einschlägigen Variablen herauskristallisiert haben, ist dies doch eine sehr formale Diagnose. Lange Sätze, deren Umfang durch ellenlange Aufzählungen zustande kommt, sind kaum sonderlich schwer zu verstehen. Und auch „echte" lange Sätze variieren auffällig in ihrem Schwierigkeitsgrad, je nachdem, wie sie konzipiert sind. Eindeutige Rückbezüge z.B. erleichtern das Verstehen. Ähnlich verhält es sich mit der Wortlänge. Zwar sind lange Wörter in der Regel nicht so geläufig und darum schwerer verständlich. Wenn sie jedoch erklärt werden, dann relativiert sich dies. Außerdem gibt es „unechte" lange Wörter: Zusammengesetzte Nomen schlagen quantitativ im Deutschen schwer zu Buche. Doch erleichtern sie mit ihrer treffsicheren Bezeichnung zumindest Muttersprachlern das Lesen und Verstehen enorm im Vergleich zu langwierigen umschreibenden Einschüben.

Die bekannteste Formel ist der Reading-Ease-Index, der von Flesh 1948 für die englische Sprache konzipiert und von Anstad 1978 an das Deutsche angepasst wurde. Er berechnet sich über die Variablen der durchschnittlichen Satzlänge und der durchschnittlichen Wortlänge. Die Wortlänge ergibt sich aus der Silbenanzahl eines Wortes, die Satzlänge aus der Anzahl der Wörter pro Satz. (für die deutsche Sprache: Flesh-Index = 180 − Satzlänge + Wortlänge x 58,5). Damit wird ein Text, der kurze Wörter und einfache Satzkonstruktionen enthält, als leicht lesbar eingestuft: Die Skala reicht von 100 = optimal verständlich bis 0 = maximal unverständlich.

Die Relevanz des Ansatzes ist laut den Wissenschaftlern, die mit solchen Indizes arbeiten, negativ zu fassen: Ein Text mit einem ermittelten Flesh-Index von 100, also der maximalen Leseleichtigkeit, kann völlig unverständlich sein (so z.B. „bla bla bla. bla bla bla"), einer mit extrem niedrigen Grad jedoch ist empirisch gesehen definitiv nicht gut verständlich – unabhängig von oben diskutierten Argumenten, die diese Diagnose durch die detaillierte Analyse eines konkreten Dokumentes für diesen Text relativieren. In eben diesem Sinne machen sich große textproduzierende Unternehmen wie beispielsweise Open University Lesbarkeitsindizes zunutze: als Filter gegen grobe Verständlichkeitsmängel. Jeder Text, der hier zurückgehalten wird, muss noch einmal explizit auf seine Verständlichkeit hin untersucht werden, um tatsächliche Lesehürden von den vermeintlichen zu unterscheiden und diese dann auszubügeln.

Wenn Sie Lust bekommen haben, den Flesh-Index einer Ihrer Texte zu ermitteln, müssen Sie sich nicht ans Wörter- und Silbenzählen machen. Unter www.leichterlesbar.ch kann man diesen via *copy & paste* errechnen lassen.

Dieses Unterkapitel etwa hat demnach einen Lesbarkeitsindex von 25. Nach Bachmann, dem Webmaster von www.leichtlesbar.ch, entspricht dies bezüglich eines „allgemeinen deutschen Textes" dem Niveau „21 bis 30 schwierig (Matura, Abitur)", das heißt, dass bei dem Leser Hochschulreife vorausgesetzt wird, um den Text zu verstehen. Was „typische Werte" angeht, fällt das Kapitel in die Kategorie „20 bis 40 anspruchsvolle Zeitung: NZZ, FAZ usw.". Es bleibt Ihnen überlassen, zu entscheiden, ob diese Einschätzung dem vorliegenden Text gerecht wird oder nicht!

3.5.2 Verständlichkeitskonzepte

Verschiedene Kultur- und Sprachräume beurteilen die Verantwortlichkeit für die Entschlüsselung eines Textes erstaunlicherweise sehr unterschiedlich. Während im deutschen Sprachraum die Schuldigkeit eher dem Leser zugesprochen wird, ist es im anglophonen Sprachraum der Autor, der für die Lesbarkeit seines Textes verantwortlich gemacht wird. Die Wahrheit liegt wohl wie so oft in der goldenen Mitte: im Text – der quasi zwischen beiden steht. Es lohnt sich in jedem Fall über die vorgestellten Lesbarkeitsformeln hinaus noch detaillierter nach Variablen der Verständlichkeit, die am Text festzumachen sind, zu suchen und dabei insbesondere auch inhaltliche und strukturelle Aspekte zu berücksichtigen.

Für den deutschsprachigen Raum ist das empirisch bestgesicherte Verfahren auf diesem Gebiet das „Hamburger Verständlichkeits-Konzept". Es sieht die Verständlichkeit abhängig von vier Dimensionen, die für den betreffenden Text von Experten je auf einer Skala bewertet werden und deren Zusammenspiel die relative Verständlichkeit des Schriftstücks ausmacht.

Die erste Dimension ist die Einfachheit. Sie bezieht sich auf den Satzbau und die Wortwahl. Diese Dimension wird auch in den Lesbarkeitsformeln untersucht. Die zweite Dimension ist die Gliederung und Ordnung. Sie umfasst zum einen die Mikro-Ebene und berücksichtigt damit, ob der Text in sich logisch aufgebaut ist und zum anderen die Makro-Ebene, das heißt die äußerlichen Gliederungsstrukturen wie beispielsweise Kapitel-Einteilungen, Zusammenfassungen, Überschriften, Abschnitte etc. Bezüglich der ersten beiden Dimensionen ist ein Text desto verständlicher je deutlicher sie ausgeprägt sind. Maßvoller soll die dritte Dimension zum Einsatz kommen. Diese Dimension der Kürze und Prägnanz betrifft die Effizienz der sprachlichen Äußerung. Das heißt den nötigen Umfang, um das zu sagen, was gesagt werden soll. Extrem berücksichtigt kann sie jedoch einen Text wieder schlechter verständlich machen. Noch sparsamer sollte die letzte Dimension der zusätzlichen Stimulanz in den Vordergrund treten. Sie bezieht sich auf belebende, ansprechende und abwechslungsreiche Formulierungen und Einschübe, die den Leser motivieren, nicht jedoch vom eigentlich zu vermittelnden Gehalt des Textes ablenken sollen. Die folgende Tabelle visualisiert das Zusammenspiel der Dimensionen eines optimal verständlichen Textes nach dem „Hamburger Verständlichkeits-Konzept":

	Einfachheit	Gliederung/Ordnung	Kürze/Prägnanz	zusätzliche Stimulanz
+++	X	X		
++			X	
+				X

3.5.3 So machen Sie Ihre Texte verständlicher

Auch wenn andere Verständlichkeitskonzepte noch weitere Dimensionen nennen, decken sich doch bei allen Ansätzen im Großen und Ganzen die identifizierten konkreten Mittel, die für einen verständlichen Text verantwortlich gemacht werden. Im System des „Hamburger Verständlichkeits-Konzeptes" sind dies[24]:

Einfachheit:	**Gliederung/Ordnung:**
einfache Darstellung	gegliedert
kurze, einfache Sätze	folgerichtig
geläufige Wörter	übersichtlich
erklärte Wörter	gute Unterscheidung von Wesentlichem und Unwesentlichem
konkret	roter Faden bleibt sichtbar
anschaulich	alles kommt der Reihe nach
Kürze/Prägnanz:	**zusätzliche Stimulanz:**
Entbehrlichkeiten hinsichtlich des Informationszieles	anregend
	interessant
sprachliche Entbehrlichkeiten	abwechslungsreich
	persönlich

---

[24] Zitiert nach: Rögner, Andrea, Benutzerinformation

Im Kontext der Verständlichkeit wurde bereits auf die Bedeutung der Zielgruppe verwiesen, die über Zielgruppenanalysen berücksichtigt wird. Als letzten wesentlichen Punkt muss sich ein Text auch nach seinem Präsentationsmedium ausrichten. Dass dies von zentraler Bedeutung ist, wird deutlich, wenn man sich klar macht, wie unterschiedlich ein Text ausfallen muss, je nachdem, ob er für den mündlichen Vortrag oder die schriftliche Vermittlung konzipiert ist.

Überraschend zäh aber verbreitet sich das Wissen um die notwendigen Unterschiede zwischen Print- und Online-Texten. Online-Texte verlangen webgerechtes Schreiben! Neben der veränderten Lesesituation am Bildschirm, in der das Auge geblendet und ermüdet wird, gibt insbesondere die dynamische Anlage des Internets andere Kriterien für Lesbarkeit vor. Prägnanz, Modularität, grafische Elemente, Verlinkungen aber auch der mögliche Dialog mit dem Leser eröffnen neue Möglichkeiten der Lese-Erleichterung, verpflichten jedoch auch zu disziliniertem Schreiben.

Hilfreich ist, Lektoren auf die Finger zu schauen. Als Orientierung für stilistisch angemessene und damit flüssig lesbare Texte umfasst ein Verlags-Leitfaden in etwa folgende Punkte:

- Passiv-Konstruktionen vermeiden
- unpersönliche Konstruktionen vermeiden
- Fremdwörter sparsam einsetzen
- Nominalstil vermeiden
- möglichst nur ein Adjektiv pro Bezugswort verwenden
- sparsamer Umgang mit Partizipien
- in Satzkonstruktionen nicht mehr als einen Abhängigkeitsgrad verwenden
- keine Hilfsverben als Vollverben einsetzen
- Abfärbungspartikel vermeiden
- kolloquiale Formulierungen meiden

Die Mittel, die Geschriebenes generell verständlich halten, gelten für den Online-Text ebenso, müssen jedoch noch umfassender und konsequenter eingesetzt werden. Der Online-Nutzer erwartet Effizienz.

Untersuchungen haben ergeben: Internet-User stehen unter Zeitdruck, sind ungeduldig und außerordentlich zielorientiert. Nur einer von sechs Internet-Usern liest bis zum Ende der jeweiligen Seite. „Online-Lesen" als solches unterscheidet sich zudem grundsätzlich vom klassischen Lesen gedruckter Texte: Der User liest nicht, er scannt. Er überfliegt den Text flüchtig, statt ihn Wort für Wort wahrzunehmen. Dies macht sich in Zeit und Umfang des Rezeptionsvorgangs bemerkbar.

	Lesen	Scanning
Wie viel wird aufgenommen?	100%	50%
Wie schnell wird aufgenommen?	150 Wörter/Minute	500 Wörter/Minute
Was wird aufgenommen?	die gesamte Text- und Bildinformation	hervorgehobene Information, Listen, Grafiken, Tabellen, Anfänge von Absätzen, je Absatz ein Argument

Aus den veränderten Rezeptionsbedingungen ergeben sich folgende Ansprüche an das Verfassen von Online-Texten:

Prägnant informieren

Web-Leser bestimmen per Mausklick, in welcher Reihenfolge sie die Informationen sichten. Anders als bei gedruckten Texten sind sie nicht an die Abfolge der Papierbögen gebunden. Daraus ergibt sich für den Online-Redakteur: Er kann nicht mehr darauf vertrauen, dass der Leser seiner vorgegebenen Reihenfolge folgt. Die Argumente wie auf eine Perlenkette nacheinander aufzufädeln, führt nicht zum Ziel!

Orientieren Sie sich deshalb beim Verfassen eines Online-Textes an folgenden Grundsätzen:

- klare, sachlich-informierende und eindeutige Sprache

- Zeitungsstil: das Wichtigste zu Anfang, den Text insgesamt komprimiert halten
- keine zu langen Beiträge – Faustregel: maximal 1½-2 Bildschirmseiten, im Zweifelsfall Unterteilung des Textes in kürzere Einzeldokumente

Grafisch schreiben

Die Erkenntnis, dass Web-Leser scannen, hat für einen Online-Texter konkrete Konsequenzen. Er kann den Leser nicht nur darin unterstützen, sondern gezielt Einfluss darauf nehmen, was diesem ins Auge sticht! Berücksichtigen Sie aus diesem Grund folgende Hinweise:

- arbeiten Sie mit Hervorhebungen: hier ist weniger mehr – nicht ganze Sätze oder gar Absätze, sondern Kernbegriffe markieren, das heißt bis zu drei Wörter maximal
- Auflistungen tragen im Web zur komprimierten Präsentation bei – hierbei gilt es, die Konditionen der menschlichen Gedächtnisleistung zu berücksichtigen. Aufzählungen sollten nicht mehr als fünf Elemente beinhalten, maximal sieben kann man sich merken. Unterstützend sollten diese Elemente thematisch systematisiert angeboten werden

Interaktivität beachten

Das Web grenzt sich von gedruckten Leseangeboten grundsätzlich durch seine Eigenschaft ab, direkten Austausch zwischen Produzent und Rezipient zu ermöglichen. Das wirkt sich auch auf den eigentlichen Text aus, der zwar nicht interaktiv sein kann, mit einem dialogischen Modus Interaktivität jedoch unterstreicht.

Verwenden Sie deshalb:

- direkte Sprache: direkte Frage-Antwort-Muster entsprechen dem interaktiven Charakter

In den Hypertext eingliedern

Das Internet bricht die Linearität des gedruckten Textes auf und ermöglicht dynamische, mehrdimensionale Hypertexte. Bei den zahlreichen Möglichkeiten, die das Hypertext-Prinzip eröffnet, besteht auch ein konkretes Risiko, das der Redakteur möglichst klein halten muss: Der User ist im Internet immer in Gefahr „verloren" zu gehen. Wie wichtig Orientierung im Hypertext ist, wird auch am Sprach-Usus deutlich: In einem Buch bewegt man sich, indem man blättert, im Hypertext, indem man navigiert.

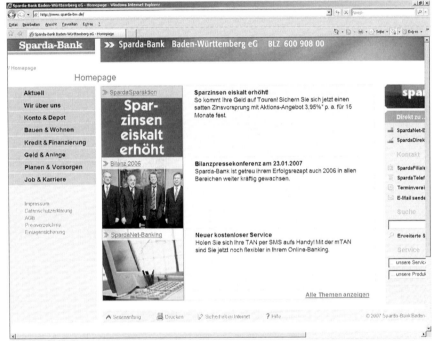

Die Startseite der Sparda-Bank Baden-Württemberg spricht ihren Leser direkt an: Es entsteht der Eindruck eines verbindlichen, herzlichen Umgangs; jedem Leser wird das Gefühl vermittelt, genau er sei angesprochen. (Quelle: www.sparda-bw.de)

So gehen Sie richtig mit Links um:

- trotz Verlinkung: jede Seite muss für sich allein genommen verständlich und vollständig sein
- gute Links sind: eindeutig, konkret, handlungsbezogen, überschneidungsfrei und motivierend
- verlinken, nicht verstümmeln: statt Wesentliches einer akzeptablen Seitenlänge (siehe oben) zu opfern, empfiehlt es sich mit weiterführenden Links zu arbeiten
- Zusammenfassungen über einen Link anbieten
- Druckversion anbieten: komplexe und umfangreiche Inhalte lassen sich auf Papier besser erfassen
- suchmaschinengerechte Schlagworte verwenden

In Textbausteinen strukturieren

Auch die isolierte Texteinheit bedarf im Web einer wohlüberlegten Struktur, denn sie trägt entscheidend zum Komfort für den Leser und damit zum Erfolg des Beitrags bei. Im Gegensatz zu einem durchgängigen Fließtext unterstützen Textbausteine den Leser. Er kann sich effizient einen Überblick darüber verschaffen, worum es geht und so beurteilen, ob ihn betrifft, was ausführlicher angeboten wird.

Behalten Sie Folgendes im Hinterkopf:

- die 7 W's: als Konstruktionshilfe, Checkliste und zur Grobgliederung nützlich – Wer? Was? Wo? Wann? Wie? Warum? Woher (...stammt die Information)?
- die Überschrift lädt ein: im Idealfall besticht sie durch Prägnanz, ist attraktiv und motivierend und enthält die wichtigsten Schlagwörter, kurz: sie fasst zusammen, worum es geht
- der Teaser – zu Deutsch in etwa das „Lockmittel" – nach der Überschrift das wichtigste Selektionskriterium des Lesers: verdichtet die Information des nachstehenden Textes auf eine oder mehrere Schlagzeilen. Faustregel: maximal drei Sätze

- Zwischenüberschriften: für sie gilt im Kleinen, was für Überschriften im Großen gilt

3.6 Redaktionelles Marketing

Redaktionelles Marketing – ein Begriff, der besonders schillernd und bedeutsam klingt. Aber was ist redaktionelles Marketing überhaupt? Wer sollte damit arbeiten? Wie kann es zu höherer Qualität beitragen? Und: wer kann davon profitieren?

Im Begriff „redaktionelles Marketing" wurden zwei Wörter miteinander vereint, die gemäß Meinung so mancher Journalisten gegensätzlicher nicht sein könnten: Wir sprechen von Marketing, das seine Anwendung innerhalb einer Redaktion findet. Die Redaktion ist der „kreative Kopf" eines Mediums: Hier entstehen Ideen, hier werden die Themen ausgewählt, um letztendlich qualitativ hochwertige Beiträge für das Publikum zu produzieren. Die Auswahl der Themen basiert auf Erfahrungswerten – der langjährige Redakteur hat ein Gespür dafür, was sein Publikum will. *Marketing* gilt heute als „bewusst marktorientierte Führung des gesamten Unternehmens mit dem Bemühen Märkte systematisch zu erschließen und zu pflegen"[25]. Ziel des Marketing ist es, die Bedürfnisse der Kunden dauerhaft zu befriedigen.

Auch wenn diese beiden Begriffe auf den ersten Blick nicht zusammenpassen – versucht man den Marketingbegriff auf die Medien zu übertragen, so erschließt sich einem nach und nach der Gedanke, der hinter dem Konzept des redaktionellen Marketing steckt: Das Unternehmen ist in diesem Fall die Redaktion. Diese muss ihren Markt – hier die Rezipienten der produzierten Inhalte – systematisch erschließen und pflegen. Einfacher ausgedrückt: Die Redakteure sollten ihre tägliche Arbeit konsequent an den Bedürfnissen und Interessen des Publikums ausrichten. Das heißt in der Folge, dass die Redakteure in die Lage versetzt werden, ihrem Publikum relevante Inhalte zu liefern. Doch wer ist das Publikum und was will das Publikum? Diese Fragen sollen im Folgenden beantwortet werden.

---

[25] Meffert, Heribert, nach: Möllmann 1998, 11.

3.6.1 Zielgruppenanalyse

Wer ist mein Publikum?

Das ist die erste Frage, die sich ein Redakteur stellen muss. Ein einheitliches Publikum, welches gleichermaßen Boulevardpresse und überregionale Qualitätszeitungen liest, sich durch Talkshows, öffentlich-rechtliche Nachrichtensendungen und Blockbuster zappt, um dabei gleichzeitig im Internet zu surfen, gibt es nämlich nicht. Jeder Mediennutzer interessiert sich für andere Inhalte und auch die Vorlieben für verschiedene Mediengattungen sind unterschiedlich. Unter heutigen Bedingungen zerfällt das Publikum also in immer mehr Zielgruppen, die gänzlich verschiedene Interessen und Bedürfnisse haben. Dasselbe gilt selbstverständlich auch für die Zielgruppen eines Unternehmens. Nicht alle Unternehmensinformationen sind für alle Zielgruppen interessant und bedeutsam. Und nicht alle Anspruchsgruppen eines Unternehmens sind auch gleichzeitig Nutzer des Online-Angebots. Umgekehrt ist es aber notwendig, die Zielgruppe, die durch die Web-Site angesprochen werden soll, mit relevanten Informationen zu versorgen. Der erste Schritt für einen Redakteur besteht nun darin, seine jeweiligen Zielgruppen zu identifizieren.

Eine **Zielgruppe** ist eine Gruppe von Menschen, die sich durch bestimmte Gemeinsamkeiten auszeichnet. Es gibt verschiedene Methoden zur Identifikation dieser Gruppen: Die klassische Theorie setzt vor allem auf demographische und psychografische Kriterien wie Geschlecht, Alter, Familienstand, Bildung, Einkommen oder Wohnort. Andere sinnvolle Segmentierungsmerkmale sind beispielsweise Einstellungen oder Verhaltensweisen oder die sachlogische Einteilung nach Berufsbranchen. Welches Kriterium man zur Identifikation seiner Zielgruppe heranzieht ist abhängig von den Inhalten, die man kommunizieren möchte.

Regelmäßige große Studien wie beispielsweise die Allensbacher Werbeträgeranalyse (AWA), die Media-Analyse (MA) oder die Studien der Informationsgemeinschaft zur Feststellung der Verbreitung von Werbeträgern (IVW) stellen Daten über Zielgruppen, Konsumgewohnheiten und Mediennutzung bereit.

Eine gute Möglichkeit, sich speziell über die Zielgruppen von Online-Angeboten zu informieren, bietet die zweimal jährlich von der Arbeitsgemeinschaft Online-

Forschung (AGOF) durchgeführte Studie „internet facts". Die AGOF ist ein Zusammenschluss von Online-Vermarktern. Sie erhebt im Einvernehmen mit den Bedürfnissen und Anforderungen der Werbetreibenden und der Mediaagenturen die Reichweiten- und Strukturdaten von 218 marktkonstituierenden deutschen Online-Werbeträgern und etabliert die neue einheitliche Reichweiten-Währung für den Online-Werbemarkt. Die Ergebnisse der „internet facts" sind auf der Web-Site der AGOF (http://www.agof.de) frei zugänglich. Will man diese aber zur Vermarktung seines Online-Angebotes einsetzen, muss man ordentliches Mitglied der AGOF werden. Doch die in den „internet facts" erhobenen Daten eignen sich nicht nur zur Einschätzung von Werbeträgern, sie liefern auch wichtige Informationen über Zielgruppen-Potenziale, wie sich am Beispiel der glamour.de-Zielgruppe zeigen lässt.

http://www.awa-online.de/	Die Ergebnisse der AWA können gegen Bezahlung bestellt werden.
http://www.agma-mmc.de/	Zugang zu den vollständigen Ergebnissen der Media Analyse bekommt nur, wer Mitglied der Arbeitsgemeinschaft Media Analyse (ag.ma) ist.
http://www.ivw.de/	Die Nutzungsdaten der Online-Angebote werden monatlich allgemein zugänglich auf den Webseiten der IVW veröffentlicht.

Dank dieser Daten können sich die Redakteure von glamour.de ein genaues Bild von den Personen machen, die ihr Angebot nutzen. Die Zielgruppe ist also identifiziert. Nun muss der nächste Schritt erfolgen: Die zu kommunizierenden Inhalte müssen zielgruppenspezifisch aufbereitet werden. Doch wie kann man herausfinden, was die Zielgruppe will?

Was will mein Publikum?

So mancher Chefredakteur setzt auf seine – durch langjährige Berufserfahrung entwickelte Intuition, die ihm sagt was das Publikum lesen, sehen oder hören möchte. Ein Gespür für die „richtigen" Inhalte ist zwar unerlässlich und kann die grundsätzliche Richtung der Kommunikation bestimmen. Verlässliche Werte über das, was das Publikum will, kann man dadurch allerdings nicht erlangen. Heutzutage gibt es die Möglichkeit zuverlässigere Informationen über seine Zielgruppe zu bekommen: Die moderne Publikumsforschung macht es möglich, wie oben bereits gezeigt wurde. Basierend auf dem Wissen, das man mit der Zielgruppenidentifikation erlangt hat, können nun weitere Informationen über das Publikum eingeholt werden.

Die Zielgruppe: Glamour-Leserinnen
(Quelle:http://www.glamour.de/imperia/md/content/pdf/facts_and_figures_dt_1.pdf)

Eine Möglichkeit ist, eine qualitative Befragung unter Vertretern der Zielgruppe durchzuführen. Hier kann entweder direkt abfragt werden, welche Themen oder Informationen besonders wichtig und interessant sind, oder indirekt über Einstellungen und Verhaltensweisen das Zielgruppenprofil noch stärker präzisieren. Eine andere Möglichkeit bietet die systematische Auswertung von Chats und

Foren. Leider wird dieser Analysemethode bisher noch zu wenig Bedeutung beigemessen, wäre sie doch eine einfache und relativ preisgünstige Möglichkeit, mehr über sein Publikum zu erfahren und auf dessen Bedürfnisse einzugehen. Dies setzt bestimmte Fähigkeiten bei dem zuständigen Online-Redakteur voraus, auf die am Ende des Kapitels „Arbeitsprozesse in einer Online-Redaktion" eingegangen wird.

Jedoch sprechen meist schon die quantitativen Daten über die Zusammensetzung der Zielgruppe eine klare Sprache. So bietet glamour.de – ganz der oben definierten Zielgruppe entsprechend – Tipps, wie man die Bikinifigur so schnell wie möglich zurückbekommt, präsentiert die neuesten Yoga-Outfits und die heißesten News aus der Welt der Reichen und Schönen.

Zielgruppenorientierung in den Online-Medien

Prinzipiell ist es wichtig immer in Kontakt mit seiner Zielgruppe zu bleiben, damit Veränderungen oder neue Trends schnell erkannt werden können und man unmittelbar darauf reagieren kann. Dies gilt verstärkt für die Online-Medien. Die Besonderheit dieses Mediums besteht darin, dass Inhalte ständig aktualisiert oder verändert werden können. Das hat zwar einerseits den „Nachteil", dass der Nutzer mit jedem Klick neu entscheidet, welches Angebot er nutzen möchte und dadurch ein ständiger Kampf um dessen Aufmerksamkeit entbrennt. Andererseits können die Besonderheiten des Mediums auch zum Vorteil genutzt werden, denn nicht nur die User entscheiden ständig neu, welche Seiten sie ansehen möchten, auch die Redakteure entscheiden ständig neu, welche Angebote sie bereitstellen wollen. Und um zu wissen, was bei den Usern besonders gut oder besonders schlecht ankommt, gibt es die Webstatistiken. Mit deren Hilfe können die Klicks der User auf die verschiedenen Artikel der Web-Site gezählt werden.

Doch wird diese vergleichsweise einfache Möglichkeit seiner Zielgruppe gerecht zu werden auch genutzt? In der aktuellen Content Studie 2007/1 zeigt sich der Trend, dass sich die Benutzung von Webstatistiken schon weitgehend etabliert hat. 65% der Befragten nutzen bereits ein Analysetool, über 80% schätzen die Bedeutung der Webstatistik für ihre Web-Site als sehr wichtig bis wichtig ein und nur 4% sehen gar keinen Handlungsbedarf in nächster Zeit ein solches Tool einzuführen (Zwischenstand nach 220 Befragten). Dass Web-Site-Betreiber keineswegs mit den daraus gewonnenen Erkenntnissen hinter dem Berg halten müssen, zeigt das Beispiel der Netzeitung. Sie macht die Ergebnisse der Webstatistiken sogar ihren Lesern zugänglich.

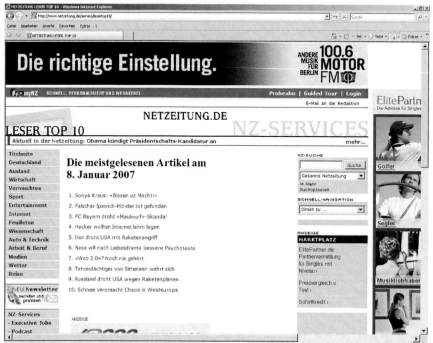

Beispiel eines Rankings der zehn meistgelesenen Artikel des Vortages (Quelle: http://www.netzeitung.de/service/lesertop10/)

Das Angebot an freier (Open Source) und kostenloser Software für Webanalysen ist vielfältig. So können Sie beispielsweise mit Google Analytics kostenlos die Herkunft der Web-Site-Besucher, deren Verweildauer und die Suchbegriffe, die diese eingeben, analysieren lassen. 20% der Unternehmen nutzen – das zeichnet sich als Ergebnis der aktuellen Content Studie 2007/1 ab – die Möglichkeit der Kundenbefragung. Diese Zahl sollte prinzipiell höher sein, denn es gibt kaum eine bessere Art und Weise, Informationen aus erster Hand von der Zielgruppe direkt zu bekommen. Die Nutzer des Web-Angebots zu befragen, ist aus Unternehmenssicht aber auch deshalb sinnvoll, da der Kundenkreis des Unternehmens eben nicht identisch mit dem Nutzerkreis der Web-Site ist. Dies muss die Online-Redaktion im Hinterkopf behalten. Traditionell befinden sich unter den Internetnutzern mehr Männer als Frauen – auch wenn der Frauenanteil stetig zunimmt –, mehr junge als ältere Menschen und mehr Besserverdienende als einkommensschwache Personen. Nur wenn die Besucher der Web-Site selbst zu Wort kommen, lassen sich tatsächlich Erkenntnisse für die Online-Redaktion ableiten: Welche Themen interessieren die User, wie soll aus seiner Sicht ein Text geschrieben und aufbereitet sein, und welche Feedback-Möglichkeiten sind gewünscht? Fragen Sie Ihren User direkt, er (oder sie) wird es Ihnen sagen!

3.6.2 Was kann redaktionelles Marketing leisten?

Marketing bietet das Know-how, wie man den Leser fassen kann, deshalb sollten gerade in Unternehmen Online-Redaktion und Marketingabteilung zusammenarbeiten, anstatt miteinander in einen Konkurrenzkampf zu treten. Ein möglicher Schritt ist die Einbindung der Online-Redaktion in die Marketingabteilung. Die Content Studie 2006/2 zeigt, dass Internet-Web-Sites inzwischen zu 45% von den Marketing- (39%) oder Corporate-Communications-Abteilungen (7%) verwaltet werden.

Redaktionelles Marketing bietet ein großes Potenzial: Die Bedürfnisse der Zielgruppe können aufgespürt werden und finden Eingang in das eigene Kommunikationskonzept und die Inhalte der Web-Site. Dennoch stößt die Orientierung am Publikumsgeschmack – vor allem bei Journalisten – immer wieder auf heftige Kritik.

Die immer wieder genannten Kritikpunkte sind:

- Die Ausrichtung am Massenmarkt führt auf lange Sicht zu einer qualitativen Verschlechterung des Produktes.
- Die journalistische Unabhängigkeit ist gefährdet.
- Man „verkauft" sein Produkt an die werbetreibende Wirtschaft.

Für Redaktionen ist das redaktionelle Marketing interessant, wenn man ihm den Absolutheitsanspruch entzieht. Dienen die Untersuchungsergebnisse „nur" als Orientierungshilfe und bieten eine erweitere Entscheidungsgrundlage durch zusätzliche Kenntnisse, ist die Abwehrhaltung der Redaktionsmitglieder möglicherweise geringer. Die Erkenntnisse über die eigene Zielgruppe müssen nicht als Handlungsanweisung gesehen werden, letztlich ist es doch der Redakteur, der entscheidet, ob, in welchem Umfang und an welcher Stelle etwas veröffentlicht wird. Insofern kann redaktionelles Marketing interessante Impulse geben – wie jedoch mit den Fakten umgegangen wird, die aus der Untersuchung der Zielgruppenbedürfnisse gewonnen werden, entscheidet immer noch der Redakteur selbst – beziehungsweise diejenigen, die die Leitlinie der Redaktion vorgeben.

Redaktionelles Marketing nimmt eine Langzeitfunktion bezüglich der Qualität der Web-Site ein. Der Internetauftritt wird attraktiv gehalten und Fehlentwicklungen können rechtzeitig entdeckt werden. So ist es möglich frühzeitig entgegenzusteuern – eine Chance, die eine Online-Redaktion nicht ungenutzt lassen sollte!

3.7 Fehlermanagement

„Einen Fehler machen und ihn nicht korrigieren – das erst heißt wirklich einen Fehler machen." (Konfuzius)

Trotz aller Sorgfalt – Fehler finden sich doch immer wieder einmal in einer Publikation. Das lässt sich kaum vermeiden, denn ein Text ist nun einmal ein menschliches Produkt. Eines ist jedoch entscheidend: Sobald Fehler auffallen, müssen sie korrigiert werden, und zwar so schnell wie möglich. Wie die richtige Vorgehensweise beim Fehlermanagement aussieht, hängt unter anderem vom Fehlertyp ab.

3.7.1 Todsünde oder Kavaliersdelikt?

Eine klare Hierarchisierung der verschiedenen Fehlertypen kann hier nicht erfolgen, denn oft hängt es von der Art der Publikation ab, welche Fehler noch „entschuldbar" sind. Wird beispielsweise auf die Aktualität eines Beitrags größten Wert gelegt, kann es geschehen, dass sich im Eifer des Gefechts ein Tipp- oder Zeichensetzungsfehler einschleicht. Solange die Aussage der Information hierdurch nicht verfälscht wird, ist dies noch hinnehmbar. Handelt es sich dagegen um einen sprachwissenschaftlichen Beitrag, löst ein solcher Fehler nicht nur ein leichtes Stirnrunzeln aus, sondern zieht die Glaubwürdigkeit der Arbeit in Mitleidenschaft. An der Kompetenz des Autors wird gezweifelt.

Hier ein Überblick über die häufigsten Fehlertypen:

1. Inhaltliche Fehler: Unzutreffende Inhalte werden im Allgemeinen als der schwerwiegendste Fehlertyp angesehen. Die Ursache dieses Problems ist ganz klar eine unsorgfältige Recherche. Der Autor muss mindestens zwei Quellen heranziehen, um Fakten zu verifizieren.

2. Falsche Bilder und Bildunterschriften: Zum Korrekturprozess gehört auch das Gegenlesen beziehungsweise Prüfen von Bildern und Bildunterschriften. Dieser Schritt geht oft in der Erleichterung des Autors unter, endlich den Text beendet zu haben.

3. Links: Falsche oder „tote" Links stellen ein häufiges Ärgernis dar. Leser werden durch diese toten Links in die Irre geleitet. Inzwischen gibt es Software-Lösungen, die sicherstellen, dass die entsprechenden Links noch aktuell sind. Allerdings kann so nicht überprüft werden, dass der Link genau auf die Seite verweist, die tatsächlich gemeint ist. Manche Links führen einfach zur Startseite eines Angebots und der Leser weiß nicht, warum er ausgerechnet hier angekommen ist. Außerdem ist die rechtliche Unbedenklichkeit des Angebots zu prüfen – wie sie in Kapitel „Rechte und Online-Redaktion" beschrieben ist.

4. Rechtschreibfehler: Dieser Fehlertyp ist mit Sicherheit am weitesten verbreitet. Rechtschreib- und Zeichensetzungsfehler sind ein Signal dafür, dass der Autor nicht sorgfältig gearbeitet hat. Das kann natürlich dem enormen Zeitdruck geschuldet sein, unter dem ein Artikel entsteht, dennoch wirken sich Rechtschreibfehler immer negativ auf die Glaubwürdigkeit aus.

3.7.2 Der Idealfall: Fehlerprävention

„Fehler vermeiden ist besser als Fehler korrigieren", so Barbara Held und Stephan Ruß-Mohl. Und weiter: „Gleichwohl gilt es stets, Fehler als Chance zu begreifen, dazuzulernen. Dementsprechend ist eine Unternehmens- bzw. Redaktionskultur zu entwickeln, in der Fehler nicht vertuscht, sondern offengelegt und möglichst früh korrigiert werden. Prävention ist besser als Korrektur, aber ohne

Bereitschaft zur Korrektur gelingt auch die Prävention nicht!"[26] Hierzu bedarf es eines funktionierenden Korrekturprozesses sowie einer „fehlerfreundlichen" Atmosphäre, das heißt Fehler werden nicht übertrieben hart sanktioniert, sondern als Lernanstöße genutzt – getreu dem Motto: „Dumme Menschen machen immer den gleichen Fehler. Kluge Menschen machen immer neue Fehler und nicht denselben Fehler zweimal." Die Qualitätssicherung ist von der Redaktion als gemeinsame Anstrengung zu verstehen.

Die Korrektur von Fehlern gehört im Grunde genommen bereits zur Prävention. Denn Fehler, die nicht korrigiert werden, leben in den Archiven fort. Beziehen sich Journalisten auf diese Artikel, ist die Gefahr groß, dass sie dieselben Fehler übernehmen und diese weiterhin durch die Medienlandschaft geistern – sich also potenzieren. Dieser Aspekt wird oft übersehen. Nur wenn Fehler möglichst zeitnah richtiggestellt und erst gar nicht in die Archive wandern, kann ein Redakteur das eigene Archiv guten Gewissens als seriöse Quelle heranziehen.

3.7.3 Methoden zur Fehlervermeidung

„Drachen" sind in den Redaktionen vom Aussterben bedroht! Was haben Drachen überhaupt in Redaktionen zu suchen? Sie gehören doch ins Reich der Sagen und Märchen und passen ganz und gar nicht zum objektiven Journalismus – könnte man meinen. Im Redaktionsalltag ist jedoch mit der Bezeichnung „Drachen" der Schlussredakteur gemeint, der vielleicht ab und zu ähnlich gefürchtet ist wie das monströse Fabelwesen. Er ist die höchste Instanz bei der Qualitätssicherung, die die zu publizierenden Artikel auf sprachliche und stilistische Sauberkeit abklopft. Leider kann sich kaum mehr eine Redaktion einen Schlussredakteur leisten. Die „Drachen" fallen der zunehmenden Ökonomisierung und Rationalisierung zum Opfer. Online-Redaktionen gehörten ohnehin nie zu ihrem natürlichen Habitat. Denn „Drachen" sind im Online-Bereich schlichtweg zu teuer in der Haltung.

---

[26] Held, Barbara und Ruß-Mohl, Stephan, Qualitätsmanagement als Mittel der Erfolgssicherung, 52.

Auf „Drachen" können Sie also nicht mehr setzen, doch Hilfe naht von anderer Seite, denn es gibt bereits recht zuverlässige Korrektur-Software. Das ist natürlich kein vollwertiger Ersatz, da Inhalt und Struktur der Artikel nicht von der Software überprüft werden. Auch Stil-Fragen fallen weitgehend unter den Tisch. Doch immerhin funktioniert die Software bei Grammatik, Zeichensetzung und Rechtschreibung gut.

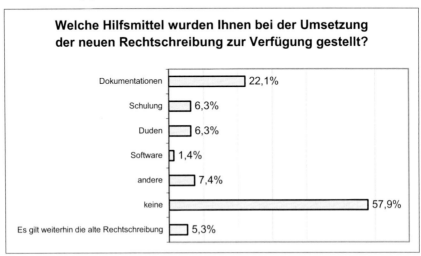

Quelle: Content Studie 2006/2

Die Nutzung der Rechtschreibprüfungs-Funktion von Word ist weitverbreitet und hilft bereits einen großen Schritt weiter. Jedoch hat diese Rechtschreibkorrektur einen großen Nachteil: Sie arbeitet datenbankbasiert. Die im Text vorkommenden Wörter werden mit einer Wörterliste in der Datenbank verglichen. Kommt das betreffende Wort dort vor, dann wird das Wort als richtig gewertet. In die Datenbank müssen also alle im Deutschen existierenden Wortendungen aufgenommen werden. Bei Wendungen, die zwar korrekt sind, aber nicht unbedingt der grammatikalischen Norm entsprechen, geht die Software von einem Fehler aus. Außerdem ist diese Datenbank nicht immer auf dem neusten Stand, besonders was Fachsprache betrifft. Der Autor hat hier die Möglichkeit, die Datenbank zu ergänzen. Dieses Vorgehen stellt jedoch auch eine Gefahr dar, denn ist bei diesem Schritt der Fehlerteufel am Werk, so wird der Fehler in der Datenbank als „richtig" geführt. Letztendlich nimmt der Autor den Korrekturvorschlag des Programms nicht mehr ernst.

Einen großen Fortschritt stellt die regelbasierte Software dar. Sie gleicht nicht Wörter mit einer Datenbank ab, sondern überprüft sie auf ihre Regelhaftigkeit. Dabei wird auch der syntaktische Kontext beachtet. So kann beispielsweise die Software Duden Korrektor PLUS neben den gewöhnlichen Rechtschreibfehlern Zeichensetzungsfehler und Fehler bei der Groß- und Kleinschreibung erkennen. Darüber hinaus klärt die Software den Autor auf, welche Regel an der betreffenden Stelle greift – ist also auch unter didaktischen Gesichtspunkten durchaus wertvoll.

3.7.4 Konstruktive Fehlerkultur

Mit einem Knopfdruck ist es passiert: Der fehlerhafte Artikel ist veröffentlicht. Was ist zu tun? Hier heißt es nun, den Fehler so schnell wie möglich richtigzustellen. Das ist im Online-Bereich eigentlich problemlos möglich, da die Schrift nicht im herkömmlichen Sinne an das Material gebunden ist. Theoretisch kann der Redakteur seinen Fehler jederzeit stillschweigend korrigieren. Falls dies wenige Sekunden nach der Erstpublikation geschieht, ist das noch akzeptabel. Wurde der Artikel jedoch bereits von einer breiteren Leserschaft rezipiert, dann wird es kritisch. In diesem Fall sollte die Leserschaft auf den Fehler aufmerksam gemacht werden, denn Professionalität bedeutet auch zu den eigenen Fehlern zu stehen. Hierzu haben einige Informationsanbieter eigens Fehlerrubriken eingerichtet, auf denen meist sachliche Fehler korrigiert werden. Orthographische Fehler werden hier in der Regel nicht berücksichtigt.

In den USA gehört es bereits ganz selbstverständlich zum guten Ton, eine Korrekturspalte zu führen, in der täglich über die Irrtümer von gestern berichtet wird. So hat die New York Times eigens eine *correction corner* eingerichtet, die guten Anklang bei den Lesern findet. Eine Rubrik, in der die Redaktion selbst ihre Fehler publik macht und die richtigen Informationen nachreicht, signalisiert der Leserschaft einen souveränen, offenen Umgang mit Fehlern und die Bereitschaft, zu diesen zu stehen. Das erhöht die Glaubwürdigkeit. Allerdings sind diese Rubriken auch in den USA im Online-Bereich noch relativ selten.

Um eine konstruktive Fehlerkultur pflegen zu können, ist eines ganz wichtig: Vertrauen innerhalb der Redaktion. Keinesfalls darf die Angst, einen Fehler gemacht zu haben, auf Seiten der Redakteure so groß sein, dass sie versuchen, ihre Fehler zu vertuschen. Der Mut, öffentlich zu seinen Fehlern zu stehen, ist keine Schwäche, sondern eine Stärke. Gefördert wird eine Kritikkultur vor allem durch die Schulung der Mitarbeiter im Bereich des Feedbacks. Auch das ist eine Kompetenz, die für Qualität sorgt. In der heutigen Medienlandschaft ist der offene Umgang mit Fehlern nach innen und außen wichtig und als Zeichen journalistischer Qualität zu sehen.

3.7.5 Der kritische Blick von außen

Medien stehen unter Beobachtung. In jüngster Zeit nutzen kritische Leser und Medienjournalisten die Möglichkeit, im Internet auf Fehler in Publikationen etablierter Informationsanbieter aufmerksam zu machen. Per *watchblog* wird die Qualität von Medien auf den Prüfstand gestellt. Der BILDblog gilt inzwischen schon als berühmt-berüchtigt. Seit Juni 2004 wachen die Macher von BILDblog darüber, was in der BILD-Zeitung, BamS und bild.de publiziert wird. Stefan Niggemeier, einer der Betreiber des BILDblogs ist überzeugt, dass die Beiträge der Blogger nicht unbeachtet bleiben: „Es gibt deutliche Hinweise, dass Medienunternehmen die Blogs wahrnehmen".[27] Illusionen, dass das Boulevardblatt per Bloggen tiefgreifend verändert werden könne, gibt sich Niggemeier allerdings nicht hin. Immerhin haben die BILDblogger den „Grimme Online Award" gewonnen, werden also von der Öffentlichkeit durchaus als kritische Instanz geschätzt. Wäre es nicht sinnvoll, für die eigene Web-Site selbst einen Watchblog ins Leben zu rufen? Auf diese Weise könnte das Medium vom Know-how seiner Leser profitieren und gleichzeitig seinen offenen Umgang mit Fehlern demonstrieren. Watchblogs liefern so eine hilfreiche Außensicht auf das eigene Medium.

„Little Brother" – Programm kontrolliert Journalisten

John Leach kontrolliert mit seinem Tool „News Sniffer" die Web-Site des Senders BBC. Das Tool surft ununterbrochen durch die Site und zeigt die

---

[27] www.initiative-tageszeitung.de

kleinsten Veränderungen auf. Die Funktion „Revisionista" vergleicht die verschiedenen Versionen desselben Artikels: Es zählt die Versionen und zeigt, an welchen Stellen und wie oft ein Artikel verändert wurde. Weglassungen, Änderungen und Zusätze werden farblich hervorgehoben. Natürlich handelt es sich meistens um die Verbesserung von Rechtschreib- oder Grammatikfehler. Aber auch inhaltliche Irrtümer bleiben nicht unerkannt. Leach selbst möchte dabei nicht die mangelnde Sorgfalt der Redakteure bloßstellen, er hat die „tendenzielle Berichterstattung der Medien" im Visier. In einigen Fällen konnte er tatsächlich zeigen, dass sich die politische Ausrichtung des Artikels geändert hat. Solche auffälligeren Änderungen veröffentlicht er in einer eigenen Liste. In diese Richtung geht auch die Rubrik „Watch Your Mouth". Hier verzeichnet er die Beiträge der BBC-Foren, die von der Redaktion gelöscht wurden. Richard Sambrook, Leiter des BBC-Weltnachrichtendienstes, hält es für selbstverständlich, dass Artikel geändert oder gelöscht werden. Er bezeichnet „News Sniffer" in seinem Weblog als „gute Idee", da sich „news organisations" nicht scheuen sollten, ihre Änderungen transparent zu halten und zu begründen.

Es muss aber nicht unbedingt gleich ein eigener Watchblog sein. Die Organisation und Betreuung einer solchen Web-Site ist in den meisten Fällen sehr aufwendig. Doch es gibt auch einfachere Möglichkeiten, den Leser mit ins Boot zu holen und ihm die Möglichkeit zu geben, auf Fehler aufmerksam zu machen. Ein schönes Beispiel hierfür ist der Internet-Auftritt der VG-Wort.

Durch ihr Feedback tragen die Leser aktiv zum Erfolg der Web-Site bei. Ein schöner Nebeneffekt besteht darin, dass die Leserbindung auf diese Weise erhöht werden kann, denn die Leser haben das Gefühl, dass sowohl ihre Meinung als auch ihr Wissen geschätzt wird.

Festzuhalten ist: Das Fehlermanagement darf nicht mehr oder weniger zufällig erfolgen. Es ist ein wichtiger Bestandteil eines systematischen Prozesses der Qualitätssicherung!

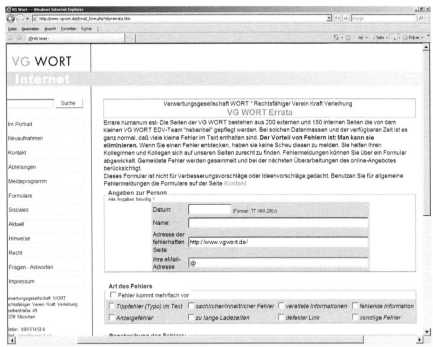

VG-Wort: Fehlermeldung per Webformular (Quelle:
http://www.vgwort.de/dyna2_form.php?obj=errata.htm)

3.8 Redaktionskonferenzen

Redaktionskonferenzen sind – nach Vinzenz Wyss – eines der wichtigsten Steuerungsinstrumente der journalistischen Qualität. Sie werden für die inhaltliche Ausrichtung des publizistischen Produkts eingesetzt. Man kann darüber sprechen welche Themen in nächster Zeit bearbeitet werden und wie sie ins grundlegende Konzept passen. Die Redakteure können sich über inhaltliche Aspekte ihrer aktuellen Arbeit austauschen. Nicht selten entstehen konkrete Ideen für Artikel erst, wenn Informationen von mehreren Seiten zusammenkommen. Wenn jeder Redakteur darüber auf dem Laufenden ist was der andere macht, können Tipps und Informationen leicht verteilt werden und es wird z.B. das Problem doppelter Recherchearbeit umgangen. Daneben bieten Konferenzen Raum für Kritik. Hier kann sowohl das aktuelle Medienangebot kritisiert werden – was als „Blattkritik" bezeichnet wird – und die Kollegen können Probleme, die im Arbeitsalltag auftreten direkt ansprechen. Daneben ist die Redaktionskonferenz ein Führungsinstrument, mit dem die Leitung etwa Qualitätsvorstellungen vermitteln kann.

3.8.1 Konferenzen – viel zu selten

Je nach Turnus kennt die journalistische Praxis im Wesentlichen drei Konferenztypen:

1. In der täglichen Redaktionskonferenz wird entschieden, wer welche Themen bearbeiten soll. Hier findet bei den Tageszeitungen auch die Blattkritik statt.
2. Die Wochenkonferenz dient der eher langfristigen Planung der Themen und Schwerpunkte. Diskussionen um Qualitätsstandards und Regeln haben mehr Raum als in der täglichen Sitzung
3. Grundsatzkonferenzen finden höchstens einmal im Jahr statt und ermöglichen Debatten über die strategische Ausrichtung und das redaktionelle Konzept. Hier können auch Mitarbeiter aus nicht-redaktionellen Abteilungen – wie etwa der Marketing-Abteilung – bei Bedarf hinzugezogen werden.

Der Sinn der Konferenzen ist klar und prinzipiell können sie ihre Funktionen einfach und schnell erfüllen. Doch gerade an dieser Stelle schlägt das menschliche Miteinander besonders stark auf die Arbeit nieder. Die Stimmung und das Ergebnis der Konferenzen leidet unter Kommunikationsbarrieren, Zeitmangel oder einfach einem fehlenden Ablaufplan. Selbst in der einschlägigen Literatur schwingt bei der Besprechung der Rolle der Redaktionskonferenzen ein eher resignativer Unterton mit.

Es scheint, dass in der Praxis einiges falsch läuft – wenn überhaupt etwas läuft. Noch schlechter als in der Medienbranche scheint die Situation für die Redaktionen in anderen Unternehmen zu sein: Konferenzen stehen nicht auf der Tagesordnung. Die Content Studie 2006/1 ergab, dass nur 43% der Unternehmen regelmäßige Konferenzen durchführen. Diese Zahl gilt für die Internet-Redaktionen, für das Intranet liegt die Quote bei nur 30%. Die Frequenz stellt sich als noch bedenklicher heraus: Ganze 3% der Redaktionen treffen sich täglich oder mehrmals wöchentlich, 15% der Konferenzen werden wöchentlich durchgeführt, 4% einmal im Monat und 16% der Konferenzen finden noch seltener statt. Natürlich hängen diese Zahlen auch mit der geringen Größe der Redaktionen zusammen – größere Redaktionen konferieren häufiger als kleinere. In sehr kleinen Redaktionen können die Themen der Konferenzen einfach informell besprochen werden. Es stellt sich jedoch die Frage, wie die mitarbeitenden Kollegen, die nicht unmittelbar der Redaktion angehören, sinnvoll in die Redaktionsarbeit eingebunden werden können, wenn keine festen und regelmäßigen Meetings angesetzt werden. Oder wo und wie grundlegende Fragen zur Konzeption, Themenplanung angesprochen werden können. Fehlende regelmäßige Besprechungen gefährden die Qualitätssicherung in ihrer Basis und können nicht durch andere Formen der Kommunikation, wie etwa E-Mail oder Telefonat ersetzt werden. Schriftliche Festlegungen wie die Redaktionsleitlinien oder Style-Guides können zwar – wie beschrieben – ein Anhaltspunkt sein, sind aber nicht angelegt, inhaltliche Fragen oder Details zu klären. Dasselbe gilt für schriftlich formulierte Aufträge und Briefings: Sie sind kein Ersatz für eine Konferenz.

Doch wie bereits erwähnt bergen auch Konferenzen Konfliktpotenzial. Zwar sind sie sowohl in der Forschungsliteratur als auch unter den Praktikern grundsätzlich als exzellentes und unersetzliches Instrument zur Koordination redaktioneller Arbeit anerkannt. Gleichzeitig werden aber immer wieder „ernüchternde Erfahrungen" bei der Umsetzung thematisiert. Sie leiden häufig – wie die Befragung von Vinzenz Wyss ergab – unter Zeitmangel, fehlender Stringenz und Konzentration sowie unter Kommunikationsbarrieren. Die ersten Punkte sind relativ leicht zu beheben und liegen in der Hand der Redaktionsleitung, die durch einige Regeln einen reibungslosen und effektiven Ablauf der Sitzungen sichern kann. Die Verbesserung der Kommunikation braucht meist umfassendere Maßnahmen. Oft haben die Probleme tiefer gehende Ursachen und sind etwa in den organisatorischen Strukturen, unklaren Arbeitsabläufen und Zuständigkeitsbereichen zu suchen. Aber auch bei Kommunikationsproblemen können klare Zielvorgaben in den Konferenzen und vor allem verbindliche Feedback-Regeln hilfreich sein.

Checkpunkte für eine erfolgreiche Konferenz

Für Konferenzen gelten dieselben Grundregeln wie für Meetings – hier eine kleine Gedankenstütze:

- Jede Konferenz benötigt einen bestimmten Termin. Die Themenkonferenz findet beispielsweise jeden Montag um 10 Uhr statt. So ist Regelmäßigkeit garantiert.
- Die Konferenz sollte moderiert werden. Die Funktion des Moderators übernimmt meist der Chefredakteur/Content-Manager.
- Bei Konferenzen sollte es eine Tagesordnung geben. Eine TOP-Liste, eine Liste mit den Tagesordnungspunkten, hilft dabei. Diese sollte den Mitarbeitern schon vorher bekannt sein.
- Alle Konferenzen benötigen einen Protokollanten, der über alle Beschlüsse der Redaktion Protokoll führt. So lassen sich wichtige Punkte für alle ersichtlich und verbindlich festlegen.
- Nach ca. 45 Minuten konzentrierten Arbeitens lässt die Konzentration nach, dann sollte also eine Pause gemacht werden.
- Konferenzen müssen störungsfrei ablaufen. Handys und sonstige Kommunikationsgeräte sollten abgeschaltet werden. Sie haben in einer Konferenz nichts zu suchen.

(Quelle: Alkan, Saim Rolf, Schweigen ist Silber, Reden ist Gold.)

3.8.2 Die Blattkritik

Dem Wort Blattkritik sieht man seine Herkunft aus der Zeitungsbranche schon an. Für eine Web-Site erscheint es nicht ganz passend. Wir halten an dem Wort fest, weil es inhaltlich richtig ist und journalistische Traditionen weiterführt. Im Wesentlichen gibt es jedoch drei Unterschiede, die hier angeführt werden sollen.

Eine Ausgabe gibt es bei einer Web-Site nicht und deswegen keinen vorgegebenen Termin zur Durchführung der Blattkritik. Die Redaktion einer Wochenzeitung trifft sich kurze Zeit nach dem Erscheinen zur Blattkritik, bei der Tageszeitung ist das täglich der Fall. Und bei einer Web-Site? Wie oft sollte die Blattkritik erfolgen? Reicht einmal im Monat? Hier ist der Aktualisierungszyklus zu berücksichtigen und die Anzahl der neu geschriebenen Artikel. Eine Web-Site, die ständig aktualisiert wird und auf der viele neue Artikel eingestellt werden braucht häufiger eine Besprechung als eine Web-Site bei der Veränderungen eher selten sind oder nur einen kleinen Umfang haben. Einen Effekt kann eine Blattkritik aber nur haben, wenn sie regelmäßig stattfindet und die Abstände nicht so groß sind, dass Hinweise vergessen werden können.

Der zweite Unterschied resultiert ebenfalls aus dem Umstand, dass es bei der Web-Site keine Ausgabe gibt. Welche Bereiche der Web-Site sollten in der Blattkritik besprochen werden? Eine Möglichkeit wäre, die Artikel zu besprechen, die seit der letzten Blattkritik neu hinzu gekommen sind. Eine Web-Site besteht aber nicht nur aus diesen Artikeln, sondern auch aus Bereichen, die sehr lange Zeit nicht geändert werden. Hier ist bei der Blattkritik der Web-Site zu berücksichtigen, dass sie nicht das gesamte Produkt beleuchtet, wenn man sich auf die aktuellen Artikel beschränkt. Anders als bei den herkömmlichen Medien betrifft die Blattkritik bei Online-Medien immer nur einen Ausschnitt des gesamten Produktes, deswegen reicht sie als Selbstbewertungsinstrument nicht aus. Es sollte überlegt werden, in welcher Form eine Beurteilung des Gesamtproduktes durchgeführt werden kann. Einige Modelle zur Anregung: Wenn Sie jeden Artikel nach seiner Einstellung einer solchen Kritik unterzogen haben, dann könnten Sie im Prinzip auf die Blattkritik verzichten. Sie können aber auch zu jeder Blattkritik einen zusätzlichen Bereich der Web-Site benennen, der zusätzlich näher angeschaut werden soll. Das bedeutet einen Mehraufwand für die Redakteure, hat aber den Vorteil, dass die Qualitätskontrolle kontinuierlich durchgeführt wird. Einige Redaktionen führen regelmäßige Checks der gesamten Web-Site durch, hier geht es vor allem darum, veraltete Informationen und Fehler zu identifizieren und die Bereiche zu überarbeiten oder Artikel zu löschen. Viele Content-Management-Systeme bieten Tools an, die diese Arbeit unterstützen, indem den Artikeln eine Art „Verfallsdatum" angehängt wird, nach dem sie entweder von der Web-Site genommen, in das Web-Site-Archiv verschoben oder einem Redakteur zur erneuten Bearbeitung zugestellt werden. Aber nicht immer lässt sich bereits beim Schreiben festlegen, wie lange die Information gültig sein wird. Die Redaktion des Schweizer Webportals hausinfo.ch nutzt ein solches Tool, lässt aber einmal jährlich die gesamte Web-Site von externen Fachpartnern durchchecken, die jeden Beitrag erneut lesen. Auch das ist ein denkbares Modell zur Evaluation des gesamten Angebots.

Der dritte Punkt, der die Blattkritik einer Online-Redaktion von der einer Printredaktion unterscheidet ist, dass bei Printprodukten zum Zeitpunkt der Blattkritik „das Kind schon in den Brunnen gefallen ist" – Änderungen sind nicht mehr möglich. Ganz anders in der Online-Redaktion, die auch bereits veröffentlichte Artikel bearbeiten kann. Das ändert sicher den Stellenwert der Blattkritik. Offen ist nur, ob sie wichtiger wird, weil ja konkrete Verbesserungen möglich sind oder ob sie unwichtiger wird, weil die Fehlertoleranz sich erhöht.

Die Blattkritik entspricht der regelmäßigen Selbstevaluation wie sie im Total Quality Management ausgewiesen wird. Die Redaktion ist hier angehalten ihr Produkt und sich selbst kritisch unter die Lupe zu nehmen. Sie dient der Fehlerfindung und der konstruktiven Kritik. Im Zentrum sollte dabei nicht nur das Ergebnis stehen. Vielmehr sollten die Bedingungen und Prozesse thematisiert werden, die zum Entstehen des kritisierten Produkts beigetragen haben. Nur so kann die Blattkritik produktiv genutzt werden, denn dann können die Produktionsprozesse verbessert werden, damit die Qualitätsstandards der Redaktion in Zukunft erfüllt werden. Oder die Standards werden – wie oben beschrieben – der Realität angepasst.

Eine solche Thematisierung der redaktionellen Leitlinien und qualitativen Grundsätze innerhalb der Blattkritik ist nicht redundant, sondern beugt einem häufigen Kritikpunkt an den Sitzungen vor: Einige Redakteure gaben bei der Untersuchung von Vinzenz Wyss an, die Kritik sei beliebig und würde immer wieder von vorne beginnen. Eine Kontinuität sei nicht vorhanden, weil sie im besten Fall immer nur bis zum nächsten Mal zähle. Dem ist mit einer Ausrichtung auf die übergeordneten Ziele leicht entgegenzuwirken.

Aber nicht nur die Sicht der Redakteure zählt. Konferenzen zur Blattkritik können auch Raum bieten, Informationen von außen zur Qualitätskontrolle einzubeziehen. Hier können die Daten des redaktionellen Marketings, der Publikumsbefragung und Marktanalysen vorgestellt und diskutiert werden. Und natürlich auch das Feedback der User: Wie sehen die Klickraten aus? Welche Leserbriefe oder Mails kamen? An der überwiegenden Zahl der Leserbriefe lässt sich die

Kritik und die Haltung zu einem Artikel oder der gesamten Web-Site ablesen. Ihre Bewertung sollte bei der Blattkritik eine ebenso große Rolle spielen, wie die Meinung der Redakteure oder der Leitung.

Bei der Durchführung sollten Sie, um Spannungen und negative Stimmung zu vermeiden, darauf achten, dass nicht nur Kritik, sondern auch Lob für gelungene Beiträge ausgesprochen wird. Die Kritik sollte rein konstruktiv und darauf ausgerichtet sein, gemachte Fehler in der nächsten Ausgabe zu vermeiden. Kein Mitarbeiter geht gern zur Blattkritik, wenn er damit rechnen muss, in der Luft zerrissen zu werden. Die Analyse der Inhalte darf sich nicht auf Fehlerauflistungen beschränken. Sonst entsteht schnell ein Streit, der jegliche Verbesserung unterbindet. Und entgegen der landläufigen Meinung kann man nicht nur aus Fehlern lernen, sondern auch am guten Beispiel!

3.9 Redaktionscoaching

„Ein grundsätzliches Merkmal des professionellen Coachings ist die Förderung der Selbstreflexion und -wahrnehmung und die selbstgesteuerte Erweiterung beziehungsweise Verbesserung der Möglichkeiten des Klienten bzgl. Wahrnehmung, Erleben und Verhalten."[28]

So beschreibt der deutsche Bundesverband Coaching e.V. etwas verklausuliert die entscheidende Zielsetzung eines Coachings. Einfacher gesagt: Die gecoachte Person soll ihr Handeln überdenken, so dass im Ergebnis das Coachingziel – eine Qualitätsverbesserung – erreicht wird.

Ähnlich wie die Blattkritik dient ein Redaktionscoaching dazu, die definierten Qualitätsstandards einer Redaktion in die tägliche Praxis umzusetzen. Die gecoachte Person, der so genannte Coachee, soll in die Lage versetzt werden, seinen Schreibprozess zu hinterfragen und neu erlernte Regeln bei der Texterstellung zu berücksichtigen. Im Ergebnis wird eine Verbesserung der Arbeitsqualität jedes einzelnen Coachee erreicht. Der Coach fungiert als neutraler Feedbackgeber: Er

---

[28] www.dbvc.de

nimmt dem Klienten keine Arbeit ab, sondern berät ihn – primär auf der Prozessebene.

3.9.1 Coaching als arbeitsbezogene Selbstreflexion

Coaching ist abzugrenzen von Schulungen oder Workshops, die üblicherweise zeitlich geblockt angeboten werden, und sich an eine Gruppe von teilnehmenden Personen richten. Bei einer Schulung werden die Grundlagen für das Coaching gelegt: Es wird Wissen vermittelt und im Anschluss werden mit den Teilnehmern Übungen durchgeführt, so dass das Erlernte angewandt werden kann. Coachings enthalten in der Regel einen sehr viel niedrigeren Anteil an Übungen und Anleitungen als ein Workshop oder eine Schulung. Ein Redaktionscoaching setzt erst nach einer Schulung an. Coaching ist eine „Kombination aus individueller Beratung, persönlichem Feedback und praxisorientiertem Training"[29]. Der einzelne Mitarbeiter erfährt eine Beratung, was zu einem höheren Lerneffekt führt als Gruppenübungen. Im Sinne der „Hilfe zur Selbsthilfe" werden im Coaching unter anderem verdeckte Ressourcen erkannt, benannt und damit nutzbar gemacht. Die Inhalte der Schulung werden aufgefrischt und der Redakteur lernt, die theoretischen Kenntnisse in seine tägliche Arbeit einzubinden. Dies ist dringend notwendig, denn die Praxis zeigt, dass das in einer Schulung erlernte Wissen zwar über einen längeren Zeitraum bei den Teilnehmern vorhanden ist, doch dort im Verborgenen schlummert. Oftmals gelingt es nicht, die alten Routinen aufzubrechen und Neuerlerntes umzusetzen. Die Besonderheit eines Redaktionscoachings liegt darin, dass es parallel zur Tätigkeit des einzelnen Redakteurs durchgeführt wird. Nicht zufällig verstehen Backhausen/Thommen Coaching als eine Art Begleitung oder Leithilfe. Der Begriff „Coach" stammt aus der englischen Sprache und bedeutet Kutsche. Dieser Begriff beschreibt ein Instrument, das es Menschen ermöglicht, von einem Ort an den anderen zu gelangen. Jedoch ist der Coach nicht dafür zuständig, die Lösungen für Probleme oder Konflikte mitzubringen. Vielmehr ist der Coach ein neutraler Gesprächs- und Interaktionspartner, der seinem Coachee den Prozess der individuellen (Weiter-)Entwicklung

---

[29] Fischer-Epe, Maren, Coaching.

eröffnet, erleichtert und ihn dabei begleitet. Gemäß dem Prinzip der „Hilfe zur Selbsthilfe" macht sich ein guter Coach Schritt für Schritt überflüssig.

3.9.2 Der Coaching-Prozess

Den idealtypischen Gesamtprozess eines Coachings veranschaulichen Christopher Rauen und Andreas Steinhübel in ihrem COACH-Modell.

In einer ersten Anwärmphase (Come together) wird danach wechselseitige Akzeptanz hergestellt. Coach und Klient lernen sich kennen und nehmen Kontakt zueinander auf.

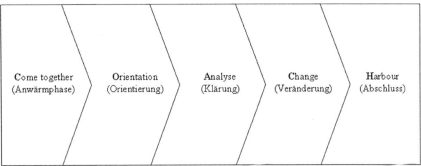

Das COACH-Modell (Quelle: In Anlehnung an: Rauen, Christopher, Steinhübel, Andreas, Das COACH-Modell.)

Die darauffolgende Orientierungsphase dient dazu, Vereinbarungen zwischen Coach und Coachee zu treffen, die etwa die Zielsetzung und das Vorgehen betreffen. Die Analysephase sollte dazu genutzt werden, dem Klienten bei der Auslegung seines Themas zu helfen. Sie ist deshalb außerordentlich wichtig, weil erst das präzise Herausarbeiten der eigentlichen Anliegen des Coachees es ermöglicht, effizient und effektiv Veränderungen zu erzielen. Die Change-Phase wird oftmals als die „eigentliche" Phase im Coaching angesehen, weil hier sichtbare Veränderungen stattfinden. Die Veränderungsphase baut auf den vorherigen Phasen auf. Die Veränderungen haben meist schon vorher begonnen, werden aber hier bewusst thematisiert und forciert. Daher ist die Veränderungsphase zwar bedeutsam, aber als einer von mehreren notwendigen Schritten in der Arbeit mit dem Coachee nicht wichtiger als die anderen Phasen des Coaching-

Prozesses. Der Abschluss des Coachings ist notwendiger Teil des Gesamtprozesses. Der Coach erhält hier wichtige Impulse für seine eigene Professionalisierung und kann überprüfen, inwieweit seine Vorgehensweise und Interventionsplanung richtig und angemessen war. Dem Coachee und seinem Coach dient die Harbour-Phase zur Überprüfung, ob die Vorgehensweise richtig und angemessen war. Die Abschlussphase ist daher für den Klienten wie auch den Coach unverzichtbar und sollte – auch im Falle einer vorzeitigen Beendigung des Coachings – stets berücksichtigt werden, um den begonnenen Prozess angemessen zu beenden.

3.9.3 Coaching einer Online-Redaktion

Wie läuft das Coaching einer Online-Redaktion konkret ab? Diese Frage kann eigentlich nicht pauschal beantwortet werden, da jedes Coaching stets konkret auf die Bedürfnisse der gecoachten Personen zugeschnitten beziehungsweise abhängig vom jeweils definierten Ziel des Coachings sein sollte. Es ist naheliegend, dass Online-Redaktionen, die sich für ein Coaching entscheiden, einen Mangel in ihrer Arbeitsweise identifiziert haben. Zumeist wird kritisiert, dass redaktionsinterne Prozesse zu ineffektiv verlaufen, die Textqualität verbesserungswürdig ist oder die Nutzerzahlen der Web-Site zu wünschen übrig lassen. Das Potenzial von Coachings liegt darin, die Unzulänglichkeiten, die auf die Arbeitsweise der Redakteure zurückzuführen sind, zu mindern.

Im Folgenden wird ein Coaching einer Online-Redaktion beispielhaft dargestellt. Zunächst ist eine Definition von Qualitätsstandards erforderlich, bevor ein Coaching in einer Redaktion begonnen werden kann. Empfehlenswert ist, dass der Coach eine Schulung als „kick-off"-Veranstaltung durchgeführt. Dort werden die Regeln, die neu erlernt werden sollen, in die Redaktion eingeführt und die Redakteure dafür sensibilisiert. Das Coaching ist auf einen definierten Zeitraum (beispielsweise vier Wochen) begrenzt und auf ein klares Ziel ausgerichtet (z.B. Reduktion der durchschnittlichen Artikellänge und Verbesserung der Textverständlichkeit). Es empfiehlt sich, als Coach einen externen Dienstleister zu wählen, da nur er objektiv und unabhängig auf die Texte blickt. Jeder Redakteur schickt dem Coach jede Woche beziehungsweise jeden Tag eine vereinbarte Menge von Texten, bevor diese auf der Web-Site publiziert werden. Diese liest und beurteilt der Coach unter Berücksichtigung der definierten Qualitätsstandards. Er hält anschließend Rücksprache mit dem jeweiligen Verfasser des Textes und zeigt bei Bedarf neue Herangehensweisen auf. In regelmäßigen Abständen erhält der Coachee eine Beurteilung, in der auf die langfristige Entwicklung des jeweiligen Redakteurs eingegangen wird. So werden die erzielten Fortschritte festgehalten und gewürdigt und vorhandenes Entwicklungspotenzial aufgezeigt. Damit ist dem Coachee zu jedem Zeitpunkt klar, wo er steht und er wird motiviert, sich weiterzuentwickeln.

Für Redaktionen ist ein Coaching attraktiv, da es jedes Redaktionsmitglied dazu veranlasst, sein Handeln beziehungsweise Schreiben zu überdenken. Die Erfahrung zeigt, dass der zeitliche Aufwand für den gecoachten Redakteur als relativ gering einzuschätzen ist – aus Sicht der Geschäftsleitung ein nicht zu vernachlässigender Aspekt. Coachings bieten den Vorteil, dass in den alltäglichen Arbeitsabläufen und dem gewohnten Arbeitsumfeld weitergearbeitet wird. So können neue Erkenntnisse optimal in die Praxis umgesetzt werden.

4 Organisation der Online-Redaktion

4.1 Die Situation in den Redaktionen

Beim Thema Organisation einer Online-Redaktion unterscheidet sich die Medienbranche stark von anderen Unternehmen. Im Medienbereich erregen gerade eine ganze Reihe neuer Modelle der Redaktionsorganisation Aufsehen, und es den hat Anschein, dass Umstrukturierungen tiefgreifender Art stattfinden. In anderen Unternehmen führt die Online-Redaktion dagegen ein Dasein außerhalb des Rampenlichts.

Auf einen Blick in die aktuelle Diskussion der Medienbranche rund um die Schlagworte „crossmedial", „Newsdesk" und „Tod des Ressorts" werden wir nicht verzichten, uns aber zunächst der weniger glamourösen Situation der meisten Online-Redaktionen in den anderen Branchen zuwenden. Hier gestaltet sich die Suche nach „der" Online-Redaktion äußerst schwierig, weil es „die Online-Redaktion" häufig gar nicht gibt. Deswegen müssen wir uns auf den kleinsten gemeinsamen Nenner einigen: Die Aufgabe einer Online-Redaktion ist es, Inhalte online zur Verfügung zu stellen. Die Ausprägungen reichen von eigenen Abteilungen, die nur für das Internet zuständig sind und im Prinzip so arbeiten wie die Kollegen aus der Medienbranche, über die Kommunikationsabteilung, die alle Online-Angebote – Intra-, Inter- oder Extranet – eines Unternehmens betreut, bis hin zu den vereinzelten Mitarbeitern, die in ihrer Arbeitszeit teilweise für redaktionelle Aufgaben freigestellt sind.

4.1.1 Die Redaktionsgröße

Immerhin 38,6% aller „Online-Redaktionen" sind Redaktionen, die ohne Redakteur in Hauptfunktion auskommen müssen. Die Größe der Redaktion korreliert vor allem mit der Unternehmensgröße: Je größer das Unternehmen, desto größer die Zahl der hauptamtlichen Redakteure. Unternehmen mit mehr als 500 Mitarbeitern haben häufiger mehr als drei, die mittelständischen mit 100 bis 500 Mitarbeitern haben öfter drei, die kleinen Unternehmen begnügen sich mit einem oder verzichten auch auf den Redakteur in Hauptfunktion.

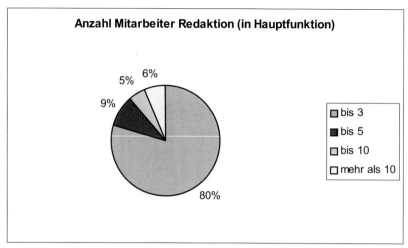

Anteil der Redaktionsmitarbeiter in Hauptfunktion pro Online-Redaktion unter den Teilnehmern der Conten Studie 2006/1 (Quelle: Content Studie 2006/1)

Die Untersuchungen von Sandra Hermes im Bereich der Nachrichtenredaktionen deuten in dieselbe Richtung: Online-Redaktionen sind im Schnitt deutlich kleiner als Redaktionen in den klassischen Medien. Es ist nicht ganz klar, warum das so ist: Liegt es daran, dass in den Online-Redaktionen eher modularisiert gearbeitet wird, weil eine Ausgabe nicht auf einmal komplett fertig gestellt werden muss und die Redakteure so kontinuierlich kleinere Einheiten abarbeiten können? Oder sind die Unterschiede in der Arbeit doch größer, weil die Redakteure eher Texte aus anderen Abteilungen oder anderen Medien umarbeiten als umfangreiche Eigenrecherchen durchzuführen? Es gibt kaum einen Hinweis darauf, dass der Umfang der Web-Site oder der Qualitätsanspruch mit der Größe der Kernredaktion korrespondiert. Die Anzahl der Mitarbeiter in der Kernredaktion schwankt z.B. auch bei den Online-Ablegern der etablierten Zeitungen und Zeitschriften enorm: Während sueddeutsche.de bis 2007 mit zehn Redakteuren – soll jetzt auf 25 aufgestockt werden - ausgekommen ist –, stern.de auch nur 16 Mitarbeiter hat, arbeiten bei focus.de 35 und bei SPIEGEL ONLINE sogar 60 Redakteure in der Online-Redaktion. Eine Untersuchung der Faktoren, die die Mitarbeiterzahl beeinflussen, steht noch aus, wäre aber sehr aufschlussreich und könnte auch Aussagen über eine geeignete Organisation der Abläufe in den Redaktionen liefern.

4.1.2 Die Zusammensetzung der Redaktionen

Die genannten Zahlen für die großen Online-Magazine beziehen sich allerdings ausschließlich auf die festen Redakteursstellen, aber darüber hinaus sind noch zahlreiche weitere Personen an der redaktionellen Arbeit beteiligt: die „festen Freien", die „einfachen" freien Mitarbeiter, zudem Volontäre und Praktikanten. Ihren Anteil an der Arbeit einzuschätzen, fällt sehr schwer, da er großen Schwankungen unterliegt. In der Untersuchung zu den Nachrichtenredaktionen konnte Sandra Hermes zumindest für die ausgewählten Redaktionen eine Momentaufnahme abbilden. Im Medienvergleich liegen die Online-Redaktionen auch hier wieder hinten: Der Anteil der festangestellten Redakteure (hier wurden die festen Freien eingerechnet) gemessen an der Gesamtzahl der Mitarbeiter lag im Schnitt bei ca. 63%, in den Online-Redaktionen nur bei 42%. Über die Hälfte der Mitarbeiter sind also nicht fest in die Redaktion eingebunden – sei es, weil sie nur für begrenzte Zeit der Redaktion angehören, wie etwa die Praktikanten, oder weil sie wie freie Mitarbeiter eher eigenständig vorgehen und in Teilzeit für die Redaktion arbeiten.

Parallelen hierzu finden sich auch in Unternehmen. Allerdings werden hier die Volontäre und die „Freien" durch die Mitarbeiter in Nebenfunktion ersetzt, die eigentlich für andere Tätigkeiten eingestellt wurden, aber einen – nicht näher bezeichneten – Teil ihrer Zeit für redaktionelle Aufgaben für die Web-Site aufwenden. Solche Redakteure in Nebenfunktion sind relativ häufig vertreten – wie die Content Studien 2006/1 und 2006/2 zeigen: Rund ein Viertel der Unternehmen verzichtet auf Teilzeit-Redakteure, 61% der Unternehmen stellen dafür zwischen ein und drei Mitarbeiter ab und knapp 30% geben an, dass mehr als drei Mitarbeiter in Nebenfunktion für den Content der Web-Site zuständig sind. Auf einen hauptamtlichen Redakteur kommen in etwa drei bis 4 Redakteure in Nebenfunktion.

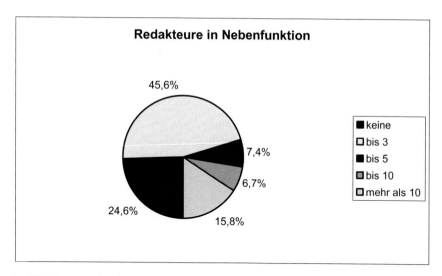

Quelle: Content Studie 2006/2

4.2 Die Ein-Raum-Redaktion

Die Zusammenschau aller Studienergebnisse lässt einen Trend im Online-Bereich erkennen: Man setzt auf kleine Redaktionen, die von Zeit zu Zeit von Kollegen aus anderen Bereichen beziehungsweise von freien Mitarbeitern unterstützt werden. Die geringe Zahl der hauptamtlichen Redakteure in Online-Redaktionen erübrigt eine intensive Diskussion über Einteilungen in Ressorts oder Sparten, hierarchische Abstufungen oder komplizierte Organigramme. Der Slogan *reinventing the newsroom*, der Ruf nach der Neuerfindung der Redaktion, der die Ressortmauern zu Einsturz bringen soll, erschüttert zwar die Zeitungsredaktionen, liefert aber für die Online-Redaktionen nicht Neues. Vielmehr hat es den Anschein, dass die vieldiskutierten Neustrukturierungen der letzten Zeit nicht zuletzt die Folge einer Umkehr sind: Der Einfluss-Strom verläuft jetzt in die entgegengesetzte Richtung. Bisher wurden die Vorgaben der klassischen Redaktionen für die Online-Redaktion modifiziert. In das neue Modell vom „Newsroom" oder „Newsdesk" fließen – neben amerikanischen Vorbildern – vor allem die Erfahrungen der Arbeit in den Online-Redaktionen ein. Natürlich spielen auch die negativen Zahlen des Printbereichs und die positiven Prognosen für „multimediale Dienste in jeglicher Form"[30] eine tragende Rolle.

Ganz gleich aus welchen Gründen, die deutsche Medienlandschaft ist vom Neustrukturierungs-Boom erfasst. Die Nachrichten über eine neue Zusammenlegung von der Gründung neuer „Newsdesks" und „Newsrooms" reißen nicht ab. Den letzten und – bisher – größten Coup landete der Springer-Verlag: Seit Ende 2006 werden alle Print- und Online-Angebote für die Titel Welt, Welt Kompakt, Welt am Sonntag und Berliner Morgenpost aus einem zentralen Newsroom heraus erstellt. Ziel dieser Fusion ist nach Aussage des Springer-Verlags die Stärkung des Internet-Angebots für welt.de.

Was bedeutet eigentlich....

...*Newsdesk*? Ein großer Tisch an dem alles zusammenläuft, was die Redaktion an Material zur Verfügung hat. Hier können die Seiten verschiedener Ressorts koordiniert und produziert werden, aber auch crossmedial mehrere Plattformen abgestimmt und bedient werden.

...*Newsroom*? ..."(...) *newsroom* heißt letztlich, alle sind zusammen und gehen mal kurz auseinander" meint Thomas Wanhoff (PodcastExperte) – manche bezeichnen es auch als ständige Redaktionskonferenz. Im amerikanischen Sprachgebrauch ist ein *newsroom* einfach der Ort, an dem die Redakteure (*editors*) arbeiten.

Wenn die Innovationen vom Springer-Verlag das Internet-Angebot stärken sollen, dann könnte ein Blick auf die Arbeitsweise der *newsrooms* für die Strukturierung der kleinen Organisationseinheiten der durchschnittlichen Online-Redaktionen nützlich sein. Wie kann man sich den Arbeitsalltag in einer solchen Riesen-Online-Redaktion vorstellen? Machen alle alles? Und alle in einem Raum? Einige der alten Routinen, wie etwa die Ressort-Konferenzen, existieren beim Springer-Verlag noch genauso wie die zahlreichen Büros für die gut 400 Redakteure. Das Herz der Redaktion ist der *newsroom* mit 55 Arbeitsplätzen,

---

[30] Breyer-Mayländer, Thomas, Die Zukunftsmacher.

hier treffen sich die Redakteure und arbeiten themenorientiert aber medienübergreifend.

Das Modell des *newsrooms* überwindet zwar die Ressortgrenzen, differenziert aber stärker in der vertikalen Arbeitsaufteilung: Ein Artikel bleibt nicht mehr in der Hand eines Redakteurs, der von der genauen Themensetzung, Recherche bis zum Schreiben alles selbst macht. Vielmehr gibt es jetzt eine personelle Aufteilung bezüglich der Arbeitsweise. Es gibt den *editor* (Redakteur), der die Themen plant und koordiniert, die Texte überarbeitet und kontrollierende Funktionen ausübt. Daneben ist der *reporter* (Reporter) für die Belieferung mit Rohstoffmaterial außerhalb der Redaktion zuständig, er recherchiert und schreibt.

Die überwiegende Zusammensetzung der Online-Redaktionen aus wenigen hauptamtlichen Redakteuren und ihnen zuarbeitenden Mitarbeitern in Nebenfunktion hat Parallelen zum *newsroom*: Eine starre Aufteilung nach inhaltlichen Themengebieten ist in den Redaktionen eher die Ausnahme. Selbst in Online-Redaktionen aus der Medienbranche, in denen eine solche Aufteilung aus den Printredaktionen tradiert ist, wird in nur etwa einem Drittel der Fälle eine Einteilung nach Ressorts vorgenommen. Das zeigt eine Studie über „Online-Journalismus in Deutschland und in den USA"[31], die 2004 durchgeführt wurde. Christoph Neuberger[32] konstatiert sogar, dass in drei Viertel der Online-Redaktionen Generalisten arbeiten. Im Allgemeinen wird das mit der kleinen Redaktionsgröße begründet. Da die Redaktionen in den anderen Unternehmen in der Regel eher noch kleiner sind, wird man eine Aufteilung nach thematischen Gesichtspunkten eher noch seltener finden.

Die wenigen (hauptamtlichen) Redakteure in den Online-Redaktionen können leicht in einem Büro zusammenarbeiten. Von hier aus steuern die Themenplanung und vergeben Aufträge an andere Mitarbeiter. Sicher gibt es einen festen Stamm, der regelmäßig der Redaktion zuarbeitet, dazu kommen noch einzelne

---

[31] Thomas Hanitzsch, Thorsten Quandt, Martin Löffelholz & Klaus-Dieter Altmeppen Online-Journalismus in Deutschland und den USA.

[32] Neuberger, Christoph, Online-Journalismus: Akteure, redaktionelle Strukturen und Berufskontext.

Mitarbeiter, die z.B. als Experten einzelne Artikel oder zumindest die Informationen in die Redaktion liefern. Ein genauerer Ablauf der Alltagsroutinen wird im Kapitel „Arbeitsprozesse in einer Online-Redaktion" beschrieben. An dieser Stelle soll vor allem eines festgehalten werden: Bedingt durch die kleine Mitarbeiterzahl können innerredaktionelle Arbeitsroutinen relativ leicht informell geregelt werden, eine strategische Organisation oder starre Strukturierung ist hier nicht erforderlich. Im besten Fall kann das Arbeitsaufkommen spontan und durch Zuruf geregelt werden.

4.3 Integration in die Unternehmensstruktur

Das zentrale Problem bei der Organisation der Online-Redaktion liegt also nicht in den Strukturen innerhalb der Redaktion, sondern in der Zusammenarbeit mit anderen Abteilungen und in der Einbindung der Redaktion in das gesamte Unternehmen. Generell wird abteilungsübergreifende Zusammenarbeit unterstützt von einer klaren Organisationsstruktur, eindeutiger Arbeitsteilung und funktionierender Kommunikation.

Bereits beim ersten Punkt beginnen die Unklarheiten. Die Entwicklung der Online-Redaktion in den Unternehmen verlief in vielen Fällen parallel zur wachsenden Bedeutung der Web-Site, das heißt schrittweise wurden der Arbeitsumfang vergrößert, Redakteure eingestellt, Mitarbeiter für die Web-Site abgestellt, manchmal sogar eine eigene Abteilung „Online-Redaktion" gegründet.

Dieser Entwicklung entsprechend, zeigen die Content Studien 2006/1 und 2006/2, dass die Web-Site immer mehr als Kommunikationsinstrument aufgefasst wird und immer weniger als technologische Plattform. Das lässt sich aus der organisatorischen Zuordnung der Web-Site zu den unterschiedlichen Unternehmensbereichen ablesen. Noch sind zwar rund 15% der Web-Sites der EDV zugeordnet, es ist aber ein leichter Trend zur Marketing oder Corporate-Communications-Abteilung festzustellen. Ein Übergang der Verantwortung an die Marketing- beziehungsweise Kommunikations-Abteilungen liegt zwar auf den ersten Blick nahe – eine Web-Site ist ein herausragendes Marketing- und Kommunikationsinstrument – birgt aber doch auch einiges Gefahrenpotenzial. Eine zu stark auf Marketing ausgerichtete Web-Site wird kaum Userakzeptanz finden – wenn Mehrwert etwa in Form von werbefreien Informationen, Applikationen, interaktiven Elementen etc. fehlt. Genau wie bei Medienhäusern besteht die Gefahr, dass bewährte Marketingstrategien einfach auf die Online-Publikation übertragen werden. Eine Zusammenarbeit mit dem Marketing kann vor allem im Hinblick auf die Marktausrichtung und Zielgruppenorientierung für eine Redaktion sehr bereichernd sein. Ein vollständiges Aufgehen der Online-Redaktion in der Marketing-Abteilung birgt jedoch das Risiko, dass journalistische Standards in den Hintergrund rücken.

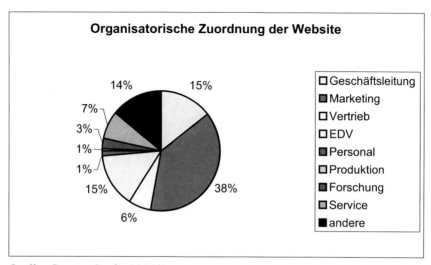

Quelle: Content Studie 2006/1

Dass die Geschäftsführung für die Web-Site zuständig ist – das ist immerhin bei 15% der Unternehmen der Fall – kann in mehrerer Hinsicht interpretiert werden. In kleinen Unternehmen wird sicher nicht zwischen Geschäftsführung, Marketing und Kommunikationsabteilung unterschieden. Die Zuständigkeit der Geschäftsführung kann in größeren Unternehmen ein Beleg dafür sein, dass es schwierig ist, die Online-Redaktion zu integrieren, weil sie nirgendwo richtig „hinpasst". Sie können es aber auch aus entgegen gesetzter Perspektive betrachten: Vielleicht wurde die Web-Site auch einfach zur „Chefsache" erklärt?

Die Zuordnung zu den genannten Bereichen bedeutet aber nicht automatisch, dass Online-Redaktionen als eigene Einheit im Unternehmens-Organigramm abgebildet sind. Mit fatalen Folgen für die redaktionelle Arbeit: Es kann beispielsweise dazu führen, dass die Online-Redaktion von wichtigen Informationsflüssen abgehängt ist, weil diese im Unternehmens-Organigramm gar nicht vorkommen.

Dieselbe Problematik ergibt sich, wenn die Online-Redaktion der EDV-Abteilung zugeordnet ist, denn die EDV wird – anders als die Marketing-Abteilung – nicht regelmäßig über die Einführung neuer Produkte informiert. Ein Online-Redakteur ist aber auf diese Art der Information angewiesen. Dazu bleibt in Teilen auch die Weisungsbefugnis unklar. Dies ist vor allem für Mitarbeiter in Nebenfunktion problematisch, weil sie so in Zuständigkeitskonflikte geraten können. Was ist z.B. wenn sie von dem Chef ihrer Abteilung eine Aufgabe bekommen, die zeitlich mit einem Arbeitsauftrag für einen Artikel für die Redaktion kollidiert? Eindeutige Regelungen sind hier dringend notwendig, denn zu oft wird vergeblich darauf gewartet, dass die Integration *bottom-up* erfolgt.

4.3.1 Am Tropf: Informationsfluss

Fast drei Viertel der Teilnehmer der Content Studie 2006/1 gaben an, dass ihre Redaktion in die Unternehmensprozesse eingebunden sei. Das muss sie auch, denn eine Online-Redaktion ist in vielen Bereichen ihrer Arbeit auf unterschiedliche Formen der Zusammenarbeit mit vielen Kollegen angewiesen.

Um die Web-Site aktuell zu halten, müssen die Online-Redakteure über laufende Projekte und Vorhaben des Unternehmens genauso informiert sein, wie über neuste Entwicklungen in den einzelnen Fachbereichen. Je nach Unternehmensbranche kann das ein Online-Redakteur nicht alleine leisten. Er ist vielmehr darauf angewiesen, dass seine Kollegen ihn auf dem Laufenden halten. Loser Kontakt mit einfachem Informationsaustausch ist die informellste Stufe der Zusammenarbeit. Sie ist vor allem von der Kommunikationsfähigkeit des Redakteurs abhängig und klappt mit manchen Kollegen besser oder schlechter.

Die nächste Ebene wird erreicht, wenn ein Kollege bestimmte Informationen liefern soll – er also mit der Recherche beauftragt wird. Dazu gehört auch die Bereitstellung von Bildern oder anderem Material, das der Redakteur für einen Artikel braucht. Hier ist der Redakteur der Auftraggeber, der einen möglichst genauen Auftrag formulieren sollte, um das richtige Material zu bekommen. Ganz ähnlich ist das Verhältnis, wenn ein Kollege als Experte einen Artikel daraufhin prüfen soll, ob inhaltlich alles in Ordnung ist. In diesen Fällen werden die Kollegen in die redaktionellen Prozesse der Recherche und des Gegenlesens eingebunden.

Die dritte Stufe ist erreicht, wenn Mitarbeiter als Autoren fungieren – damit werden sie quasi Redaktionskollegen, denn mit dem Schreiben sind sie in den Gestaltungsprozess viel stärker eingebunden. Sie müssen als Mitarbeiter mit den wichtigsten Grundsätzen der Redaktion vertraut gemacht werden und für sie sollte es genaue Leitlinien geben, an denen sie sich für die Artikelerstellung orientieren können. Je besser das Briefing, desto besser das Ergebnis. Mehr dazu können Sie im Kapitel über Arbeitsprozesse „Schreiben" erfahren.

Eine Einbindung in die Unternehmensprozesse ist letztlich unerlässlich. Aber es gibt Hinweise darauf, dass für diese unterschiedlichen Formen keine eindeutigen Regelungen getroffen sind. So könnten regelmäßige Sitzungen als Steuerungsinstrumente für die abteilungsübergreifende Arbeit der Redakteure genutzt werden, aber in mehr als der Hälfte der Unternehmen werden keine regelmäßigen Redaktionskonferenzen durchgeführt. Gerade hinsichtlich der Frage, wie mit den unterschiedlichen Formen und der ungleichen Intensität der abteilungsübergreifenden Zusammenarbeit ohne regelmäßige Treffen Qualität produziert werden kann, besteht noch ein großes Verbesserungspotenzial, um die Kommunikationsabläufe zwischen den Unternehmensbereichen und der Online-Redaktion zu verbessern.

4.3.2 Die Rolle der Geschäftsführung

In der Medienbranche ist das Problem der Kooperation mit der Verlagsleitung schon seit langem bekannt – meist mit dem Schlagwort der „Chinesischen Mauer" charakterisiert –, aber leichter einzugrenzen. Die Problemfelder in einem Verlagshaus liegen zum Einen beim Thema medienübergreifendes Arbeiten, das heißt bei der Abstimmung unterschiedlicher Redaktionen. Und zum anderen schlagen sich die Schwierigkeiten oft als Gegensatzpaar Kosten versus Anspruch zwischen Verlagsleitung und Redaktion. Nicht selten ist die Arbeit in der Online-Redaktion auch dadurch belastet, dass zu lange an Arbeitsstrukturen festgehalten wurde, die für Zeitschriften oder Zeitungen entwickelt wurden, aber nicht ohne Weiteres unverändert auf den Online-Bereich übertragen werden können. Die Verlagsleitung ist aber auf jeden Fall mit den Problemen der Redaktion vertraut, einfach weil es ihre Branche ist.

Ungleich komplexer und schwieriger gestaltet sich die Situation in anderen Unternehmen. Das gründet schon darin, dass hier fundiertes journalistisches Knowhow bei der Unternehmensführung nur in den seltensten Fällen zu finden ist. Viele Unternehmensführungen haben noch kein ausreichendes Verständnis für publizistische Fragen entwickelt. Das hängt mit dem eingangs beschriebenen „Hineinwachsen" der Firmen in Online-Strukturen zusammen und bremst die Arbeit der Redaktion in vielen Belangen. Wenn die Geschäftsführung nicht ausreichend darüber informiert ist, welche Faktoren die Qualität der Web-Site und die Arbeit der Redaktion positiv beeinflussen, wird die Redaktion entweder nicht ausreichend oder falsch unterstützt. So kann die Geschäftsführung der Redaktion ein Content-Management-System finanzieren, das über eine ausgeklügelte Benutzerverwaltung und einen fein abgestuften Workflow verfügt. Das ist zwar gut gemeint, aber völlig überflüssig für eine Zwei-Mann-Redaktion, die viel dringender zusätzliche Personalressourcen bräuchte.

Auch ist eine effiziente und unmittelbare Zusammenarbeit mit der Geschäftsführung nicht in allen Unternehmen gegeben. So wird nur etwas mehr als die Hälfte der Online-Redaktionen direkt von der Geschäftsführung mit regelmäßigen Informationen über das Unternehmensleitbild versorgt. Dabei sollte doch die Web-Site ein wichtiges Medium zur Darstellung von Unternehmensvisionen oder -werten sein. Da wäre doch eine Unterrichtung ohne Zwischenschaltung anderer Stationen wünschenswert?

4.3.3 Zusammenarbeit mit der IT-Abteilung

Eigentlich ist es ganz einfach: Die Online-Redaktion ist für die Inhalte zuständig und die IT-Abteilung für die Technik der Produktion und Publikation. Auch wenn es so naheliegend erscheint – eine enge Zusammenarbeit und Abstimmung zwischen den beiden Tätigkeitsbereichen ist durchaus nicht an der Tagesordnung. Und das, obwohl beim Online-Publizieren die beiden Tätigkeitsbereiche sehr stark miteinander verzahnt sind. Bei der Konzeption oder bei der Themenerstellung muss die Redaktion die technische Umsetzung immer mit einplanen. Auf der anderen Seite muss die IT-Abteilung – genau wie es bei der Kooperation mit der Geschäftsführung bereist anklang – Verständnis für die Arbeitsprozesse der Redaktion entwickeln und deren Ideen umsetzen können. Und dann auch tatsächlich ausreichend Ressourcen dafür zur Verfügung stellen. Das geht oft nicht ohne Konflikte ab, wie eine Untersuchung von Christoph Barth[33] zeigt, der die Arbeit zweier Online-Redaktionen aus dem Medienbereich unter die Lupe genommen hat. Ihm war dabei vor allem wichtig, wie und ob sich die Zusammenarbeit von IT-Abteilung und Redaktion auf die Qualität der Web-Site auswirkt.

Barth stellte fest, dass eine Integration des technischen Know-hows in die Redaktion bessere Ergebnisse lieferte als eine Kooperation mit einer vorhandenen IT-Abteilung. Die Redaktion „A" setzte bei der Einführung der notwendigen Hard- und Software auf eine eigene Initiative – unterstützt durch einen externen Dienstleister. Bei Redaktion „A" lief der gesamte Prozess relativ reibungslos ab, weil es der Redaktion möglich war, die Technik einzusetzen, die aus ihrer Sicht die angemessenste war. Redaktion „B" hingegen war auf die IT-Abteilung des Unternehmens angewiesen, sich als problematischer herausstellte. So wurden aus Redaktionssicht dringend notwendige Arbeiten am Content-Management-System nicht oder nicht zum gewünschten Zeitpunkt umgesetzt, weil der IT-Abteilung Personalkapazitäten dafür fehlten. Redaktion „B" war in höherem Maß auf das Entgegenkommen der IT-Abteilung angewiesen, weil ihren Mitarbeitern das notwendige technische Know-How fehlte. Diese Zuständigkeitsteilung zeigte sich auch in den innerredaktionellen Strukturen: In der erfolgreicheren Redaktion „A" arbeiteten drei Redakteure mit journalistischem Hintergrund mit drei Mitarbeitern zusammen, die sich auf technische Aufgaben konzentrierten. In der Redaktion „B" lag der Schwerpunkt bei einem Verhältnis von 8:1 auf den journalistischen Tätigkeiten.

Wie Studien zeigen, leisten sich viele Unternehmen keine große Redaktion mit integrierter IT oder entscheiden sich bei mehreren Redakteursstellen für eine

---

[33] Christoph Barth, Befunde zur Redaktionsorganisation und ihre Auswirkung auf das Produkt.

personelle Verstärkung im inhaltlichen Bereich, was für die Qualität eine ebenso große Rolle spielt. Die Beispiele zeigen aber, dass die Zusammenarbeit zwischen Online-Redaktion und IT eine intensivere ist als zwischen IT und vielen anderen Abteilungen.

Um die vielfältigen Aspekte des multimedialen Publizierens auch wirklich einsetzen zu können, die Vorteile einer Web-Site auch wirklich auszuspielen und die Arbeitsprozesse in der Redaktion möglichst reibungslos ablaufen zu lassen, müssen die Interaktionen zwischen beiden Abteilungen geklärt sein.

- Eindeutige Zuständigkeiten: Welche technischen Aufgaben übernimmt die Redaktion, welche die IT?
- Klärung des Zeitaufwandes: Wie viel Kapazitäten müssen in der IT für die Betreuung der Web-Site freigestellt werden?
- Klärung der Kommunikation: Auf welche Weise soll die IT-Abteilung in die redaktionelle Arbeit eingebunden werden. Wie verlaufen die Informationswege?

Beispiele für mögliche Zusammenarbeit zwischen Redaktion und IT:

Ein Redakteur erzählt: „Meistens braucht man die Technikabteilung nicht kurzfristig, so dass wir ein Konzept schriftlich verfassen und beim technischen Leiter einreichen. Dieser schaut es sich an und wir machen eine kurze Sitzung, an der wir das ganze diskutieren. Und dann reiht er das Projekt in die Prioritätenliste ein. Danach teilt er es einem Teammitglied zu, welches sich darum kümmern wird und bei der Umsetzung sitze ich mit diesem Techniker nochmals zusammen. Wir werden somit auch in den Prozess involviert."

In einer anderen Redaktion hat man diese Lösung: „Wir haben auch eine Monatssitzung, wo wir mehr strategisch denken und Visionen entwickeln. Dort ist das ganze Team mit der Technik zusammen und probiert, neue Themen zu finden"

(*Quelle*: Zischek, Yves, Qualifikationsanforderungen an Online-Journalisten, 44f)

4.4 Der Online-Redakteur

Das Problem beim Beruf des Online-Redakteurs ist, dass es sehr schwer ist, sich auf eine Berufsbezeichnung zu einigen. Ein kurzer Auszug aus der nahezu unendlich scheinenden Liste der möglichen Berufsbezeichnungen: Online-Redakteur, Online-Journalist, Journalist, Content-Manager, Web-Content-Manager, Manager Online-Kommunikation, Web-Projekt-Manager, Manager für Multimedia etc. Das zeigt, wie schwer es ist, ein einheitliches Berufsbild und klare, von anderen Bereichen abgegrenzte Aufgaben des Online-Redakteurs zu benennen. Prinzipiell darf sich jeder den Titel des Redakteurs geben – weder ist die Berufsbezeichnung geschützt noch ein Ausbildungsweg festgelegt – dementsprechend willkürlich werden die Aufgaben und Anforderungen an die Person des Online-Redakteurs formuliert. Dass es trotzdem möglich ist, die wichtigsten Aufgabenfelder zu benennen, soll im nachfolgenden Kapitel „Arbeitsprozesse in einer Online-Redaktion" deutlich werden. Zunächst geht es darum genauer zu klären, welche Kompetenzen der Arbeitsalltag erfordert und das Berufsbild prägen, und auf welchem Wege man diese Kompetenzen erlangen kann.

4.4.1 Der klassische Online-Journalist

Der Online-Journalist, der sich in den Weiten der Medienwelt bewegt, ist ein gut untersuchtes Studienobjekt. Über Befragungen und Beobachtungen der letzten Jahre hat man ein relativ scharfes Profil vorliegen. Zu nennen sind hier vor allem die Studien aus dem Institut für Medien- und Kommunikationswissenschaft der TU Ilmenau rund um Klaus-Dieter Altmeppen und Martin Löffelholz.[34] Der durchschnittliche deutsche Online-Journalist zu Beginn des 21. Jahrhunderts ist männlich, unverheiratet und 35 Jahre alt. Er hat mit großer Wahrscheinlichkeit weder Journalistik noch Kommunikations-, Medien- oder Publizistikwissenschaften studiert – das haben nur 26% der 460 befragten Online-Journalisten. Seine wichtigsten Kommunikationsziele sind, sein Publikum schnell, dabei aber auch neutral und präzise zu informieren und komplexe Sachverhalte zu erklären und zu vermitteln. Im Vergleich zu ihren Printkollegen liegt die Betonung etwas

---

[34] Altmeppen, Klaus-Dieter , Hanitzsch, Thomas, Löffelholz, Martin, Quandt, Thorsten, Onlinejournalisten in Deutschland.

stärker auf der Geschwindigkeit und weniger auf der Neutralität. Die größte Abweichung voneinander haben Online- und Printjournalisten kurioserweise beim Kommunikationsziel „für die Benachteiligten in der Bevölkerung einsetzen": Diese Mission ist bei Online-Journalisten nicht ausgeprägt.

Tätigkeit	Journalisten, die diese Tätigkeiten ausüben in %	Dauer der Tätigkeit an einem Arbeitstag in Min.
Onlinerecherche	96,6	73
Verfassen eigener Texte	91,2	107
Auswahl von Texten	84,7	84
Redigieren von Agenturtexten und Pressemitteilungen	81,4	78
Redigieren der Texte von Kollegen und Mitarbeitern	80,5	54
Webseiten einpflegen/einkopieren	77,5	62
Offlinerecherche	76,9	35
Organisatorische und verwaltende Tätigkeiten	74,4	55
Produktion	64,1	32
Kontakt mit Usern	60,8	21
Programmierung	21,8	15

Der Arbeitsalltag von Online-Journalisten aus der Medienbranche 2003 (Quelle: http://www.ard-werbung.de/showfile.phtml/loeffelholz.pdf?foid=8905)

Die Tätigkeiten der Online-Journalisten konzentrieren sich auf die journalistischen Kerntätigkeiten Recherchieren, Schreiben, Texte auswählen und Redigieren. Dazu kommt der Umgang mit Content-Management-Systemen beim Einpflegen der Web-Sites. Auffallend ist, dass das Programmieren fast keine Rolle spielt.

Nur 21,8% der Journalisten führen diese Tätigkeit überhaupt aus, und das im Schnitt nur eine Viertelstunde am Tag. Die Entwicklung moderner Content-Management-Systeme hat den technischen Aspekt der Arbeit sehr in den Hintergrund gedrängt. Auch von „(…) einem ‚revolutionären' Multimedia-Journalismus, wie er noch vor einigen Jahren erwartet wurde, kann damit wohl allerdings kaum die Rede sein."[35] Da eine Ressortdifferenzierung im Online-Journalismus nicht so ausgeprägt ist, tritt gutes Allgemeinwissen vor fachspezifische Kenntnisse.

4.4.2 Der Online-Redakteur im Unternehmen

Der Online-Journalist aus der Medienbranche soll als Folie dienen, vor der wir versuchen einige Aussagen über den Online-Redakteur im Unternehmen zusammenzutragen. Anders als sein Kollege steht er nicht im Zentrum wissenschaftlichen Interesses. Der Stellenwert der journalistischen Tätigkeit wird im Kapitel „Arbeitsprozesse in einer Online-Redaktion" untermauert. Wer für die Inhalte einer Web-Site zuständig ist, der muss recherchieren, schreiben und redigieren können.

Das bestätigt auch ein Blick in die Stellenangebote: Bei der Formulierung der Anforderungen stellen viele Unternehmen sehr oft die journalistischen Basisfähigkeiten in den Mittelpunkt. Nach speziellen technischen Fähigkeiten, sei es HTML oder der Umgang mit bestimmten multimedialen Anwendungen, wird eher selten gefragt. Auch wenn bei der Formulierung der Aufgaben der Eindruck entstehen kann, der Online-Redakteur müsse hier stärker ausgebildet sein. Denn fast immer gehört der Umgang mit Bildern oder andere gestalterische Aufgaben zum Tätigkeitsfeld der gesuchten Online-Journalisten. Auffallend ist auch die Serviceorientierung vieler Stellenausschreibungen, die über die Ausrichtung an

---

[35] Hanitzsch, Thomas, Quandt, Thorsten, Löffelholz, Martin, Altmeppen, Klaus-Dieter, Online-Journalismus in Deutschland und den USA, 13.

den Leser hinaus zu gehen scheint. Eine Komponente, die im klassischen Journalismus so sicher nicht erwartet wird.

Drei Stellenanzeigen für einen Online-Redakteur – kein repräsentativer Schnitt, aber doch Übereinstimmungen beim Profil und der Aufgabenstellung:

Stellenanzeige 1

Profil	Aufgaben
abgeschlossene kaufmännische - idealer Weise auch medientechnische - Berufsausbildung beziehungsweise eine redaktionelle Ausbildung	Eigenverantwortliche Betreuung und Weiterentwicklung mehrerer Redaktionsgebiete (Internet-Portale). Durch die hohe Aktualität und Nutzwertigkeit, gepaart mit serviceorientierten Applikationen, sorgen Sie für eine stetig wachsende Basis an Unique Usern
2-3jährige Berufserfahrung vorzugsweise im redaktionellen Umfeld (Online Redaktion)	
ausgezeichnetes Sprach- und Ausdrucksvermögen in Wort und Schrift	
sehr gute Kenntnisse in Microsoft Office	Redaktionelle Erstellung von Dokumenten, adressatengerechte Aufbereitung und Pflege der fachspezifischen Inhalte
Erfahrungen mit dem Medium Intranet/Internet	
sehr gute analytische und konzeptionelle Fähigkeiten, Organisationstalent, Serviceorientierung und Teamfähigkeit	

Stellenanzeige 2

Profil	Aufgaben
Ausbildung oder Studium in einer dem Aufgabengebiet adäquaten Fachrichtung	Erstellung von Online-Formularen
mehrjährige Berufserfahrungen als Redakteur oder in vergleichbarer Funktion	Erstellung und Pflege von Online-Texten, national und international
Erfahrungen im Management von Online-Projekten	Erstellung grafischer Elemente Bildbearbeitung
fundierte Kenntnisse der technischen Grundlagen	textliche und gestalterische Betreuung von Internetkampagnen und Marketingaktivitäten

grundlegendes Verständnis betriebswirtschaftlicher Zusammenhänge Kunden- und Serviceorientierung Organisationstalent, Kreativität, sicheres eigenverantwortliches und selbständiges Arbeiten, ausgezeichnete kommunikative Fähigkeiten, Stressresistenz	kontinuierliche Content-Erstellung und Content-Pflege für Webauftritte des Konzerns

Stellenanzeige 3

Profil	Aufgaben
Hochschulabschluss (vorzugsweise aus dem Bereich Philologie /Journalismus) und/oder Volontariat	Sie unterstützen uns ab sofort bei der fundierten Recherche von Inhalten aus verschiedenen Themengebieten, die Sie selbstständig zu Artikeln für verschiedene Zielgruppen ausarbeiten.
mehrjährige Berufserfahrung in einer Print- oder Online-Redaktion oder einem Verlag (auch als Freelancer)	
breites Allgemeinwissen und Interesse für aktuelle Themen	
fundierte Erfahrung bei der sauberen Recherche und Texterstellung	Zu Ihren Aufgaben gehört ferner die Bildrecherche, aber auch das Ausarbeiten von Web-Kampagnen und Werbemitteln, sowie die Qualitätssicherung von Texten nach neuer deutscher Rechtschreibung (Lektorat).
Sicherheit in neuer deutscher Rechtschreibung	
sehr gute Kenntnisse der Neuen Medien und deren Möglichkeiten	
Kreatives Denken, kontextadäquates Schreiben	Außerdem erarbeiten Sie Strukturpläne für Website-Inhalte, die als Basis für die Inhalte-Erstellung, Design-Produktion und Befüllung dienen.
sicheres, service-orientiertes Auftreten im Kundenkontakt	
Teamfähigkeit	
sehr gute Englischkenntnisse in Wort und Schrift	

Die Serviceorientierung ergibt sich daraus, dass die Funktion der Internetauftritte als Instrument der Kundenbindung für die Unternehmen eine große Rolle spielt. Dazu kommt, dass die Redaktionen hier beim Thema „redaktionelles Marketing" weniger Berührungsängste haben als in den Redaktionen der Medienbranche, weil Marketing oft einfach gang und gäbe ist.

Der Ausbildungstand der Online-Redakteure wurde in der Content Studie 2006/2 abgefragt. Die Zahl der Online-Redakteure mit klassischer journalistischer Ausbildung ist auch bei den Redakteuren gering, die einen Großteil ihrer Zeit mit redaktionellen Aufgaben beauftragt ist. Die Quote von 13,7% erscheint auf den ersten Blick sehr gering, ein Vergleich mit den Kollegen aus der Medienbranche relativiert sie allerdings. Nur ungefähr 37% dieser Online-Journalisten haben ein einschlägiges Studium oder eine Journalistenschule absolviert, ungefähr derselbe Anteil hat überhaupt keine Journalistenausbildung. Der Schwerpunkt bei der journalistischen Ausbildung in der Medienbranche liegt auf dem Volontariat, das die Hälfte der Befragten absolviert hat. Solche Volontariate sind außerhalb der klassischen journalistischen Bereiche eher unüblich und werden – so ist unsere These – häufig ersetzt durch ein „learning on the job". Die Einrichtung von eigens für den Online-Journalismus konzipierten Studiengängen und stetig wachsende Anforderungen seitens der Online-Redaktionen, deuten jedoch auf ein Umdenken hin. Im Laufe der letzten Zeit hat sich eine gewisse Übereinkunft beim Berufsbild, den Anforderungen und der Ausbildung herauskristallisiert.

4.4.3 Ausbildungswege

Der direkteste Weg in eine Online-Redaktion der Medienbranche führt über eine Journalistenschule oder klassische Studiengänge in Journalistik oder Kommunikationswissenschaft. Die Absolventen dieser Schulen sind – wenn sie sich für Online-Medien entscheiden – die Anwärter für die Redaktionsstellen der Online-Angebote von Zeitungen, Zeitschriften und Magazinen. Und der Anteil an Lehrinhalten zum Thema Online-Journalismus wächst. Eine von Martin Goy durchgeführte Untersuchung von 4600 Lehrveranstaltungen an 33 Journalistik-Instituten wies 18% der Unterrichtsinhalte einen Online-Bezug und weiteren 7% einen deutlichen Bezug auf Themen rund um das Medium Internet zu. Die Vermittlung theoretischen Wissens nimmt hierbei mit 57% den größten Teil der

Lehrinhalte ein. Setzt sich der Trend zu den *newsrooms* durch, die stärker auf die Online-Publikation ausgerichtet sind können hier sicher wesentlich größere Anteile erwartet werden.

Sind diese klassischen Studiengänge eher als „Teilzeit-Ausbildungswege" für Online-Redakteure einzustufen, gibt es daneben auch die Vollzeit-Variante.

Hier können Sie sich nach dem richtigen Weg zum Beruf erkundigen (Quelle: www.medienstudienführer.de)

Vorreiter im Angebot eines Studiums des „Online-Journalismus" ist die FH Darmstadt mit ihrem im Wintersemester 2001/02 eingerichteten Studiengang „Online-Journalismus". In dem achtsemestrigen Diplomstudiengang werden den Studenten neben den journalistischen Kernkompetenzen auch die gestalterischen und technischen Möglichkeiten des Mediums Internet nahegebracht. Ein Jahr nach Entstehen des Studiengangs beschreibt Klaus Meier, selbst Professor für Journalistik an der FH Darmstadt, die Besonderheiten: „Während die traditionelle Journalistenausbildung an Hochschulen im Kern die herkömmlichen Medien im Blickfeld hat und die Online-Medien – je nach Interessenlage der Professoren – irgendwie dazu gepackt werden, steht an der FH Darmstadt das Digital Storytelling im Zentrum von Lehre und Forschung (...) Nicht zuletzt geht es auch um das Zusammenspiel von Text, Bild, Audio und Video."[36] Im Hauptstudium können sich die Studenten entscheiden, ob sie den Schwerpunkt auf „Online-Journalismus" legen und die Medienbranche ansteuern oder auf PR, dessen Aufgabenspektrum vor allem die Betreuung von Intra- und Internet-Auftritten von Unternehmen abdeckt, inklusive des traditionellen Feldes der Pressearbeit.

Mit dem sechssemestrigen Bachelor-Studiengang „Online-Redakteur" erweiterte die FH Köln das Angebot. Dort lehrt Konrad Scherfer, der in einem Interview mit onlinejournalismus.de den Studiengang charakterisiert: Der Studiengang biete den Studenten sowohl theoretische Grundlagen der Medien-und Kommunikationswissenschaften als auch die praktische Umsetzung der onlinespezifischen Inhalte, wie etwa Hypertextformen, Webdesign und Umgang mit Content-Management-Systemen: „Ziel des Studiengangs ist die Vermittlung von Wissen und Fertigkeiten zur Analyse, Bewertung und Umsetzung von Websites. Was aber wichtig ist, ist eine gewisse theoretische Fundierung sowie analytisches und strukturiertes Denken"[37]. Natürlich spielt auch in Köln das Erlernen des journalistischen Handwerkszeugs eine große Rolle. Das Einsatzgebiet seiner Absolventen charakterisiert Konrad Scherfer so:

> *Der Studiengang Online-Redakteur fokussiert sich von Anfang an nicht auf die Ausbildung von Online-Journalisten. Die Einsatzgebiete unserer Absolventen können in Medienunternehmen selbst sein, die in ihrem Online-Bereich explizit Online-Redakteure einsetzen wollen. Aber ein besonderer Schwerpunkt ist bei uns, dass unsere Absolventen eben auch an Unternehmen herantreten, die ihren Content pflegen und Web-Projekte planen. Auf diese Aufgaben werden die Studierenden in*

---

[36] Meier, Klaus, Marathonläufer für 2005.

[37] Stegers, Fiete, In sechs Semestern Online-Redakteur.

*Lehrveranstaltungen wie ‚Kommunikationspolitik des Unternehmens',
‚PR' und ‚Onlinespezifische Werbung' vorbereitet.*[38]

Ganz neue Wege werden in Leipzig mit dem „Masterprogramm Medien" beschritten. Angegliedert an die Universität Leipzig beziehungsweise die Hochschule für Technik, Wirtschaft und Kultur Leipzig werden zwei berufsbegleitende Masterstudiengänge angeboten: Der eher technisch ausgerichtete Studiengang „Technologies of Multimedia Production" vermittelt Kenntnisse und Fähigkeiten für die technische, gestalterische und inhaltliche Umsetzung von Multimediaproduktionen. Dem Berufsbild „Online-Redakteur" steht der zweite Studiengang „Web Content Management" näher.

Neben den Journalistenschulen, den Journalistikinstituten und speziellen Studiengängen existieren zahlreiche private Institutionen und Fernlehrgänge, deren Angebote über Online-Portale wie das Koordinationszentrum für Medienberufe (www.aim-mia.de) oder die Web-Site www.medienführer.de einfach im Internet zu finden sind.

4.4.4 Die Realität: Journalistische Kompetenzen fehlen oft

Ob nun der klassische Weg über Journalistenschulen, über Aufbaustudiengänge, Volontariate oder über das immer noch sehr verbreitete „learning on the job": Der Online-Redakteur wird sich auch in Zukunft mit hohen Anforderungen an sowohl publizistische als auch technische Fertigkeiten konfrontiert sehen. Als Verantwortlicher für Online-Redaktionen sollten Sie sich deshalb im Voraus genau überlegen, welche Aufgaben Ihre Mitarbeiter erfüllen müssen, um gezielt nach Mitarbeitern mit entsprechenden Kompetenzen suchen zu können. Ein Anhaltspunkt können die Inhalte der gezeigten Ausbildungswege sein. Trotz der noch fehlenden Institutionalisierung werden angehende Online-Redakteure, zumindest im Medienbereich, wohl auch in nächster Zeit zum größten Teil eine klassische Ausbildung durchlaufen, die mehr und mehr von den spezifischen Anforderungen des Internets geprägt sein wird. Das gilt in Teilen, wie die Ausbildungsinhalte der Fachhochschulen Köln und Darmstadt und der Masterstu-

---

[38] Stegers, Fiete, In sechs Semestern Online-Redakteur.

diengang in Leipzig zeigen, auch für die Ausbildung von Online-Redakteuren in Unternehmen aus anderen Branchen. Dennoch gilt hier in weiten Teilen noch die Berufserfahrung als Ausweis der Professionalität. Viele der Redakteure, die eigentlich klassische journalistische Tätigkeiten ausführen, sind in diesem Bereich weder ausgebildet noch geschult. Ein Umstand, der – wie bereits häufiger angeklungen ist – die Produktion von Qualität und die Abläufe in der Redaktion sehr erschweren kann. Gcrade im Fall der Neuanstellung sollten diese Qualifizierungen höher bewertet werden, als es bisher in der Praxis unserer Einschätzung nach der Fall ist. Aber auch die Unternehmen selbst können die Professionalisierung der Online-Redakteure unterstützen und Teile der Ausbildungswege mit bestimmen. Das ist etwa durch die Einrichtung von Volontariatsstellen zu erreichen.

Das Beispiel Leipzig zeigt, dass eine qualifizierte Ausbildung nicht unbedingt vor, sondern auch während der Berufstätigkeit erworben werden kann. Nicht immer muss es ein vollständiger Studiengang sein, auch kleinere Module zur Aus- und Weiterbildung im journalistischen Bereich sind zu empfehlen. Die Content Studie 2006/2 offenbart hier eine noch verbesserungsfähige Situation: Technische Schulungen vor allem im Bereich der Content-Management-Systeme sind viel verbreiteter als journalistische Schulungen: Fast 70% aller Redakteure haben eine technische Weiterbildung erhalten. Nur rund ein Viertel aller Redakteure sind journalistisch geschult. Die größten Defizite liegen also vor allem bei den Redakteuren in Nebenfunktion, zumal auch die Schulungsquote mit der Größe der Redaktion steigt, das heißt mit der Zahl der Redakteure in Hauptfunktion. Sind mehr als drei Redakteure angestellt liegt, haben über die Hälfte eine journalistische Schulung.

Die Debatte rund um das Thema „Qualität" hat viele strittige Punkte, aber in einer Sache sind sich alle einig: Die Kompetenzen und die Ausbildung der Akteure gehören für die Produktion der Qualität zu den herausragenden Kriterien.

4.5 Fragen an...

...Prof. Dr. Gerhard Heyer, Sprecher des Projektrates Masterprogramm Medien Leipzig zum Thema Kompetenzen und Ausbildung des Online-Redakteurs.

Was können Studierende Ihres Studiengangs „Web-Content-Management" lernen? Wo liegen die Schwerpunkte?

Der Studiengang beruht auf drei Säulen: einem informationstechnischen, einem journalistischen und einem rechtlich-wirtschaftlichen Teil. Wir vermitteln das Wissen szenarienorientiert, das heißt anhand praxisbezogener Beispiele. Die Lösungsansätze bündeln das Wissen aus den drei genannten Bereichen und entsprechen dem modernsten Stand der Technik.

Das kann man sich konkret so vorstellen: Nehmen wir an, Sie sollen für einen Zeitungsverlag ein Portal entwerfen, das neben den gewöhnlichen Nachrichtenmeldungen auch andere Informationsquellen enthalten soll. So etwas aufzubauen ist gar nicht so einfach. Doch es ist durchaus sinnvoll, sich nicht nur auf die etablierten Informationskanäle zu verlassen. Oder wir werden beispielsweise neue Ansätze von Suchmaschinen vermitteln, die über die herkömmlichen Suchmaschinen wie Google oder Altavista hinausgehen. Stichworte wären hier Communities oder small worlds, mit denen man Informationen über ein eigenes Informantennetzwerk einholen kann. Oder denken Sie an die rechtlichen Grenzen im Umgang mit Informationen, wie wir sie durch die jüngsten Diskussionen um verschiedene MP3-Tauschbörsen, wie beispielsweise Napster, kennen. Wer sich im rechtlichen Bereich nicht auskennt, kann möglicherweise viel Geld versenken.

Könnten Sie die Idee in Worte fassen, die hinter dieser berufsbegleitenden Ausbildung steht?

Es gibt Journalisten und Informatiker, die in ihrer medialen Berufspraxis damit konfrontiert sind, dass ihre fachspezifische, grundständige Ausbildung nicht ausreichend ist. Sie müssen zwei Felder gleichermaßen beherrschen, sowohl die Technik als auch die Inhalte. Unsere Weiterbildungsstudiengänge vermitteln genau diese beiden Dimensionen. Die Universität Leipzig und die HTWK Leipzig haben dafür die richtigen Experten, die in einem Verbund ein qualifiziertes Studienangebot gestalten.

Worin unterscheidet sich der Studiengang Ihrer Meinung nach von den Hochschulstudiengängen wie etwa dem Angebot der FH Darmstadt?

Es ist die spezielle Verbindung der Bereiche Content- und Wissensmanagement, Medienrecht, Medienwirtschaft und Journalistik. Diese spezielle Kombination bieten andere Hochschulen nicht an. Wir haben ein klares Profil, und wer sich für dieses Aufgabenfeld interessiert, der ist gut beraten, nach Leipzig zu kommen.

Welche Arbeitsbereiche visieren Sie für Ihre Absolventen an?

Wir sehen unsere Studierenden in klassischen Führungspositionen, von der komplexen und umfassenden Projektsteuerung beim Aufbau einer Online-Redaktion auch in Unternehmen, über die zielführende Einführung und Anpassung neuer beziehungsweise bestehender Kommunikationstechnologien in Unternehmen bis hin zur Planung und Umsetzung von neuen Web-Technologien wie Web 2.0. Zum Großteil arbeiten sie bereits jetzt schon in diesen Bereichen.

5 Arbeitsprozesse in einer Online-Redaktion

5.1 Was machen Online-Redakteure den ganzen Tag?

Um dieser Frage nachzugehen, saß Thorsten Quandt mit der Stoppuhr in Redaktionsbüros und hat ganz genau aufgezeichnet, wie lange ein Online-Redakteur welcher Aufgabe nachgegangen ist.[39] Andere Wissenschaftler haben für ihre Studien die weniger aufwendige Form der Befragung gewählt. Alle sind sie zu relativ übereinstimmenden Ergebnissen gekommen; zumindest, wenn man ein eher grobes Raster anlegt und auf Differenzierungen erst einmal verzichtet. Dabei sollte man im Hinterkopf behalten, dass die meisten Untersuchungen die Situation in den Redaktionen der Medienbranche abbilden. Festzuhalten ist auf jeden Fall, dass die journalistischen Arbeitsroutinen dominieren. An einem durchschnittlichen Tag wenden Online-Redakteure mehr als die Hälfte der Zeit dafür auf, Texte auszuwählen, zu recherchieren, zu schreiben oder zu redigieren. Bei der Gewichtung der einzelnen Tätigkeiten lassen sich allerdings Unterschiede zum klassischen Journalismus erkennen: Online-Journalisten recherchieren weniger und schreiben seltener eigene Texte, dafür überarbeiten und ändern sie häufiger Fremdtexte.

Online-Journalisten haben dazu Aufgaben, die im klassischen Journalismus eher selten sind. Dazu gehören technische Tätigkeiten, wie etwa das Einpflegen von Artikeln in das Content-Management-System, das oft über eine Stunde pro Tag in Anspruch nimmt. Es zeichnet sich auch ab, dass der Umgang mit Bildern oder Videos für Online-Journalisten selbstverständlicher ist als für deren Printkollegen. Die Interaktivität hingegen, sehr oft als *das* Charakteristikum des WWW herausgestellt, wirkt sich bisher noch nicht sehr stark auf die Tätigkeiten der Redakteure aus.

---

[39] Quandt, Journalisten im Netz.

An die Ausgangsfrage schließt sich unmittelbar eine zweite Überlegung an: Auf welche Weise führen Online-Redakteure ihre Arbeitsroutinen durch? Die Frage stellt sich zumindest sofort, wenn Qualität produziert werden soll. Die Steuerung der zentralen Arbeitsabläufe in der Redaktion ist – wie bereits angeklungen – eine der wichtigsten Herausforderungen bei der Qualitätssicherung.

Hier schließen wir uns dem Sprachwissenschaftler Daniel Perrin an, der für einen Vortrag zum Thema „Drehscheibe Qualität – die besten Modelle der Zeitungsmacher" 2004 aus seiner Erfahrung als Textchef folgende Thesen formuliert:

a) Der Gestaltungsprozess prägt den fertigen Beitrag wesentlich.

b) Wer bessere Beiträge mit weniger Aufwand will, muss bei den Produktionsprozessen anfangen.

c) Produktionsprozesse optimieren heißt: Die Repertoires an Strategien der Medienschaffenden erkennen, aufbrechen, erweitern, flexibilisieren.

Der „Gestaltungsprozess" umfasst dabei nicht nur das Schreiben des Artikels, sonder beginnt bereits bei der Ideensuche und endet erst mit dem Drücken der Freigabetaste. Die Gedanken von Daniel Perrin stehen als Leitthemen über dem folgenden Kapitel, in dem die Kernprozesse Recherchieren, Schreiben und Redigieren auf dem Prüfstand stehen. Dazu werfen wir einen Blick darauf, wie und ob das interaktive Medium Internet Auswirkungen auf die Tätigkeiten des Online-Redakteurs hat.

5.2 Gute Recherche – guter Start

5.2.1 Recherche – täglich Brot

Recherche gilt als die journalistische Tätigkeit schlechthin. Sie ist nicht selten von einer Aura des Geheimnisvollen umgeben: Wichtige Kontakte, geheime Informanten, Aufdecken von Skandalen – das charakterisiert für viele das Thema. Da gibt es sicher viele spannende Geschichten. Die Realität lebt aber mehr von der Routine: Recherche ist Alltagsgeschäft für einen Journalisten – oder sollte es zumindest sein, denn viele Stimmen beklagen, dass der Stellenwert der eigenen Recherche sinkt. Viele sehen gerade im Online-Journalismus die Gefahr, dass ungeprüftes Übernehmen von Texten zu Qualitätseinbußen führt – es macht das Schlagwort vom *copy & paste*-Journalismus die Runde.

Studien scheinen zu bestätigen, dass die Recherche für Online-Journalisten an Bedeutung verliert. „Allerdings gilt es in diesem Zusammenhang zu betonen, dass die für Recherchen aufgewandte Zeit verhältnismäßig niedrig ist: (…) Selbst wenn man die Dauer von Online- und Offlinerecherchen (…) addiert, (…) liegt der zeitliche Aufwand für Recherche mit 125 Minuten deutlich unter dem, was als Durchschnitt für alle Journalisten ermittelt wurde, nämlich 140 Minuten." Das ist das Fazit der Studie „Onlinejournalisten in Deutschland"[40] zum Thema Recherche aus dem Jahr 2003. Stimmt diese Aussage? Nein, denn hier werden Zahlen verglichen, die nicht verglichen werden dürfen. Die Zahl 140 Minuten wurde aus einer Studie von Siegfried Weischenberg übernommen, die er 1993 durchgeführt hat. In einer ähnlichen Fragestellung kommt Siegfried Weischenberg im Jahr 2005 auf das Ergebnis, dass Journalisten aller Medien auf nicht einmal 2 Stunden Recherchierzeit kommen.[41] Zwischen 1993 und 2005 verringert sich also die Zeit für Recherche – für alle Journalisten, da können die 125 Minuten der Online-Journalisten völlig im Schnitt liegen und dürfen nicht als Abweichung von der Norm eingeschätzt werden. Ein Trend, das das Team rund um Klaus-Dieter Altmeppen nicht vorhersagen konnte.

Die Zahlenakrobatik soll zeigen, dass die Tendenz besteht, dem Online-Journalismus zuzuschreiben, dort würde weniger Wert auf die Recherche gelegt werden. Hier muss differenziert werden: Tatsächlich haben bisher viele Redakteure der Online-Ausgaben von Zeitungen oder Zeitschriften weniger recherchiert, weil ein Teil ihrer Arbeit darin bestand, die Texte aus den Muttermedien für das Netz aufzuarbeiten. Viel recherchiert wird da sicher nicht mehr. Ob sich der Anteil der Recherche bei Online-Redakteuren mit dem Slogan „online first" und der Einrichtung von Newsrooms ändert, wird sich zeigen.

---

[40] Altmeppen, Klaus-Dieter, Hanitzsch, Thomas Löffelholz, Martin, Quandt. Thorsten, Onlinejournalisten in Deutschland.

[41] Malik, Maja, Scholl, Armin, Weischenberg, Siegfried, Journalismus in Deutschland 2005. Zentrale Befunde der aktuellen Repräsentativbefragung deutscher Journalisten.

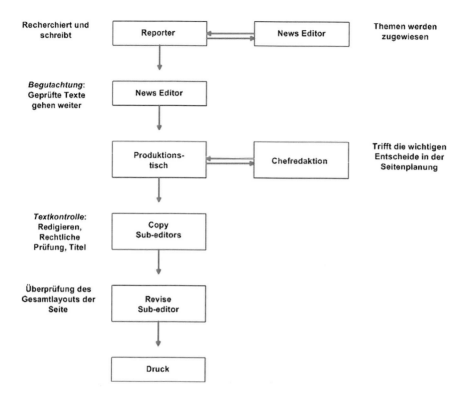

In den USA wird die redaktionelle Arbeit anders aufgeteilt als in Europa (Quelle: Vinzenz Wyss, redaktionelles Qualitätsmanagement, 199.)

Vielleicht wird hier auch verstärkt das amerikanische Modell übernommen: In den USA wird die redaktionelle Arbeit anders aufgeteilt als in Europa, wo ein Autor von der Themensuche bis zum Endprodukt für einen Artikel zuständig ist. In den USA ist der Redakteur (*editor*) für die Planung der Artikel zuständig, gibt dann den Stab weiter an den *reporter,* einen Recherchespezialisten, der seinem *editor* das Material liefert und die Artikel schreibt. Der Artikel landet dann wieder auf dem Schreibtisch des *editors,* der ihn redigiert und zur Veröffentlichung freigibt. Da sich diese Zweiteilung in Deutschland bis heute – zumindest im Printbereich – nicht durchgesetzt hat und die Redakteure hier auch redigieren und überarbeiten, ist der Anteil an der Recherche an der Gesamtzeit hier natürlich geringer als in den USA.

5.2.2 Der Rechercheprozess

Unbestritten ist eine gründliche Recherche eines der wichtigsten Kriterien für die Qualität eines Artikels. Und sie ist, wie Vinzenz Wyss in seiner Studie „Redaktionelles Qualitätsmanagement" unterstreicht, ein Prozess, der geplant, gesteuert und kontrolliert werden kann. Übereinstimmend ist in der journalistischen Praxis – wie etwa Michael Haller in seinem Standardwerk „Recherchieren" – bei der Beschreibung der wichtigsten Ablaufschritte einer Recherche...

Der erste Schritt: Einschätzen der Relevanz

Hier ist die Eingangstür zur Recherche: Wie wichtig und interessant ist das Thema? Auch an dieser Stelle sollte die Zielgruppenorientierung ein ausschlaggebendes Kriterium sein. Natürlich lautet die Frage: Wie wichtig oder interessant ist das Thema für den Leser? Aus der Antwort auf diese Frage wird sich das weitere Vorgehen ergeben, vor allem in Hinblick auf die wichtige Ressource Zeit.

Für die Beantwortung der Relevanzfrage haben sich in Nachrichtenredaktionen Routinen mit handwerklich-professionellen Auswahlregeln entwickelt – wie die Studie „Qualitätsmanagement in Nachrichtenredaktionen" von Sandra Hermes zeigt. Die befragten Journalisten gaben die Reihenfolge der Kriterien an, nach denen sie ihre Themen auswählen:

1. Nachrichtenwert
2. (Vermutetes) Interesse des Publikums
3. Selbstverständnis der Redaktion
4. Erwarteter quantitativer Erfolg
5. Angebot der Konkurrenz

Interessant ist dabei, dass bezüglich der ersten beiden Ränge keine Unterschiede zwischen den Medien auftreten. Der erwartete quantitative Erfolg hingegen hat dagegen bei den untersuchten Online-Redaktionen einen viel stärkeren Einfluss

– hier zeigt sich, dass der Einfluss der Klickraten auf die Redaktionsarbeit enorm ist. Wenn man auf vielen Web-Sites ganz einfach und zu jedem Zeitpunkt sehen kann, wie häufig einzelne Artikel angeklickt werden, dann wirkt sich das auch auf die Auswahl der zukünftigen Themen aus.

Die Auswahl der Themen und die Einschätzung der Relevanz ist ein traditionell wichtiger Bestandteil der Redaktionskonferenzen und wird meist in Teamarbeit durchgeführt.

Der zweite Schritt: Überprüfen der Fakten

Wenn sich herausgestellt hat, dass das Thema für Sie interessant ist, sollten Sie als nächstes prüfen, ob die Ausgangsinformationen überhaupt stimmen. Das sollte die Grenzkontrolle sein, die Falschmeldungen und Fehlinformationen verhindert. Falschmeldungen kommen häufiger vor als Sie denken, die Öffentlichkeit erfährt nur von den erfolgreichen Versuchen. Wie etwa im Fall der Schauspielerin Birgit Schade. Die Nachrichtenagentur AFP verbreitete im November 2006 unter Berufung auf den Berliner Tagesspiegel, die Schauspielerin hätte Selbstmord begangen. Unbekannte hatten eine fingierte Pressemitteilung mit dem Briefkopf der Agentur an mehrere Tageszeitungen verschickt. Lutz Schmökel von Schades Agentur „Above the line" findet das unglaublich. Denn: "Erstens lebt Frau Schade und zweitens hätte ein Anruf genügt, und wir hätte das aufklären können". Nicht nur absichtliche Falschmeldungen sollten jetzt aussortiert werden, auch für versteckte Werbung oder für von PR-Abteilungen lancierte Themen sollte hier erst einmal kein Durchkommen sein. Leitmotive an dieser Stelle sollen Zweifel und Skepsis sein.

Wahrscheinlich wird der erste Blick auf die Quelle fallen: Woher stammen die Ausgangsinformationen? Wenn Sie den Absender nicht kennen, sollten Sie versuchen, mehr über ihn zu erfahren. Lassen Sie dabei die journalistische Handwerksregel nicht aus den Augen: Erst wenn eine zweite – von der ersten unabhängigen Quelle – Ihre Informationen bestätigt, können Sie weitermachen. Natürlich gibt es dazu Ausnahmen: Was etwa dpa oder Reuters melden, gilt aufgrund ihrer jahrzehntelangen guten Reputation als journalistisch unbedenklich und darf ohne Gegencheck veröffentlicht werden. Diese Ausnahmeregel scheint allerdings immer mehr ausgeweitet zu werden. In der Befragung von Vinzenz

Wyss antworteten nur 26% der Schweizer Journalisten, dass sie im Sinne des Zwei-Quellen-Prinzips z.B. Medienmitteilungen vor der Veröffentlichung **immer** gegenrecherchieren. 48% der Journalisten wählten hier die Kategorie „häufig". Damit werden in fast einem Viertel der Redaktionen eingehende Pressemitteilungen nie oder nur selten überprüft. Die Ausdehnung der Überprüfung – einige Journalisten geben sich nicht mit zwei Quellen zufrieden, sondern suchen noch weiter – hängt natürlich vom Sachverhalt, der Plausibilität und der Brisanz ab. Wenn eine Agentur meldet, dass sich Victoria Beckham in den USA nach einer Schule für ihre Kinder umschaut, brauchen nicht so viele Gegenchecks durchgeführt zu werden. Einer Meldung über den Rücktritt der Bundeskanzlerin werden Sie natürlich misstrauischer begegnen und gründlicher nachfragen.

Wenn Sie wissen, dass die Meldung stimmt, sollten Sie sich auf die überprüfbaren objektiven Sachverhalte konzentrieren. Stimmen die Namen, die Zahlen, die Fakten? Hier können Sie auf Archive, Bibliotheken, das Telefon – und auch auf das Internet zurückgreifen. Die Basisrecherche haben Sie dann abgeschlossen, wenn Sie die ersten vier journalistischen Grundfragen (Wer? Was? Wann? Wo?) beantworten können.

Der dritte Schritt: Erweitern der Fragekreise

Jetzt können Sie sich den beiden nächsten Fragen zuwenden: Wie ist etwas geschehen? Kontrollieren Sie Ihre Basisinformationen. Was hat sich aus der Überprüfung der Fakten ergeben? Wie lautet der Wissensstand über das Thema, die Sachverhalte und die beteiligten Personen? Ihre Recherche wird nun dichter: Sie brauchen mehr Details, damit Sie das Geschehen oder den Sachverhalt genauer beschreiben können. Sie können die Abläufe nachvollziehen? Sie kennen die Handlungen und die Motive der Akteure? Gelingt es Ihnen bereits die Auswirkung des Geschehens oder des Themas auf Ihre Zielgruppe formulieren? An dieser Stelle können Sie sich auch um Informationen bemühen, die auch das Umfeld des Themas beleuchten: In welchem größeren Zusammenhang ist es zu sehen?

Der vierte Schritt: Hypothesen bilden

Viele Recherchen sind an dieser Stelle beendet, was für sachliche kurze Nachrichten völlig ausreichend ist. Sie können aber jetzt auch mit eigenen Spekulationen beginnen: Was können die Ursachen sein? Welche Folgen kann das Geschehen haben? Wer ist denn wirklich dafür verantwortlich? Hier sollten Sie Polaritäten aufzeigen und versuchen die jeweilige Kontroverse zu formulieren. Ein oder zwei Sätze reichen da völlig aus.

Der fünfte Schritt: Hypothesen überprüfen

Jetzt ist es an der Zeit ihre Gedankenarbeit an der Realität zu messen. Zunächst werden dazu die Materialien noch einmal ausgewertet und geprüft, ob sie Ihre Hypothesen stützen können. Beim zweiten Durchgang sind die Personen dran, alle Beteiligten sollten (noch einmal) Auskunft geben. Dabei lautet die Grundregel „von innen nach außen", das heißt befragen Sie zuerst Personen, die nicht oder wenig selbst involviert und daher wahrscheinlich neutraler sind. Ganz zum Schluss sind die Hauptpersonen dran.

5.2.3 Recherche als Routine

Dieses systematische Vorgehen ist ein Ideal, dem in der Praxis nicht immer nachgekommen werden kann. Für einige Themen und Fragestellungen sind andere Vorgehensweisen besser geeignet. Trotzdem handelt es sich um ein Verfahren, das erprobt ist und qualitativ gute Ergebnisse bringt. Deswegen sollte es den Redakteuren bekannt sein und zur Orientierung dienen, so dass sie sich daraus einen individuellen Ablaufplan erstellen können. Auch sollte der Prozess schriftlich in einem Protokoll festgehalten werden. So lässt sich das Vorgehen leichter ordnen, die Arbeit gewinnt an Struktur und kann effektiver werden, weil doppelte Arbeitsschritte vermieden werden können.

Recherchepläne und -protokolle können auch Basis für die Kontrolle einer Recherche sein. Allerdings erscheint eine umfassende Kontrolle weniger sinnvoll als eine recherchefreundliche Arbeitsatmosphäre. Sie wird dadurch geschaffen, dass die Redaktionsleitung selbst die Arbeit des Recherchierens wertschätzt und hierfür auch die notwendigen Zeit- und Personalressourcen zur Verfügung stellt. Zwar kann auch eine schlechte Recherche langwierig sein. Jedoch gut informiert zu sein, das kostet Zeit, die sich nicht immer sofort – z.B. in der Artikelzahl – niederschlägt. Die Zwei-Quellen-Regel bildet grundsätzlich den Standard der Recherche, über Ausnahmen sollte ein gemeinschaftlicher Konsens bestehen, der immer wieder überprüft werden muss.

> **Ziele einer Recherche – nach Michael Haller:**
> - Die Sachverhalte präzise und detailliert darstellen
> - Das Geschehen zutreffend rekonstruieren
> - Die beteiligten Personen mit Titel, Funktionen und Zuständigkeiten benennen
> - Ursachen und Folgen skizzieren
> - Die Bedeutung des Geschehens aufzeigen
>
> (Quelle: Haller, Michael: Recherchieren. Ein Handbuch für Journalisten)

5.2.4 Infoquellen der Online-Redaktion

Die Content Studie 2006/2 zeigt, dass die wichtigsten Informationsquellen für die Online-Redaktion im Unternehmen angesiedelt sind. In erster Linie sind das die Mitarbeiter aus den anderen Fachbereichen. Das wurde bereits bei der Frage nach der Organisation der Redaktionen deutlich. Vor allem als Experten und Autoren liefern sie der Redaktion Infos. An zweiter Stelle rangiert die Redaktion selbst – wir werten das als Anteil der redaktionellen Eigenrecherche. Die Redakteure greifen auf eigenes vorhandenes Wissen zurück oder ziehen andere Quellen zu Rate. Leider zeigt die Fragenarchitektur nicht, auf welche Weise externe Redaktionsbüros und Agenturen in die Informationsbeschaffung eingebunden sind, deren Anteil bei ca. 20% liegt. Lässt man sich von Agenturen über bestimmte Themenbereiche automatisch auf dem Laufenden halten? Ist es eine Einbindung eines Newstickers auf der Web-Site? Oder werden ganze Artikel – von der Recherche bis zum Text – in Auftrag gegeben? Wirklich überraschend war der mit jeweils ungefähr 20% hohe Anteil der Nennung von Kunden oder Lieferanten. Zu diesen Anspruchsgruppen des Unternehmens haben die Online-Redaktionen anscheinend einen guten Draht und nutzen ihn auch. Kann man hier vielleicht den Einfluss des interaktiven Mediums und der neuesten Entwicklungen in Richtung *social web* und Web 2.0 ablesen?

	Online-Angebote	Nachrichten-redaktionen gesamt
Internet	94,7	97,3
Telefon	86,8	96,9
E-Mail	84,2	92,7
Nachrichtenagenturen	100	91,1
Printmedien	86,8	88,4
Persönliche Recherche vor Ort	57,9	85,7
TV	81,6	83,4
Interne Archive	71,1	65,6
Externe Datenbanken	47,5	47,5
sonstiges	13,2	9,3

Welche Recherchequellen/-mittel stehen Ihrer Redaktion zur Verfügung und werden regelmäßig genutzt? (Quelle: Sandra Hermes, Qualitätsmanagement)

5.2.5 Die Online-Redaktion als Lokalredaktion

Stellen Sie sich vor, Ihr Unternehmen sei Ihr journalistisches Revier und Ihre Online-Redaktion die Lokalredaktion. Sie berichten über die wichtigsten Ereignisse, suchen nach interessanten oder vergessenen Geschichten, begleiten länger andauernde Änderungsprozesse und stellen Menschen vor. Könnte dieses Bild Einfluss auf die Arbeit der Online-Redaktion haben? Zumindest für das Intranet liegt dieser Vergleich nahe: In vielen Bereichen hat es dieselbe Funktion für ein Unternehmen, wie die lokale Zeitung für eine Stadt oder eine Region. Wenn Sie einen Blick in den Lokalteil Ihrer Zeitung werfen, können Sie zu Ideen für Themen für das Intranet angeregt werden. Aber auch für die Recherche im redaktionellen Intra- oder Internetbereich kann die Arbeitsweise von Lokalredaktionen inspirierend sein.

Ein Lokalredakteur kennt sein Revier wie seine Westentasche. Wissen Sie ebenso gut Bescheid über die Organisation und die Struktur Ihres Unternehmens? Sie kennen alle relevanten Produkte? Ist das Firmenarchiv für Sie ein Buch mit sieben Siegeln? Kennen Sie alle Suchfunktionen innerhalb der Unternehmensdokumentation?

Ein Lokalredakteur nimmt Teil an den relevanten Vorgängen in seinem Bezirk – dazu gehören Konzerte, Diskussionen, Gemeinderatssitzungen, Vereine. Gibt es Arbeitsgruppen in Ihrem Unternehmen? Wenn ja, zu welchen Themen? Welche Veranstaltungen finden statt? Waren Sie auf der letzten Messe dabei? Informieren Sie sich regelmäßig über die Ergebnisse der wichtigsten Meetings und Sitzungen?

Ein Lokalredakteur kennt die wichtigen Köpfe und hält mit ihnen Kontakt. Sie wissen, wer welche Abteilung leitet? Welcher Mitarbeiter sich auf bestimmte Themen spezialisiert hat? Sie sind in Kontakt mit den Abteilungen, die Ihnen wichtige Informationen liefern können?

Ein Lokalredakteur weiß, was auf den Straßen los ist. Wenn Sie von Ihrer Kommunikationsabteilung eine Nachricht über ein neues Produkt bekommen, fragen Sie bei der Entwicklungsabteilung nach? Haben Sie schon mal ein Interview mit einem Mitarbeiter gemacht?

Online-Redaktionen sind oft stark nach außen orientiert und sind über die Trends im Netz oder „auf dem Markt" auf dem Laufenden, das ist für ihre Arbeit auch sehr wichtig. Die Erfahrung zeigt, dass innerhalb des Unternehmens sehr viele Themen, Informationen und Anregungen zu finden sind, die leider oft übersehen werden.

5.2.6 Recherche im Netz – ein Heimspiel für Online-Redakteure

Das Internet ist nicht nur das zentrale Recherchemittel. Die Online-Recherche nimmt auch von allen Tätigkeiten, die Online-Journalisten der Medienbranche verrichten, zeitlich den größten Raum ein – das hat die Studie „Onlinejournalisten in Deutschland"[42] aus dem Jahr 2003 ergeben. Kein Wunder, dass sich Journalisten gerne im Netz aufhalten, denn die unzähligen Funktionen und der fast

---

[42] Altmeppen, Klaus-Dieter, Hanitzsch, Thomas Löffelholz, Martin, Quandt. Thorsten, Onlinejournalisten in Deutschland.

unerschöpfliche Fundus an Informationen, Bildern, Nachrichten, Berichten, Erzählungen und anderer vorstellbarer und unvorstellbarer Inhalte ist für viele Journalisten die Erfüllung eines Traumes. So schnell und unmittelbar an Informationen zu kommen, war vor Anbruch des Internet-Zeitalters nicht möglich. Und das Tag und Nacht – nicht eingeschränkt durch Öffnungszeiten von Bibliotheken. Dazu gelingt es, sich sehr schnell und einfach über einen Sachverhalt zu informieren – ein paar Suchwörter bei Google, ein paar einschlägige Web-Sites und schon kann man sich ein Bild von einem Sachverhalt machen. Gut geeignet ist das Netz zudem, wenn man schnell mal schauen möchte, was die Kollegen machen.

Das wirkt sich auch auf die Arbeitsroutine aus, wie Kirsten Sommer in ihrer Magisterarbeit „Schöne neue Welt der Recherche" festgestellt hat, in der sie IT- und Wirtschaftsjournalisten nach ihrem Rechercheverhalten befragt hat. Ihr Fazit: Das Internet hat einen sehr großen Einfluss auf die Recherche. Weniger auf die Arbeitsweise – wie sie oben beschrieben wurde – und auf das methodische Vorgehen. Gerade Internetquellen werden relativ gründlich verifiziert: 80% der Journalisten gaben an, mindestens zwei voneinander unabhängige Quellen im Internet zu vergleichen. Sie sind sich ihrer Sorgfaltspflicht bewusst, gerade weil sie Informationen aus dem Internet als kritischer einstufen als aus klassischen Quellen. Aber dennoch haben die elektronischen Recherchequellen in der Zwischenzeit die Informationen auf Papier verdrängt. Um an Basisinformationen zu kommen, nutzen die Journalisten das Internet und räumen den Suchmaschinen den größten Stellenwert ein.

Checkliste: Qualität von Web-Sites
- **Authentizität/Autorität**: Werden Namen, Adressen oder Institutionen genannt? Ist er/sie ein Experte? Wie transparent sind Autorenschaft, Motivation und institutionelle Verankerung der Site?
- **Interesse:** Welches Interesse hat der Autor, seine Informationen weiterzugeben? Mit welcher Absicht ist der Text geschrieben?
- **Objektivität**: Klingen die Aussagen reißerisch oder einseitig? Sind sie emotional gefärbt? Werden auch andere Meinungen mit einbezogen?

- **Glaubwürdigkeit**: Wird klar, ob die Aussage eine Einzelmeinung ist? Worauf basiert sie? Auf Studien, Experten etc.? Werden die Quellen genannt? Gibt es eine kommentierte Linkliste?
- **Zielgruppe**: Für welche Zielgruppe ist die Web-Site konzipiert?
- **Aktualität**: Wann wurde die Site zuletzt aktualisiert? Haben die einzelnen Artikel Datumsangaben?
- **Trennung Werbung**/redaktioneller **Inhalt**: Ist die Grenze zwischen dem Verkauf von Produkten und dem inhaltlichen Bereich deutlich?
- **Vernetzung**: Werden Aussagen über Finanzierung oder Sponsoring gemacht? Welche Angaben zur Vernetzung mit anderen Firmen oder Institutionen finden Sie?
- **Andere Quellen**: Prüfen Sie, ob Sie noch zusätzliche externe Informationen zu der Site bekommen.

(Quelle: Alkan, Saim Rolf, Handbuch Online-Redaktion)

Nicht ohne mein Google: Suchmaschinen, die Allesfinder

Der Weg zur Information beginnt heute bei Journalisten in den meisten Fällen auf der Google-Homepage. Die media studie 2002[43] konstatiert Folgendes: Für 92% der Journalisten sind Suchmaschinen die wichtigsten Web-Sites überhaupt und als Einstiegspunkte für die Recherche sehr beliebt. Dass Tausende von Treffern die Suche erst einmal erschweren, haben die meisten als Nachteil der Suchmaschinen erkannt. Doch es gibt noch andere Untiefen beim Umgang mit Suchmaschinen, die man aber elegant umschiffen kann, wenn man sich einige grundlegende Fakten vor Augen führt:

1. Suchmaschinen finden nicht alles
2. Suchmaschine ist nicht gleich Suchmaschine
3. Suchmaschinen haben kein Verständnis
4. Suchmaschinen haben ein Geheimnis

---

[43] Media studie 2002. Journalisten online.

Zu Punkt 1: Wenn Sie Ihr Suchwort in die Maske eingeben, dann wird nicht das gesamte WWW nach ihrem Wort durchkämmt. Das würde ewig dauern, denn das Netz ist zu einem (fast) unendlichen Universum angewachsen, dessen Größe niemand kennt. Schätzungen von heute sind morgen schon veraltet, trotzdem eine Zahl: Es gibt nach konservativen Angaben rund 15 Milliarden frei zugänglicher Seiten. Die Suchmaschinen selbst durchsuchen nie den ganzen WWW-Space, sondern immer nur einen Teil davon, den sie in ihre Datenbank aufgenommen, das heißt indexiert haben. Bei Google liegt die aktuelle Zahl bei ungefähr 10 Milliarden. Hierzu gibt es aber viele Spekulationen.

Ein nicht unwichtiger Teil des WWW bleibt den Suchmaschinen verschlossen und kann nicht in die Indizes aufgenommen werden:

- Seiten, auf die kein Link führt. Aus technischen Gründen kann eine Suchmaschine den Weg auf solche Seiten nicht finden.
- Passwortgeschützte Seiten
- Bestimmte Formate: meist beschränken sich die Suchmaschinen auf HTML- und PDF-Dokumente. Nur wenige von ihnen indizieren Powerpoint oder Word-Dokumente. Viele andere Dateiformate können Suchmaschinen gar nicht erfassen.
- Seiten, die hauptsächlich aus Bildern, Videos und Musik bestehen. Zwar können diese theoretisch indiziert werden, aber wenn Text fehlt, können sie nicht thematisch zugeordnet werden.

Es gibt folglich einen großen Bereich, der der Suchmaschinen-Software verborgen bleibt: Als „unsichtbares Web" (*invisible web*, *deep web*) bezeichnet man Angebote im WorldWideWeb, die bei Google und anderen Suchmaschinen nicht zu finden sind. Das liegt an deren technischer Struktur – Suchmaschinen können bestenfalls die Startseiten dieser Angebote erfassen, nicht aber deren Inhalte.

Dazu gehören etwa hochwertige Informationen, die in Datenbanken vorliegen. Geben Sie etwa in Google einen Namen ein, wird in der Trefferliste die Telefonnummer des Gesuchten nicht erscheinen, obwohl sie im WWW vorhanden ist – in der Datenbank des Telefonbuches. Sie müssen demzufolge die einzelnen Datenbanken, in denen Sie Ihre Informationen vermuten, selbst kennen und direkt anfragen.

Zu Punkt 2: Obwohl es manchmal den Anschein hat: Es gibt nicht nur „die eine" Suchmaschine. Eine große Zahl von Anbietern mit unterschiedlichen Web-Sites konkurriert um den Informationssucher im WWW. Unter dem Begriff „Suchmaschine" sind Dienste zusammengefasst, die in ihrer Konzeption und Funktion sehr weit auseinander liegen können. Je nach Arbeitsweise kann man zwischen manuell erstellten Katalogen – auch Verzeichnisse genannt –, softwaregenerierten Indizes – den eigentlichen Suchmaschinen – und Meta-Suchmaschinen unterscheiden. Die wesentlichen Unterschiede können Sie in der Tabelle „Unterschiede Kataloge – Suchmaschinen" finden. Meta-Suchmaschinen sparen sich das eigenständige Surfen im WWW und das Anlegen eines eigenen Datenbestandes. Sie beschränken sich darauf, Suchmaschinen zu durchsuchen.

Frage	Suchmaschinen	Katalog
Wie werden Dokumente ausgesucht?	Programme suchen Tag und Nacht nach neuen oder veränderten Seiten	Redakteure wählen aus, prüfen, legen Stichwortlisten an und kategorisieren die Seiten
Wie ist der Suchdienst gegliedert?	Keine Gliederung. Alle Dokumente sind in einer Datenbank gespeichert	Einteilung in Kategorien, Unterkategorien und Themengebiete
Wie viele Seiten sind gespeichert?	Einige Milliarden	Max. einige Millionen Seiten
Was ist gespeichert?	Alle Seiten Alle Wörter	Startseite Meist der Titel mit einer kurzen Beschreibung, die wichtigsten Stichwörter
Wie häufig werden die Suchdienste aktualisiert?	Aktualisierung erfolgt automatisch, daher schwer einzuschätzen, wahrscheinlich häufiger als bei Katalogen	Redakteure überprüfen die Seiten in eher größeren Abständen

Überblick „Unterschied Kataloge – Suchmaschinen" (Quelle: http://www.ub.uni-bielefeld.de/biblio/search/help/nutzen.htm#unterschiede)

Zu Punkt 3: Suchmaschinen verstehen Menschen nicht. Zumindest können Sie keine Zusammenhänge erkennen, die für Menschen offensichtlich sind. Deswegen sollten Sie bei der Auswahl der Suchworte sorgfältig und geplant vorgehen. Manchmal wird die Suche einfacher mit dem Einsatz von Kombinationen oder Ausschluss von Wörtern. Das können Sie über die Funktion der „erweiterten Suche" oder „Suchoptionen" einstellen oder indem Sie die Bool'schen Operatoren wie etwa AND und OR verwenden. Auf jeden Fall sollten Sie sich zuerst über die Suchfunktionen der Suchmaschine informieren, sonst können Sie das Suchergebnis nicht einschätzen. Werden etwa zwei eingegebene Wörter als mit UND verbunden gewertet oder wird nur nach dem ersten Wort gesucht? Werden Wortstämme gesucht oder müssen Sie den Plural mit eingeben?

Zu Punkt 4: Das Geheimnis der Suchmaschinen werden Sie nicht lüften, aber ein wenig Einblick, wie die Sortierung der Trefferliste zustande kommt, sollten Sie schon haben. Eigentlich wäre es für eine sinnvolle Einschätzung der Treffer das Beste, genau zu wissen, was die Kriterien für die Listung sind. Leider müssen die Algorithmen nach denen etwa Google die Treffer auflistet deswegen so unter Verschluss gehalten werden, weil sie Manipulationsversuchen ausgesetzt sind. Klar, jeder Web-Site-Betreiber will hier ganz nach oben und manchen ist dafür jedes Mittel recht. Sicher ist: Je häufiger das Suchwort in einem Text vorkommt, desto höher ist der Rang. Mit der Einschränkung, dass das Verhältnis zwischen dem Schlüsselwort und der Gesamtwortzahl in vernünftigen Relationen bleibt – sonst wird Spam vermutet. Ausschlaggebend war auch der Grad der Verlinkung: Je häufiger auf eine Web-Site verlinkt wurde, desto weiter rückt sie nach oben.

Das Netz bietet mehr als Suchmaschinen

Neben den allgemeinen Suchmaschinen, die nur die Oberfläche des Netzes absuchen, können Sie an anderen Stellen leichter in die Tiefe kommen. Denn: Das Internet birgt noch zahlreiche weitere Einstiegspunkte und Informationsquellen. Gerade für Journalisten gibt es zahlreiche spezialisierte Verzeichnisse, die als thematisch geordnete Linksammlung einen leichten Zugriff auf Datenbanken, andere Medien, Archive oder andere Themenportale bieten. Auf www.journalistenlinks.de etwa sind zur Zeit nach eigenen Angaben „4928 mal 23 externe Links" in den unterschiedlichen Kategorien verfügbar. Wenn Sie z.B.

die Hauptkategorie „Suchen & Recherchieren" anklicken, können Sie über die Kategorie „Recherchehilfe – Wie suche ich richtig" zu einigen interessanten Web-Sites mit Tipps und Informationen zum Thema „Recherche" kommen. Klicken Sie z.B. Archive & Datenbanken an, gelangen Sie über den Unterpunkt „Expertensuche" zu Datenbanken und Informationsportalen.

- **Einstiegspunkte für die Online-Recherche:**
- **www.recherchetipps.de**: Hier geht's direkt zu den Fakten: Sie finden eine sehr gut kommentierte Linkliste zu allen Themen rund um die Online-Recherche.
- **www.journalistenlinks.de**: Ein Webkatalog für „Medienmacher". Hier finden Sie über 3500 Links in 365 Kategorien rund um den Journalismus. Die besten Tipps bieten die Empfehlungen der Redaktion!
- **www.presse-online.com**: Nennt sich selbst „Weborganizer" und „Recherchepool" und ist ebenfalls eine kommentierte Linkliste auch zu anderen Journalismusportalen.
- **www.schramka.de**: Private Homepage von dem Stellvertretenden Leiter der Hamburger Journalistenschule/Henri-Nannen-Schule, Berndt Schramka, mit über tausend Rechercheliinks für Journalisten.
- **www.jourweb.de** bietet einen übersichtlichen Schnellzugang zu allen wichtigen Recherchequellen im Netz. Zu aktuellen Themen werden die wichtigsten Sites zusammengestellt.

Quelle: Alkan, Saim Rolf, 1x1 für Online-Redakteure und Online-Texte

Wertvolle Informationen finden sich natürlich in den Archiven von Zeitungen, Zeitschriften und Online-Magazinen. Nicht immer sind sie – wie etwa bei der Netzzeitung – kostenfrei, aber ein Zugang kann sich in vielen Fällen lohnen. Wenn nur Kleinigkeiten unklar sind, dann gibt's im Netz auch schnell Hilfe: Nachschlagewerke, z.B. Wikipedia oder wissen.de oder Wörterbücher in allen Sprachen.

Neben diesen eher auf punktuelles Zugreifen ausgerichteten Suchstrategien, besteht die Möglichkeit, das Internet auch dazu nutzen über längere Zeit zu bestimmten Themen auf dem Laufenden zu bleiben. Sie können jeden Tag einen

Ausflug ins Netz machen und Ihre favorisierten Web-Sites besuchen, um sich über Neuigkeiten zu informieren. Wenn Sie dafür nicht ganz so viel Zeit investieren wollen, können Sie z.B. RSS-Feeds abonnieren, die Ihnen die neuesten Schlagzeilen zukommen lassen. Wenn Sie es lieber kompakter oder ausführlicher mögen, bieten sich Newsletter an. Auch Google bietet einen Service zur Langzeit-Recherche an: Sie geben bei Google-Alert einen Suchbegriff ein und werden dann per E-Mail informiert, wenn es zu Ihrem Suchwort etwas Neues gibt.

Ganz nah am Thema bleiben Sie auch, wenn Sie regelmäßig Weblogs lesen, weil hier viele Fäden zusammenlaufen und kaum etwas unkommentiert bleibt. Gerade die ganze Breite der Communities – wie sie im Kapitel „Webspezifische Kommunikationsformen und Web 2.0" vorgestellt werden – birgt Informationsmaterial, das weder in Suchmaschinen noch in Datenbanken zu finden ist. Hier dominieren weniger die Fakten als die Einschätzungen, aber gerade das sind oft Informationen, die sonst nur schwer zu bekommen sind. Wenn Sie Fragen zu einem bestimmten Thema in einem Diskussionsforum posten, werden Sie schnell Antworten bekommen. Sicher können Sie nicht immer einschätzen, ob ein Experte oder ein Laie hinter den Antworten steckt. Aber bei den Foren ist es die große Zahl von Menschen, die das Korrektiv bildet.

Google und die Folgen

Suchmaschinen als Recherchemittel haben sich durchgesetzt, aber gerade das macht einige Experten misstrauisch. „Die wachsende Macht von Suchmaschinen im Internet: Auswirkungen auf User, Medienpolitik und Medienbusiness"[44] war das Thema einer Konferenz, die die Friedrich-Ebert-Stiftung 2006 zusammen mit den Journalistik-Lehrstühlen der Universitäten Dortmund und Leipzig veranstaltet hat. Hier erörterte Helmut Martin-Jung, Chefredakteur von sueddeutsche.de, den Einfluss von Suchmaschinen auf die Qualität des Journalismus und kam zum Schluss: „Qualität wird wirklich bedroht, Qualitätsjournalismus ist bedroht, aber er ist nicht in Gefahr, dass er stirbt." Die größte Gefahr sei, dass man sich mit dem Zusammenkopieren vorhandener Informationen zufrieden

---

[44] http://www.lehrstuhl-journalistik2.de/lehrstuhl/forschung/projekte/suma-konferenz/

gebe und nicht weiter aktiv recherchiere. Er sieht auch die Originalität bedroht und zwar durch die Beschränkung auf mathematische Algorithmen, die sich auf die Sprache niederschlage und stilistische Mittelmäßigkeit fördere. Die Verwendung von Synonymen etwa werde behindert.

Google findet Grubenhund

Wir hoffen, dass diese Geschichte kein Grubenhund ist, denn sie ist lediglich online recherchiert! Grubenhunde stammen – wie die Zeitungsente – aus der Familie der *fakes* und Falschmeldungen. Eines solchen Tiers hat sich der Journalistik-Diplomand Andreas Stumpf bedient, um zu sehen, wie leicht Falschmeldungen ungeprüft in die Medien kommen können. Er verfasste eine Presse-Aussendung eines „Arthur Schütz Instituts", die an 1500 Redaktionen ging. Darin wurde die Entdeckung eines „Sex-Gens" beim Menschen bekannt gegeben, das die Auswahl der Sexualpartner steuere. Eine Web-Site dieses Instituts wurde eigens erstellt, um der Geschichte Glaubwürdigkeit zu verleihen. Das Ergebnis war sensationell und unerwartet. Dass die Web-Site besucht wurde war nicht die Sensation. Und nur drei Medien haben die Geschichte ungeprüft übernommen. Erstaunlich war jedoch der Grund, warum die anderen Redaktionen auf eine Veröffentlichung verzichtet haben: Das Google-Ergebnis bei der Eingabe des „Arthur-Schütz-Instituts" hat die meisten Redakteure misstrauisch gemacht. Es waren einfach zu wenige Treffer.

Jochen Wegner, Chefredakteur von FOCUS Online, hat sich mit dem Thema Google auseinandergesetzt und weist darauf hin, dass die Trefferliste von Google in vielen Fällen als Nachweis für die Relevanz eines Themas angeführt wird: „Womöglich nehmen manche Journalisten ihre Themen bereits verzerrt wahr, nur, weil Google besonders wenig dazu findet oder besonders viel. Vielleicht werden bestimmte Experten nur deswegen so oft zitiert, weil sie mit Google besonders einfach zu finden sind. Das wäre besorgniserregend, denn das Ranking der Suchmaschine ist zahlreichen Scherkräften (sic!) unterworfen."[45] Sie sind bei Ihrer Suche sicher auch auf das Phänomen Weblogs gestoßen: Es ist auffallend, wie viele Weblogs bei den Trefferlisten ganz oben stehen. Das hat

---

[45] Wenger, Jochen, Bauer Poppe und die Googleisierung.

mit den vorher angesprochenen Ranking-Algorithmen zu tun: Die starke Verlinkung wird von Google als Indiz für ihre Relevanz genommen. Die Gefahr bei Google und Konsorten liegt vor allem darin, die Mechanismen und Funktionsweisen der Suchmaschinen nicht zu kennen. Halten Sie sich deswegen an die vier Grundsätze für Suchmaschinen und bleiben Sie über Veränderungen und Trends auf jeden Fall informiert. Google wird Ihnen da sicher weiterhelfen!

5.3 Schreiben im beruflichen Kontext

Schreiben im Berufsalltag unterscheidet sich grundlegend vom privaten Schreiben. Hobby-Poeten, die sich in kreativen Stunden der Muse zum Schriftsteller berufen fühlen oder sich in ihrem Tagebuch über ihre täglichen Freuden und Ärgernisse auslassen, müssen sich nicht auseinandersetzen mit Leistungsdruck, strikter Themenvorgabe und zielorientierter Ausrichtung. Solche Texte müssen, im Gegensatz zu Schriftstücken im beruflichen Rahmen, keinem Gebrauchswert entsprechen.

Im anglophonen Sprachraum setzt sich die Wissenschaft mit dieser Tatsache auseinander. Die Forschungsrichtung „writing at work" widmet sich dem beruflichen Schreibprozess in Unternehmen oder Organisationen mit all seinen Komponenten: Ideengenerierung, Planen und Strukturieren, Formulieren und Überprüfen des Textprodukts, Endabnahme (institutionelle Freigabe). Schreiben im Arbeitsleben ist interaktives, kooperatives Schreiben. Ein Text durchläuft mehrere Stationen, bis er freigegeben wird. An dieser Interaktion sind neben dem Texter weitere Personen beteiligt wie beispielsweise der Abteilungsleiter, der Auftraggeber, der Kunde oder auch der Nutzer. Überarbeitungsprozesse bestehen nicht nur aus einer individuellen Revision, der kritischen Durchsicht durch den Autor selbst, sondern zudem aus Review-Stationen, das heißt aus institutionell veranlassten Überarbeitungsschleifen.

Aufschlussreich sind die Zusammenhänge zwischen Erfolg und Dauer des Produktionsprozesses und der Organisation des Arbeitsteams beziehungsweise des ganzen Unternehmens: Je flacher organisiert, desto konstruktiver zeigt sich die Rückmeldung der verschiedenen Durchläufe und Änderungsvorschläge betreffen die tatsächliche Problemlösungsebene. In einem stark hierarchischen Gefüge dagegen beziehen sich Kritikpunkte eher auf die bloße sprachliche Ebene. Zudem nehmen Review-Prozesse mehr Zeit in Anspruch, da die Anzahl der nötigen Feedback-Schleifen höher ist.

Auch das Arbeitsfeld des Einzelnen hängt von hierarchischen Strukturen ab. Mit ansteigendem Status sinkt der Anteil am Textproduktionsprozess zu Gunsten von Planungs- und Konzeptionsphasen und Elementen des Feedbackgebens und der Endabnahme.

Merkmale des Schreibens im Rahmen von Organisationen und Unternehmen

- Das Schreiben am Arbeitsplatz ist in ein soziales Netzwerk eingebunden
- TextverfasserInnen arbeiten in Kooperationen mit anderen
- Der Schreibprozess ist in ein übergeordnetes Projekt eingebunden
- TextverfasserInnen benutzen andere Texte als Schreibvorlage
- Schreiben wird von der Person abstrahiert, der Text spricht als institutionelles Produkt die Sprache des Betriebs

5.3.1 Der Schreibprozess

Professionelles Schreiben ist ein Prozess, der eher einer Pendelbewegung als einer linearen Entwicklung entspricht. Er setzt sich aus drei Komponenten zusammen: der Planung, der Überarbeitung und der Formulierung. Bis die Endversion steht, springt der Autor unter Umständen mehrmals zwischen den einzelnen Arbeitsstationen hin und her. Oft zeigt sich beispielsweise erst in fortgeschrittenem Stadium des Schreibprozesses, dass die Grundkonzeption noch Schwächen aufweist.

Die Komponenten des Schreibprozesses (Quelle: Content Studie 2006/1)

Schreiben ist eine ausgesprochen individuelle und kreative Tätigkeit. Jeder Autor schreibt anders! Aber trotz der Einzigartigkeit jedes Textes unterscheiden sich professionelles und amateurhaftes Schreiben deutlich, sowohl in ihrem Ergebnis als auch im Entstehungsprozess. Erfahrene Autoren legen ihren

Schreibprozess insgesamt bewusster an und achten stärker auf Sinn und Funktion des fertigen Textprodukts. Unerfahrene Schreiber fokussieren ihre Aufmerksamkeit größtenteils auf die sprachliche Ausformulierung; erfahrene dagegen können nicht nur mehr Kapazitäten für abstraktere Ebenen ihres Textes aufwenden, sondern ihnen gelingt es auch besser, konstruktive Distanz zu ihrem Manuskript zu gewinnen. Kurz, sie verfügen über ein umfangreicheres Repertoire an Schreibstrategien.

Professionalität ist jedoch nicht mit Talent zu verwechseln! Schreiben will nicht nur gekonnt, sondern vor allem gelernt sein!

Das Resümee lautet: Profis schreiben bewusster. Und wichtiger noch ist der Kehrschluss: Wer sich den Schreibprozess bewusst macht, professionalisiert sein Schreiben.

Dass hier Aufklärungsbedarf besteht, belegt eine Befragung von „professionell Schreibenden"[46], die die Zeitschrift Fachjournalismus durchgeführt hat. Die Umfrage deckt auf: Journalisten haben das Bedürfnis, ihre Schreibkompetenzen zu verbessern. Die Mehrheit von ihnen hat keine strukturierte Schreibausbildung genossen. Die Journalisten können die Stärken und Schwächen ihres jeweiligen Schreibprozesses sehr genau lokalisieren: Ihre Defizite sehen sie im Wissen um die grundlegenden Mechanismen der Textproduktion.

Gründe genug also, im Folgenden einen ausführlicheren Blick in die wissenschaftlichen Erkenntnisse zum Schreibprozess zu werfen.

Die Schreibphasen

Hayes & Flower beschreiben die einzelnen Phasen des Schreibprozesses – Planung, Formulierung und Überarbeitung – ausführlich und geben Autoren damit die Gelegenheit, sich auf der Meta-Ebene mit ihrem eigenen Schreibprozess auseinander zu setzen.

Autoren können gespannt sein: Werden sie sich mit ihren gewohnten Arbeitsschritten in den skizzierten Phasen wiederfinden? Insbesondere bei Abweichun-

---

[46] Meier, Jörg: Journalisten möchten besser schreiben können, 13.

gen könnten sie sich das Schreibprozess-Modell zunutze machen: Jedem Autor sind die kritischen Momente seines Produktionsprozesses bekannt. Eine Orientierung an den idealisierten Schreibphasen kann zu Lösungsstrategien verhelfen.

Die Planungsphase lässt sich in einzelne Stationen zerlegen. In ihrer Generierungsphase werden Informationen aus dem Langzeitgedächtnis abgerufen oder Ideen entwickelt. Erst in der anschließenden Strukturierung werden die Informationen auf Basis des Schreibauftrags systematisiert und hinsichtlich ihrer Einsetzbarkeit überprüft. Ein Schreibplan nimmt Konturen an. Die Planungsphase findet ihren Abschluss darin, dass der Verfasser sich sein Schreibziel setzt und Kriterien für die konkrete verbale Umsetzung aufstellt. Angemerkt sei: Was sich hier höchst anspruchsvoll anhört, kann in der Praxis innerhalb von Minuten ablaufen. Lassen Sie sich also von den trockenen, wissenschaftlichen Fakten keinen Schreck einjagen, sondern werten Sie sie als mögliche Hilfestellung für eigene texterische Arbeitsabläufe.

Vorschläge für Kreativitätstechniken in der Planungsphase
- Brainstorming: Ohne jegliche Selbstzensur werden alle Ideen und Aspekte zum anvisierten Thema assoziativ und ungeordnet zusammengetragen. Die so entstandene Stoffsammlung wird erst in einem nachgeschalteten Durchlauf auf ihre Brauchbarkeit hin abgeklopft und in eine Stoffgliederung überführt.
- Mindmapping: Ebenfalls eine assoziativ funktionierende Methode, die jedoch von Anfang an in grafischer Form die Beziehungen der verscheidenen Aspekte zueeindander einfängt und so Bezüge und Nähe-Distanz-Verhältnisse der Ideen berücksichtigt.
- „Antipasti-Technik"[47]: Statt einzelner Schlag- oder Stichworte verfasst der Autor ausformulierte Versatzstücke, die er später in den Text einbauen kann – falls sie passen. Er gönnt sich damit sozusagen ersten Eindrücken zum Thema ausführlich nachzuhängen und regt damit weitere Ideengenerierung an.

---

[47] Perrin, Daniel, Wie Journalisten schreiben, 79.

Hayes & Flower nennen die Formulierungsphase „translating". Mit diesem Begriff fangen sie noch treffender als die deutsche Bezeichnung „Formulierungsphase" ein, was der Schreiber in dieser Phase leistet: Die Ideen, die er bis zu diesem Punkt gesammelt und strukturiert hat, liegen ihm nicht als ausformulierter Text vor, sondern als abstrakte Konzepte oder Denkmodelle. Er muss sie nun in geschriebene Sprache umwandeln, quasi „übersetzen".

In der nachgeschalteten Überarbeitungsphase liest der Verfasser sein Manuskript kritisch durch und revidiert es gegebenenfalls. Er kontrolliert es dabei hinsichtlich Sprachkonventionen, Wirkungsabsicht und der Einhaltung des Schreibplans. Wie bereits oben ausgeführt kehrt insbesondere der erfahrene Autor immer wieder in konzeptionell frühere Phasen zurück, falls ihm etwas nicht stimmig oder schlüssig erscheint.

Schreibstrategien

Das Yin und Yang der persönlichen Schreibstrategien sind die „Schreibend-Denken-Strategie" und die „Denken-dann-Schreiben-Strategie". Autoren, die während des Schreibens denken, schreiben eher assoziativ und beginnen sehr früh damit. Die anderen Autoren haben sich bereits sehr viel Gedanken gemacht, bevor sie sich ans Schreiben wagen. In beiden Strategien lauert die Gefahr des Scheiterns: Bei den einen ist das Ergebnis unter Umständen unstrukturiert, die anderen bringen möglicherweise ihre durchstrukturierten Stichwörter in keinen befriedigenden Fließtext.

Otto-Normal-Schreiber liegen meist irgendwo zwischen den Polen. Bei einer angestrebten Auseinandersetzung mit dem Schreibprozess können beide Strategien nutzbar gemacht werden, denn ein gelungener Text kann weder ohne denkende Vorarbeit noch ohne einen Schuss Leichtfüßigkeit verfasst werden.

5.3.2 Schreibprozesse anleiten

Wie bereits angeklungen ist, unterstützt Wissen über den Schreibprozess professionelle Autoren darin, ihren Arbeitsalltag zu steuern.

Aber auch in leitender Funktion, als betreuende und anleitende Instanz, können Sie sich dieses Wissen zunutze machen. Es ermöglicht, das Team einzuschätzen und problematische Situationen im Produktionsprozess zu entlarven. Im Briefing können Sie dadurch gezielt individualisierte Hilfestellung geben, Sackgassen im Produktionsprozess durchbrechen und das Strategienrepertoire Ihrer Mitarbeiter erweitern. So flexibilisieren sie nicht nur die Qualität der Texte, sondern steigern auch die Zufriedenheit des Teams.

Zu viel Freiheit kann hemmen. Wenn einem Autor ein Schreibauftrag gemeinsam mit dem Abgabetermin für die Endversion gegeben wird, muss er alle kritischen Momente in der Textentstehung selbst erkennen und lösen. Eine engere Terminvergabe, nicht im Sinne einer Kontrolle, sondern im Geist des Teamgedankens, ermöglicht dem Chefredakteur die Zwischenstände zu verfolgen und seinen Mitarbeitern damit das Gefühl zu vermitteln, sie stünden nicht allein auf weiter Flur.

Das amerikanische Journalismus-Portal Poynteronline hat Leitlinien zur Unterstützung schreibender Mitarbeiter aufgestellt, die sich weitgehend an die verschiedenen Phasen des Schreibprozesses anlehnen:

1. Brainstorming: Helfen Sie dem Autor dabei, Ideen zu entwickeln, zu überprüfen und zu überarbeiten.
2. Materialsuche: Ermutigen Sie den Autor eine breite Quellenbasis zusammenzutragen und stellen Sie ihm dabei Ihre eigene Erfahrung zur Verfügung.
3. Organisationsprozess: Halten Sie den Autor dazu an, genug Zeit auf die strukturelle Anlage seines Beitrags zu verwenden.
4. Entwurfsphase: Unterstützen Sie den Autor, indem Sie Situationen, Strategien und Techniken fördern, die ihm Raum lassen seinen Text kreativ zu entfalten.
5. Überarbeitungsphase: Machen Sie dem Autor klar, dass Überarbeitung kein Zeichen von Misserfolg ist, sondern fester Bestandteil jedes Textentstehungsprozesses.

Allen Phasen gemein ist, dass sie stets auf das Schreibziel ausgerichtet sein sollen.

Eine Betreuung in der Überarbeitungsphase ist hier explizit als beratende Begleitung zu verstehen und damit nicht mit Blattkritiken zu verwechseln. Wie im betreffenden Kapitel erläutert, nehmen diese zum einen den Redakteur oft selbst in die Verantwortung das diskutierte Dokument zu bewerten und fokussieren zum anderen die Qualitätsstandards des Textes und nicht die Arbeitsmethoden des Texters.

Briefing

Autoren-Briefings, Kurzeinweisungen vor jedem Einstieg in die konkrete Schreibproduktion, sind ein weiteres effizientes Mittel, um den Schreibprozess von außen zu steuern. Gut organisierte Redaktionen insbesondere von Unternehmen, für die Schreiben nicht ihr eigentliches Geschäft ist, sichern mittels allgemein gehaltener Briefing-Checklisten die Basisanforderungen jedes Textes und sorgen damit für effizientes und termingerechtes Verfassen. Neben der Angabe von Verantwortlichen und Ansprechpartnern und den *deadlines* für Text und Layout, skizzieren solche Checklisten unter Umständen auch die Kernbotschaft des Textes und die Zielgruppe, geben dienliche oder verpflichtend einzuarbeitende Quellen an oder halten fest, inwieweit zusätzliches visualisierendes oder weiterführendes Material eingearbeitet werden soll.

Ähnlich einem vertraglich geregelten Konsens expliziert und objektiviert ein solches Briefing die Zielsetzungen und Randbedingungen des zu entstehenden Textes. Weiter gedacht könnte ein solches Dokument von den jeweiligen Stellen (beispielweise Redaktion – fachliche Freigabe – Freigabe Text und Layout – Lektorat – Endabnahme) abgezeichnet und so später auch zu den Akten gelegt werden. Dies ermöglicht auch im Nachhinein die einzelnen Produktionsprozesse zu rekonstruieren, um mögliche Verantwortlichkeiten oder schwache Stellen zu lokalisieren; ein Text wird damit zu einem professionell produzierten Produkt wie jedes andere. Die Frage „In welchem Lagerraum begann die Schraube zu rosten?" kann so – modifiziert, versteht sich – auch für Texte gestellt werden.

5.3.3 Schreiben als Routine

Das *daily life* des professionellen Redakteurs besteht zu großen Teilen aus handwerklicher Routine, wie sie jeder Beruf mit sich bringt. Die Textproduktion als Arbeitsprozess bedingt dabei das Handwerkszeug; Zielsetzung jedes Schreibprozesses ist: Transformation von Information. Der Input wird nicht nur vollständig, sondern auch adäquat modifiziert und strukturiert wiedergegeben.

Die drei Komponenten des Schreibprozesses erfordern je eigene handwerkliche Routine.

- Planung: Hier klärt der Autor die „1+7 Ws"[48], (1: Zielgruppe, 7: Wer? Was? Wo? Wann? Wie? Warum? Woher? (Informant/Quelle)).

- Formulierung: Die Werkzeuge, die der Verfasser hier zur Hand hat, sind der Wortschatz und die Syntax. Beide sollten abwechslungsreich und dabei verständlich eingesetzt werden, die Syntax zudem klar strukturiert sein. Dabei bleibt die Zielgruppe immer deutlich als Orientierungsgröße im Blick.

- Überarbeitung: Die routinierten Schritte des Korrekturlesens sind hintereinander geschaltete Durchläufe auf den Ebenen Inhalt – Stil – Sprache. Der Autor arbeitet sich damit von der Makro- zur Mikroebene vor. Eine Korrektur auf Papier steigert den Erfolg des Korrekturlesens enorm.

Schulungen

Die Bedeutung von Redaktionsschulungen ist kaum zu überschätzen, da es sich beim schreiberischen Handwerkszeug nicht um kognitive oder sprachliche Fähigkeiten, sondern im Wesentlichen um erfahrungsabhängige Fertigkeiten handelt. Die Kür sind kreative Schreibwerkstätten. Auch wenn sie die Schreibkompetenzen insgesamt fördern, sind sie, plakativ gesprochen, auf den Romancier oder Lyriker der schönen Künste zugeschnitten. Inspiriert z.B. durch ungewöhnliche Schreiborte, gemeinsame Lektüre phantasievoller Werke oder Ähnlichem werden Impulse zum eigenen Schreiben gegeben.

Zweckmäßige Schulungen, die Pflichtübung sozusagen, vermitteln das banale Handwerkszeug. Trotzdem geben sie das Fundament an die Hand, um zu texterischen Höhenflügen anzusetzen – seien diese auch beispielsweise der Jahresbilanz einer erlebnispädagogischen Waldausstellung gewidmet.

---

[48] Alkan, Saim Rolf, 1x1 für Online-Redakteure und Online-Texter, 21ff.

Qualitätsmerkmal angebotener Schulungen ist deren gezielte Ausrichtung auf die anvisierte Textsorte. Grundlegend muss differenziert sein, ob sich die Schulung an Printredakteure oder an deren Online-Kollegen richtet.

Skizzierter Vorschlag für den Verlauf einer Schulung die in etwa lauten könnte: „Texten für das Internet"

1. Sensibilisierung der Teilnehmer für den Web-Hintergrund, z.b.

- Usability-Analysen
- Physiologische Merkmale der Lese-Erschwernis im Web

2. Vermittlung eines webgerechten Stils, z.B.

- textgestalterische Mittel
- Besonderheiten bei der Informationssuche im Web
- Aufbereitung von Informationseinheiten

3. praxisorientierte Übungsphase, z.B.

- Vertiefung des Erlernten
- Erfolgskontrolle

5.3.4 Schreiben hat sich verändert

Mit der Erfindung des Computers, so sagen Spezialisten voraus, wird sich der Schreibprozess und mit ihm die Gesellschaft so massiv verändern wie es bisher nur durch den Gutenberg'schen Buchdruck geschehen ist.

Der Linguist Nickl vertritt in der Zeitschrift Fachjournalismus die These, dass der Computer die Initialzündung zur Industrialisierung des Schreibens gegeben habe. Die elektronische Datenverarbeitung evoziere Veränderungen der redaktionellen Arbeitsabläufe, die mit denen des produzierenden Gewerbes im Zuge der Industrialisierung verglichen werden könnten.

Automatisierung ermöglicht Massenfertigung. Auf den modernen Schreibprozess angewandt bedeutet dies: durch *copy & paste* kommen Textpassagen vielfach zum Einsatz, Textverarbeitungssysteme übernehmen Teile der Produktion etwa durch orthografische und stilistische Korrekturen – der Computer „denkt" im Rahmen seiner Möglichkeiten selbstständig mit.

Die auffälligste Veränderung ist die Modularisierung des redaktionellen Arbeitsablaufs und gleichzeitig seines Produktes, des Textes. Content-Management-Systeme behandeln Texte als Module. Zudem trennen sie deren Inhalt, Struktur und Layout voneinander.

Insbesondere für das Web ist auch der einzelne Text in sich modularisiert. Statt eines Fließtextes werden einzelne verlinkte Passagen geschrieben, die für sich abgeschlossen gelesen werden können, in ihrer Gesamtheit als Hypertext – je nachdem wie sie zusammengesetzt werden – jedoch wieder ein neues Ganzes werden.

5.4 Ohne Redigieren kein Publizieren

„Vertrauen ist gut, Redigieren bringt Qualität" – Diesen Leitsatz sollte jeder Online-Redakteur verinnerlicht haben. Redigieren darf kein Fremdwort bleiben, meint auch Kristina Wied, Dipl. Journalistin und Dozentin für Kommunikationswissenschaft, und erklärt: „Mit dem Redigieren wird das Ziel verfolgt, aus dem eingegangenen Material eine konsumierbare inhaltliche und formale Einheit zu gestalten und einen Text auf diese Weise druckfertig zu machen. Mit dieser Arbeitstechnik werden inhaltliche (Richtigkeit der Fakten, Sinn), formale (Aufbau, Rechtschreibung, Grammatik, Zeichensetzung) und sprachlich-stilistische (Wortwahl, Verständlichkeit) Verbesserungen und damit eine höhere Qualität angestrebt.". Und weiter: „Das Redigieren gehört zu den etablierten Arbeitstechniken des Journalismus."[49]

Auf den Printbereich trifft diese Aussage gewiss zu – wie ist es jedoch um das Redigieren im Online-Bereich bestellt? Eines ist sicher, auch im Online-Bereich gilt: Die Qualität eines Textes – und damit seine Glaubwürdigkeit – hängt ganz entscheidend von einem sorgfältigen und professionell durchgeführten Korrekturprozess ab. Wird dem Korrekturprozess angesichts des ständig zunehmenden Zeitdrucks – gerade im Online-Bereich – ein angemessener Stellenwert eingeräumt? Wie setzen die Online-Redakteure diese theoretischen Erkenntnisse in die Praxis um?

---

[49] Wied, Kristina, Redigieren und Kritisieren

5.4.1 Redigieren im Online-Bereich

Der Kampf um die Ressourcen ist gerade im Online-Bereich groß. Viele Online-Redaktionen leiden unter chronischer Unterbesetzung. Die Zeit ist knapp, die Anzahl der zu schreibenden Artikel umso größer. Überspitzt ausgedrückt: Ein Online-Redakteur schreibt nicht; er produziert. Die Frage nach einem klassischen Lektor sorgt in Online-Redaktionen bestenfalls für ein müdes Lächeln. Ironischerweise sind gerade diejenigen, die den Rotstift in der Hand halten und auf Qualität achten sollten, selbst Opfer des Rotstifts geworden. Ein leidiges Thema, das übrigens auch viele Print-Redaktionen beschäftigt.

Das Redigieren sollte jedoch gerade im Online-Bereich zur Routine gehören. Warum? Hauptamtliche Online-Redakteure mit einer einschlägigen Ausbildung sind hier in der Minderheit. Meist handelt es sich um „angelernte" Redakteure, deren Hauptkompetenz in einem anderen Gebiet zu suchen ist. Fairerweise kann man in diesem Fall nicht erwarten, dass alle Texte perfekt abgefasst sind. Ohnehin ist das Vier-Augen-Prinzip, das Gegenlesen durch eine weitere Person, das A und O, um Textqualität zu gewährleisten. Denn oft fällt es dem Verfasser eines Artikels schwer, die nötige Distanz zu seinem eigenen Text herzustellen. Fehler bleiben unerkannt.

Hierzu ein Blick in die USA:

Momentan laufen viele Versuche, vernetzte, lebensnahe und vor allem schnelle (Online-)Zeitungen zu etablieren. So ist das Credo des New Yorker Journalismus-Professor Jay Rosen „je mehr Nähe in der Berichterstattung, umso erfolgreicher das Medium". Doch Nähe allein reicht Rosen nicht – auch angemessene Korrekturstufen sind zu etablieren. Rosen setzt darauf, im Netz professionelle Schreiber und Rechercheure mit engagierten Bloggern zusammenzubringen und sie gemeinsam an Aufgaben arbeiten zu lassen. Dabei sollen die professionellen Redakteure das vernetzte Arbeiten koordinieren und Texte redigieren – und so die Qualität wahren. Teamwork ist also gefragt! Das fordert Rosen und versucht, ein solches Projekt aufzubauen: NewAssignment.net.

(Quelle: Patalon, Frank, Rückkehr der rasenden Reporter)

In den Online-Redaktionen hat sich auch die Praxis eingebürgert, erst einmal zu publizieren, um dann nachträglich die Texte nochmals zu korrigieren. Das spart Zeit. Diese Vorgehensweise setzt also auf Aktualität, räumt ihr den Vorrang vor der Glaubwürdigkeit ein. Das ist bereits problematisch. Noch problematischer wird es, wenn auch der nachträgliche Korrekturprozess unter den Tisch fällt – denn das nächste aktuelle Thema brennt dem Online-Redakteur bereits auf den Nägeln beziehungsweise auf der Tastatur.

Ebenso kritisch zu bewerten ist das Redigieren am Computerbildschirm. Nicht nur Online-Redakteure, sondern auch die Kollegen im Printbereich möchten so Zeit sparen. Doch das Leseverhalten am Bildschirm unterscheidet sich enorm von dem Lesen eines Papierausdrucks. Das Auge „springt" beim Lesen am Bildschirm stärker, nimmt nur Teile des Textes wahr. So läuft der Korrektor Gefahr, Fehler regelrecht zu überspringen. Darunter leiden wiederum Qualität und Glaubwürdigkeit des Textes.

5.4.2 Redigieren: Ein Begriff – viele Aspekte

Redigieren ist ein schillernder Begriff. Dessen ist sich die schreibende Zunft oft nicht bewusst. Was geschieht nämlich, wenn Sie Ihrem Kollegen einen Artikel mit den Worten „Lies doch mal bitte" in die Hand drücken? Die Wahrscheinlichkeit ist hoch, dass der Korrektor Ihren Artikel lediglich auf Rechtschreibfehler hin prüft – das belegt die Content Studie 2006/2. Die Angaben der an dieser Studie teilnehmenden Online-Redakteure überrascht – leider nicht positiv: „Auffällig ist, dass der Kontrolle der inhaltlichen Ebene nur die unterste Priorität zukommt. Nur 57,2% der Befragten prüfen die Richtigkeit des Inhalts (…). Angesichts der Tatsache, dass der Content als der entscheidende Faktor für den Erfolg einer Website gilt, hätten wir hier höhere Werte erwartet."

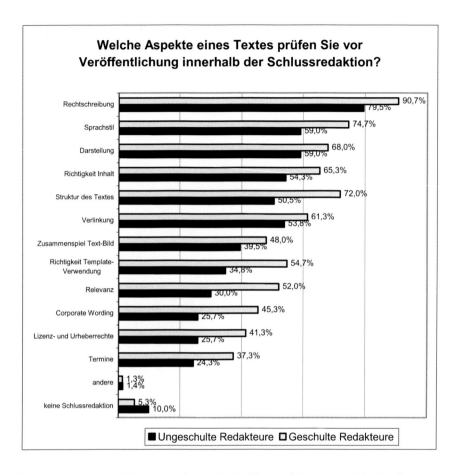

Diese Aspekte eines Textes werden in der Schlussredaktion geprüft (Quelle: Content Studie 2006/2.)

Erschwerend kommt noch hinzu, dass selbst bei der Prüfung der Rechtschreibung aufgrund der neuen amtlichen Regelungen große Unsicherheit herrscht. Ist in ihrer Redaktion verbindlich geregelt, ob die alte oder neue Rechtschreibung zu verwenden ist? Und haben Sie hierfür die geeigneten Hilfsmittel wie einen neuen Duden oder eine Software zur Rechtschreibprüfung parat? In vielen Online-Redaktionen besteht hier Nachholbedarf, wie die Content Studie 2006/2 ebenfalls belegt:

Welche Hilfsmittel wurden Ihnen bei der Umsetzung der neuen Rechtschreibprüfung zur Verfügung gestellt	
Dokumentationen	22,1%
Schulung	6,3%
Duden	6,3%
Software	1,4%
Andere	7,4%
Keine	**57,9%**
Es gelten die Regeln der alten Rechtschreibung	5,3%

Konsultierte Hilfsmittel zur Rechtschreibprüfung (Quelle: Content Studie 2006/2.)

Welche Aspekte sind beim Redigieren zu beachten?

- Inhalt: Richtigkeit der Fakten, Argumentation, Logik etc.
- Struktur: Darstellungsform, Dramaturgie etc.
- Stil: Angemessenheit des Tons, Verständlichkeit von Begriffen, Satzlänge etc.
- Sprache: Orthographie, Grammatik etc.
- Layout: Kürzungen, Absätze etc.

Gleichzeitig auf diese fünf Gesichtspunkte zu achten, gelingt nur den wenigsten. Überlassen Sie Ihrem Korrektor nicht die Qual der Wahl, sondern teilen Sie ihm mit, auf welchen Aspekt er besonders achten soll. Doch das alleine reicht nicht aus. Dem Korrektor ist außerdem die Zielgruppe und Aussageabsicht des Textes mitzuteilen. In manchen Fällen ist es zudem sinnvoll, dem Korrektor zusätzliches Material wie Quellen oder Textvorlagen an die Hand zu geben.

Festzuhalten ist: Zielgerichtete Kommunikation ist für jeden erfolgreichen Korrekturprozess absolut notwendig.

5.4.3 Redigieren – Institutionalisierung

Wie Wied darlegt, ist das Redigieren in den befragten Redaktionen unterschiedlich stark institutionalisiert. Dieses Ergebnis ist mit anderen kommunikationswissenschaftlichen Forschungsresultaten vergleichbar, bei denen konstatiert wurde, dass die Spannbreite beim Redigieren vom vereinzelten „Drübergucken" durch befreundete Kollegen bis hin zu einem geregelten Prüfprozess reicht.

Idealerweise sollte das Redigieren in jeder Online-Redaktion eine fest etablierte Arbeitstechnik sein. Es ist als Teil der redaktionellen Abstimmungsprozesse zu sehen und in die Koordination der Herstellung der journalistischen Produkte mit einzubeziehen. Besonders der Zeitfaktor spielt beim Korrekturprozess eine entscheidende Rolle. Die Praxis zeigt, dass dem Korrektor einerseits ein Zeitlimit gesetzt werden muss, um das rechtzeitige Erscheinen des Artikels zu gewährleisten. Andererseits muss ihm genügend Zeit für eine sorgfältige Prüfung zur Verfügung stehen, sonst ist das Ergebnis nicht zu gebrauchen. Wie ist dieser Balanceakt zu meistern? – Hier ist das Management gefragt!

Das Management hat dem Korrekturprozess einen festen Platz im Projektplan einzuräumen. Der Korrekturprozess darf keinesfalls „nebenher" laufen. Den Mitarbeitern ist zu signalisieren, dass nicht der Autor allein für den Text verantwortlich ist, sondern auch eine schlecht durchgeführte Korrektur Konsequenzen nach sich zieht. Die Erstellung eines qualitativ hochwertigen Dokuments ist ein gemeinsamer Prozess, der Zeit und Einsatz erfordert. Dessen müssen sich alle Beteiligten bewusst sein.

Verloren in der Korrekturschleife?!

Jedoch gilt auch: Time is Money. Die für den Korrekturprozess aufgewendete Zeit steigt proportional mit der Anzahl der involvierten Personen. Deshalb darf der Korrekturprozess nicht zur Endlosschleife ausarten. Sind zu viele Personen in den Korrekturprozess einbezogen, blockieren sie sich gegenseitig. Die Folge: Der Artikel gewinnt nicht an Qualität, sondern wird verwässert. Im Extremfall möchte niemand die Verantwortung für die Endfreigabe übernehmen. Das Erscheinen des Artikels verzögert sich unnötig.

Gerade in hierarchischen Organisationen kann dies zum Problem werden. Hier benötigen Dokumententstehungsprozesse insgesamt oft mehr Zeit als in flachen Organisationen – die Anzahl der Feedbackschleifen ist höher, jedes Feedback muss erst eingearbeitet werden, bevor das Dokument die nächste Feedbackinstanz erreicht. Es ergibt sich zudem ein höheres Konfliktpotenzial.

Zwischen hierarchisch organisierten und kooperativ agierenden Abteilungen besteht zudem ein großer Unterschied, was die Art der korrigierten Fehler betrifft. So beobachtet Eva-Maria Jakobs folgendes Phänomen:

> *„In der stärker kooperativ agierenden Abteilung dominieren vor allem Feedbackformen wie inhaltliches Statement und Frage (48% aller Feedbacks), in der stärker hierarchisch organisierten Abteilung betreffen die Änderungsvorschläge vor allem sprachliche Phänomene (75% der Rückmeldungen beziehen sich auf Aspekte wie Wortwahl etc.). Im erstgenannten Fall werden die Schreiber stärker auf der Ebene des Problemlösens einbezogen und gefordert, im zweiten Fall besitzen die Änderungsvorschläge häufig status- und/oder wissensbedingten Anweisungscharakter."*[50]

Der Lerneffekt für die Autoren, die aktiv in den Problemlösungsprozess einbezogen werden, ist meist größer.

Wer redigiert?

Eigentlich sollte jeder Text redigiert werden. Auch ein erfahrener Autor erhält so die eine oder andere wertvolle Anregung. Natürlich werden Praktikanten und Volontäre am stärksten kontrolliert. Das ist keine Zurücksetzung, sondern nur sinnvoll, denn Feedback ist die beste Methode, um einen großen Lernzuwachs sicherzustellen. Ein engagierter Volontär oder Praktikant wünscht sich Feedback – negativ wie positiv –, um sich orientieren zu können.

Wer kommt als Kontrollinstanz in Frage? – Das variiert von Redaktion zu Redaktion. Üblicherweise kommen jedoch folgende vier Gruppen in Frage:

---

[50] Jakobs, Eva-Maria, Schreiben, 25.

- Redakteure

- Redakteure mit besonderer Funktion und/oder Position in der Redaktion (zum Beispiel Textchef oder Leiter)

- Redakteure mit besonderen Fähigkeiten (etwa Sachkompetenz oder journalistische Erfahrung)

- Im Online-Bereich wird das Redigieren oft nach „außen" gegeben. Ein Trend zur Dezentralisierung ist erkennbar.

Wählen Sie gezielt die geeigneten Korrektoren aus – beispielsweise je nach Problemstellung oder Thema des Artikels. So stellen Sie sicher, dass der Korrekturprozess möglichst effektiv und zeitsparend abläuft.

Der Ton ist entscheidend

Wie sage ich es meinem Kollegen? – Nicht immer ist es einfach, einen Kollegen auf Fehler hinzuweisen. Gerade bei den ersten Korrekturdurchläufen ist die Unsicherheit auf beiden Seiten noch groß. Herrscht in der Redaktion ein kollegiales Verhältnis und eine entspannte Atmosphäre, wird diese Unsicherheit schnell abgebaut. Niemand darf sich „vorgeführt" fühlen.

Greifen Sie zu einem einfachen Trick: Korrigieren Sie Ihre Arbeiten gegenseitig. Das baut Hemmschwellen ab. Das „gemeinsame Ringen" um die bestmögliche Lösung verbindet und macht zudem Spaß. Das Ergebnis: ein gemeinsames Erfolgserlebnis! So wird das Gegenlesen ist eine freundschaftlich-kritische Auseinandersetzung mit dem Kollegen. Denn das Feedback von Redaktionskollegen hinsichtlich journalistischer Qualitätssicherung nimmt einen ganz zentralen Stellenwert ein.

Die Praxis zeigt: Persönliche Gespräche bringen viel mehr als öffentliche Kritik in einer Redaktionskonferenz. Auch oder gerade das informelle Gespräch beispielsweise am Kaffeeautomaten ist eine wichtige Form des Feedbacks. Wiss bekam von einem Chefredakteur hierzu das Statement: „Für mich ist ganz entscheidend, dass man ständig miteinander kommuniziert. Im Gespräch mit Kollegen fließen die Erfahrung, Ideen und Qualitätsnormen ganz unbewusst vom einen zum anderen, ohne dass man das fest institutionalisieren müsste. Das ist nicht nur entscheidend für die Qualität der Texte und Inhalte, sondern auch maßgebend für die Meinungsbildung."[51] Kritik tut nicht weh, der falsche Ton dagegen sehr wohl!

Festzuhalten ist: Koordination und eindeutige Kommunikation führen Ihren Korrekturprozess zum Erfolg!

5.5 Interaktivität – ein redaktionelles Arbeitsfeld?

Mit der Zeitung können sie nicht sprechen, der Fernseh- oder Radiomoderator hört sie nicht antworten. Was fehlt, ist der Rückkanal, der statt einseitiger „echte" wechselseitige Kommunikation erlaubt und das Eingreifen in den Kommunikationsprozess ermöglicht. Das Internet besitzt hierin gegenüber herkömmlichen Massenmedien einen entscheidenden Vorteil. Im WWW wird aktive Nutzung zu interaktiver Teilnahme.

Und der bewusste Einsatz interaktiver Content-Formate auf Ihrer Website kann Mehrwert schaffen. Für den User – und damit natürlich auch für Sie. 2006 beteiligten sich laut der ARD/ZDF-Online-Studie[52] bereits 32% der deutschen Internetuser an Gesprächsforen, Chats und Newsgroups. Die Zahlen an Weblog-Lesern und Nutzer von E-Learning Modulen liegen knapp darunter, holen jedoch stetig auf. Höchste Zeit nachzufragen, wer für die Interaktivität zuständig ist!

5.5.1 Keiner zuständig?

So sehr der Einsatz von interaktiven Formaten laut Studien mittlerweile zum Angebot von Web-Site-Betreibern zählt, so wenig ist geklärt wer für die Betreuung zuständig ist. Sowohl in der einschlägigen Literatur als auch im Netz wird oft darauf hingewiesen, dass dies ein neues Aufgabenfeld der Online-Redaktion oder entsprechender Marketingabteilungen sei.

Umso erstaunlicher sind die Ergebnisse der Content Studie 2006/2 zum Thema der Zuständigkeit für interaktive Formate. Von den 285 befragten Unternehmen

---

[51] Wyss, Vinzenz, Qualitätsmanagement, 346.
[52] Fisch, Martin, Gscheidle, Christoph, Onliner 2006.

gaben 27,4% an, die Frage der Zuständigkeit nicht genau geklärt zu haben. Die mit 21,4% zweitgrößte Gruppe weist die Kompetenzen klar den Mitarbeitern der IT- und EDV Abteilung zu. Nur in 2,5% der Fälle sind die interaktiven Formate unter der Obhut der Online-Redaktionen. Hier ist eine Diskrepanz zwischen Anspruch und Wirklichkeit zu konstatieren: „Die vermeintlich den Onlineredakteuren zugewiesene Zuständigkeit für die interaktiven Formate eines Onlineauftritts deckt sich nicht mit den erhobenen Daten aus der Realität der Arbeitswelt."

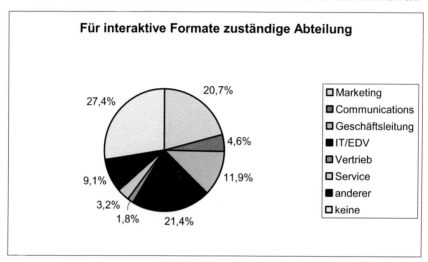

Zuständigkeit für die Betreuung interaktiver Elemente (Quelle: Content Studie 2006/2.)

Natürlich hat die IT-Abteilung wesentlichen Anteil an dem Einsatz von interaktiven Formaten. Die Einrichtung eines Forums oder eines Chats beginnt mit der Auswahl und Installation der richtigen Software. Dabei ist zunächst einmal technisches Know-how gefragt, weil sie natürlich in die gesamte IT-Umgebung eingepasst werden muss. Die Technik muss auch bei einem Forum oder einem Chat Tag und Nacht dafür einstehen, dass alles läuft. Pannen oder Fehler werden sofort offensichtlich und verärgern die User.

Aber die Betreuung solcher interaktiver Formate geht über die Wartung der Software oder die Entfernung von Spam-Nachrichten weit hinaus. Eine solche

Eingrenzung hieße nicht nur juristische Folgen zu riskieren, denn die Betreiber der Foren sind – wie im Rechtekapitel näher erläutert wird – in gewissem Maß auch für die Aussagen ihrer Mitglieder verantwortlich. Vielmehr verpasst die Redaktion damit die Chance, nahe an der Zielgruppe zu bleiben und wertvolle Informationen für ihre Arbeit zu bekommen. Denn wie wir wissen besteht gerade bei Foren, Chats und Weblogs die Möglichkeit, Diskussionen anzuregen oder zu moderieren, Interesse zu wecken oder etwa Krisenthemen frühzeitig zu erkennen. Genauso wichtig, wenn nicht wichtiger ist die Frage danach, wie von Besuchern geäußerte Meinungen und Anregungen den Weg vom Forum oder Chat in das Bewusstsein der Onlineredakteure und Marketingzuständigen finden. Werden die Beiträge ihrer „Kunden" dokumentiert und für die Gestaltung ihres Webauftritts genutzt? Jeder Anbieter von Content im Netz muss sich ehrlich fragen, wo der Nutzen für den User liegt. Eine pauschal richtige Anweisung, wie mit dem Thema zu verfahren ist, gibt es nicht und kann es aufgrund der zahllosen unterschiedlichen Motive für die Nutzung von interaktiven Formaten im Internet auch nicht geben. Unerlässlich jedoch bleibt, dass Sie ihre Redaktion und angrenzende Bereiche im Unternehmen daraufhin untersuchen, wer für was zuständig ist und ob eventuell Kompetenzverschiebungen nicht womöglich hilfreich für Ihre Ziele sind.

Bei der Untersuchung von Nachrichtenredaktionen aus unterschiedlichen Bereichen kam Sandra Hermes zu dem Ergebnis, dass die Online-Redaktionen im Vergleich zu Fernsehen, Radio und Zeitung zwar am häufigsten Foren und Chats auswerten. Sie ist dennoch darüber erstaunt, wie gering deren Bedeutung eingeschätzt wird. Meist werden die interaktiven Formate als zusätzlicher Inhalt wahrgenommen und die Potenziale für das Erheben von Kundendaten nicht ausgeschöpft. Hohe Datenerhebungskosten und der befürchtete Vertrauensbruch mit dem Leser sind zwei denkbare Gründe für die geringe Nutzung der sich bietenden Möglichkeiten. Von Ressourcen-raubender-Datenspionage ist hier jedoch nicht die Rede. Es geht um die optimale Betreuung der Nutzer Ihrer Seite und die Erfüllung deren Ansprüche. Hierfür ist zu klären, wer dafür optimalerweise zuständig ist und wie mit den von Lesern geäußerten Inhalten umgegangen wird.

5.5.2 Interaktivität – mehr als E-Mails beantworten

Erst wenn die interaktiven Beteiligungsmöglichkeiten dazu dienen auf die Ansprüche und Wünsche der Seitenbesucher einzugehen, kann man von zielgruppenorientierter Ausrichtung einer Redaktion sprechen. Bisher scheint es so, dass sich Interaktivität auf das Beantworten von Leser-E-Mails beschränkt. Alle Studien im Medienbereich zeigen, dass in den interaktiven Teil der redaktionellen Arbeit kaum Zeit investiert wird. Den größten Anteil dabei hat die Beantwortung von E-Mails, obwohl das beim durchschnittlichen Online-Redakteur kaum mehr als ein paar Minuten am Tag braucht. In seiner Studie über Schweizer Online-Journalisten kam Yves Zischek zu einem interessanten Ergebnis: „Ungefähr ein Viertel der befragten Redaktionen haben Chats und Foren. Dabei entsteht der Eindruck, dass diese bei den Redaktionen nicht sehr beliebt sind, da sie grundsätzlich arbeitsaufwändig sind und oft nicht die erwünschte Resonanz erzielen."[53]

Allgemein findet das Jubellied auf die Interaktivität, das angestimmt wird sobald es um Internet und Kundennähe geht, bisher keine befriedigende Entsprechung in der redaktionellen Arbeit. In den meisten Redaktionen ist die Betreuung der Foren-, Blog- und Chatbesucher mangelhaft. Anders ausgedrückt: Kommuniziert nur der Besucher, wird das Potenzial der Interaktion nicht genützt, da keine Interaktion vorhanden ist. Ein schlecht betreutes Forum, ein wenig kontrollierter Chat oder nicht kommentierter Blog-Eintrag verschlingt Ressourcen, vertreibt Ihre Besucher und verschlechtert Ihr Image. Das „Aushängeschild" Interaktivität verdient es ernst genommen zu werden, denn dann nimmt auch der User Sie und Ihre Inhalte ernst.

Interaktivität bindet Arbeitskräfte

Interaktive Formate brauchen – wie im Kapitel Web.2.0 bereits gezeigt wurde – regelmäßige Betreuung. Newsletter müssen zuverlässig erscheinen, Umfragen müssen nach einer bestimmten Zeit von der Site genommen werden und Ihre Ergebnisse sollten den Usern zumindest in kurzer Form präsentiert werden. Re-

---

[53] Zischek, Ives, Qualifikationsanforderungen an Online-Journalisten, 56.

aktionen der Leser auf Artikel per E-Mail oder per Formular sollten in einer bestimmten Frist beantwortet sein. In Weblogs müssen Kommentare natürlich auch kommentiert werden. Grundsätzlich sind interaktive Formate sehr betreuungsaufwendig, wenn sie das Kommunikationsangebot nach außen glaubwürdig vertreten sollen.

„Communities schlafen nicht – gewöhn dir das also auch ab!" ist eine der Regeln, die Patrick Breitenbach in seiner kleinen Community-[54]Fibel aufgestellt hat. Der Umgang mit Usern erfordert in erster Linie Regelmäßigkeit und Anwesenheit und das prinzipiell rund um die Uhr und auch am Wochenende. Selbstverständlich kann für die eher unüblichen Bürozeiten eine Art Notdienst eingerichtet werden, trotzdem muss bei Foren oder Chats immer ein Auge über das Geschehen wachen. Von Vorteil wäre eine Aufteilung der Arbeitszeiten auf möglichst viele Schultern – auch abteilungsübergreifend. Hier bietet sich eine Kooperation mit der IT-Abteilung auf jeden Fall an. So kann sicher gestellt werden, dass Spam oder rechtlich bedenkliche Beiträge so schnell gelöscht sind, dass sie keine zu großen Kreise ziehen.

Moderation

Während ein Newsletter oder ein Weblog noch relativ nah an den journalistischen Arbeitroutinen – „Themensuche – Recherche – Schreiben" – bleibt, ist die Betreuung und Leitung von Diskussionen in Foren oder Chats tatsächlich Neuland für die meisten Redakteure. An dieser Stelle möchten wir nur ein paar Hinweise für den Arbeitsalltag geben und anmerken, dass Untersuchungen oder Anleitungen zur Moderation von Communities im redaktionellen Umfeld noch völlig fehlen. Bisher wird das Thema fast ausschließlich vom Marketing-Gesichtspunkt aus gesehen oder im Umfeld von E-Learning untersucht.

Je nach Zielausrichtung bedarf jede virtuelle Gemeinschaft einer anderen Form und Intensität der Moderation. Es gibt sehr unterschiedliche Wege, in Kommunikationsabläufe einzugreifen. Sie sollten grundsätzlich sorgsam auf die jeweilige Zielgruppe abgestimmt sein. So ist es denkbar, eine aus dem Rahmen laufen-

---

[54] Breitenbach, Patrick, Die kleine Community Fibel – nicht nur für OpenBC.

de Diskussion durch neue Themenvorgaben in ihre Schranken zu weisen. Qualität und Aktualität der Diskussion lassen sich beispielsweise durch eine thematisch orientierte Neuausrichtung eingebrachter Inhalte steuern.

Zu starke Interventionen können die Dynamik einer entstehenden Kommunikation unterbinden. Angebrachter ist in vielen Fällen, eine aufmerksame Zurückhaltung, die bei laufendem Austausch nur an den entscheidenden Stellen eingreift. Eine Community ist und bleibt ein Miteinander von Menschen.

Ein Moderator hat die Aufgabe, in diesem Miteinander den Blick für das Ganze zu behalten, eine klare Linie in die Diskussion zu bringen und über eine klare Strategie den Kommunikationsprozess der anderen in die gewünschte Richtung zu lenken. Spätestens an dieser Stelle wird auch hier die Notwendigkeit einer klaren Zieldefinition deutlich. Bildlich gesprochen ließe sich die Aufgabe eines Moderators als Abstecken eines Spielfeldes für die Mitglieder beschreiben. Er muss die Mitglieder „kennen", wissen, was das Thema ist und je nach Anlass auch unmittelbar präsent sein. Selbstverständlich kostet diese Aufgabe Zeit.

Tipps für die Moderation von Foren

Ein Moderator hat die Aufgabe...

- ....die Diskussion zu eröffnen. Aber Achtung: Greifen Sie pro Diskussionstrang nur einen Themenschwerpunkt auf, um eine stringente Diskussion zu ermöglichen.
- ....die Diskussion durch neue Impulse zu beleben. Für neue Impulse sorgen prägnante und provokante Thesen. Die Beiträge sollten von Zeit zu Zeit vom Moderator zusammengefasst werden, um aufzuzeigen wo man sich in der Diskussion gerade befindet.
- ....die Einhaltung der Kommunikationsregeln zu gewährleisten. Die Netiquette, der Regelkatalog für die Kommunikation innerhalb Ihres Forums, sollten Sie festlegen und klar kommunizieren.

(Quelle: http://www.bremer.cx/paper22/paper_bremer_gmw2003.pdf)

6 Content-Management-Systeme

Der oft gefürchtete „Flaschenhals-Web-Master" ist aus den Redaktionsbüros verschwunden. Artikel, die online gestellt werden sollten, reihten sich ehemals häufig in eine mehr oder minder lange Wartschlange ein. Dort harrten sie aus bis der Web-Master Zeit hatte, die Artikel in HTML-Dokumente zu übertragen, sie in die Web-Site-Architektur einzubinden und schließlich freizuschalten. Jetzt haben Content-Management-Systeme (CMS) in die Redaktionsbüros Einzug gehalten, die Redakteure von den Kapazitäten des Web-Masters weitgehend unabhängig machen.

Ein CMS kann mit der Produktion großer Stückzahlen fertig werden, das heißt die Veröffentlichung und Verwaltung umfangreicher Seitenzahlen ist kein Problem mehr. Es sorgt dafür, dass nichts mehr zufällig oder ohne Bestätigung der zuständigen Personen auf der Web-Site steht und es unterstützt die Teamarbeit. Es verkürzt die Zeit zwischen „Idee" und Veröffentlichung. Aktuelle Informationen können innerhalb von Minuten geschrieben, überprüft und veröffentlicht werden.

Ein CMS kann eine Qualitätssicherung in mehrfacher Hinsicht unterstützen: Es garantiert bestimmte Prüfschritte und Arbeitsgänge. So kann zum Beispiel ein Artikel, der vom Chefredakteur gegengelesen werden muss, nicht „aus Versehen" ohne Prüfung veröffentlicht werden. Automatisierungen in heiklen Bereichen – wie etwa die Linkprüfung – helfen die „Fehlerquelle Mensch" zu reduzieren und das Angebot konsistent halten. Ein CMS trennt die Inhalte vom Layout und erleichtert damit die Umsetzung von Layoutänderungen. Dazu bringt die Software Arbeitserleichterungen für die täglich anfallenden Arbeiten und sorgt für Transparenz in den Abläufen einer Redaktion, weil sie den Workflow in der Redaktion regelt.

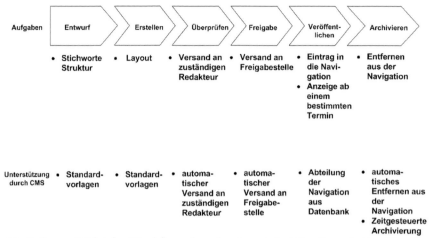

Die Software bildet den Workflow ab und automatisiert Routinearbeiten (Quelle: http://www.contentmanager.de)

6.1 Berechtigungsmanagement

Der Zugang zur Software ist meist über eine Zugangskontrolle gesteuert: Der Nutzer weist sich beim Log-In aus; anhand der Daten überprüft das System, welche Berechtigungen der Benutzer hat und stellt eine *session* her. In den meisten Firmen ist schon vor der Einführung eines CMS eine Benutzerverwaltung vorhanden, auf die ein CMS aufbauen kann, indem es auf die bereits auf dem Netzwerk-Server angelegten Benutzerinformationen zurückgreift.

In einem System mehrstufiger Benutzerverwaltung darf nicht einfach jeder User alles. Im einfachsten Fall gibt es eine zentrale Authentifizierung, um den Zugriff auf berechtigte Anwender zu beschränken. In differenzierteren Szenarien können Gruppen angelegt werden, denen bestimmte Rechte zugewiesen werden. Je nachdem, welcher Rolle oder Gruppe der eingeloggte User zugeordnet ist, bekommt er nach der Anmeldung nur die Funktionen zu sehen, die er auch ausführen kann. Ein Administrator erhält so zum Beispiel alle Rechte für den Zugriff auf Systemeinstellungen, ein Chefredakteur kann etwa die Site-Struktur verändern, während ein Autor möglicherweise nur auf seine eigenen Artikel zugreifen kann. Das verhindert auf der einen Seite unbefugte Zugriffe auf Informationen und vereinfacht auf der anderen Seite zudem die Bedienung der Software. In manchen Systemen ist es theoretisch möglich jedem Mitarbeiter ein individuelles Profil zuzuordnen, meist reicht aber eine Spezifizierung von Gruppen oder Rollen mit unterschiedlichen Rechten. Das einfachste Konzept besteht aus den beiden Gruppen „Administrator" – für die administrativen Zugriffe auf das System – und „Redakteur" für die Content-Verantwortlichen. Auf diese beiden Gruppen sind die einfachsten CMS in Teilen beschränkt, aufwendigere Produkte bieten dagegen bereits vordefinierte Rollenkonzepte an, die weiter nach den jeweiligen Erfordernissen modifiziert werden können.

Ablauf der Prozess – Spezifikation zur Einführung von CMS

| Prozesse beschreiben * | Rollen + Rechte definieren | Rechte zu Rollen zuordnen | Rollen zu Arbeitsschritten zuordnen * | Workflow definieren |

* je Objektyp (z.B. Artikel, Bilder, Chats, Formulare)

Ein möglicher Ablauf bei der Einführung eines CMS zeigt die Verzahnung von Objekten, Rollen und Workflow

6.2 Workflow

Wenn Sie die einzelnen Schritte für die Redaktionsarbeit definiert haben, dann sorgt die Workflow-Komponente dafür, dass der Content an die richtige Station weitergeleitet wird. Der Redakteur hat beispielsweise einen Artikel fertiggestellt und will ihn redigieren lassen. Per Knopfdruck wird im System dazu ein Prozess gestartet und die nächste Instanz informiert. Der Mitarbeiter, der für die Kontrolle zuständig ist, wird ermittelt und bekommt entweder eine E-Mail in sein Postfach oder eine systeminterne Anzeige auf seinen Bildschirm.

Die Bildschirmanzeige eignet sich besonders dann, wenn es wichtig ist, Information möglichst ohne Verzögerung zu übermitteln: z.B. die Pop-up-Meldung, dass ein Objekt gesperrt ist, wenn dieses gerade von einem anderen Mitarbeiter bearbeitet wird. Sie hat aber den Nachteil, dass sie den Nutzer nur erreicht, wenn er im System angemeldet ist. Die Benachrichtigung per E-Mail steht dem Nutzer jederzeit zur Verfügung, auch wenn er zum entscheidenden Zeitpunkt nicht eingeloggt ist. Von Vorteil ist außerdem, dass über die Schnittstelle auch andere Endgeräte genutzt werden können. Per Fax, auf PDAs oder via SMS können auch Mitarbeiter weiter am Workflow teilhaben, die zeitweise nicht per E-Mail zu erreichen sind.

Zusätzlich zu einer Benachrichtigung können die anstehenden Aufgaben jedes Redakteurs automatisch in eine Aufgabenliste eingetragen werden. So kann er seiner Liste entnehmen, welches Dokument darauf wartet, von ihm oder einem Mitarbeiter der entsprechenden Benutzergruppe bearbeitet oder geprüft zu werden. Jede Aktion – ob Weiterleitung, Übernahme oder Unterzeichnung eines Dokuments – führt dazu, dass die Aufgabenlisten der beteiligten Mitarbeiter auf den neusten Stand gebracht werden.

Der Workflow sollte flexibel sein, denn es kann immer wieder Situationen geben, in denen routinierte Arbeitsabläufe geändert werden müssen. So müssen beispielsweise Änderungen des Ablaufs möglich sein für den Fall, dass ein Mitarbeiter im Urlaub oder erkrankt ist. Wenn lediglich der Chefredakteur Artikel freigeben darf, gilt es Ausnahmeroutinen für seine Abwesenheit einzurichten. In einigen CMS können Vertreter vordefiniert werden, die in diesem Fall benachrichtigt und eingesetzt werden.

Der Workflow orientiert sich aber nicht nur an den beteiligten Personen, sondern auch an Objekten. Ein Objekt kann ein Bereich oder ein Ressort auf einer Web-Site sein, ein Content-Typ wie z.B. „Stellenanzeigen" oder auch ein einzelner Artikel. Je nach Funktionsumfang des CMS können unterschiedliche Objekte definiert werden. Über Meta-Daten wird dann festgelegt, welche Berechtigungen für das Objekt vorliegen und die Reihenfolge der Stationen vorgegeben, die es durchlaufen muss.

6.2.1 Freigabezyklus

Der kritische Augenblick im Lebenszyklus eines Textes ist der Moment, in dem der Content den sicheren internen Bereich verlässt und auch für externe Personen lesbar wird. Um diese Grenze fehlerfrei zu passieren, ist besondere Sorgfalt nötig: Im Freigabezyklus wird festgelegt, welche Instanzen ein Artikel bis zur Publikation durchlaufen muss, das heißt welchem X-Augen-Prinzip er unterliegt. Content-Management-Systeme automatisieren diesen Vorgang, der sich nicht nur auf komplette Dokumente, sondern auch auf Komponenten wie Grafiken, Layout etc. erstreckt. Keine Station kann ausgelassen werden.

Bis zu welcher Tiefe Objekte frei definierbar sind, hängt vom jeweiligen CMS-Produkt ab. Einige Hersteller bieten nur eine Workflow-Variante an, die für alle Objekte gilt. Am anderen Ende der Flexibilitätsskala stehen Produkte, bei denen es sogar möglich ist, für jeden einzelnen Artikel einen individuellen Workflow zu definieren. Also nicht nur für den Artikeltyp „Stellenanzeige", sondern genau für das Objekt „Stellenanzeige für den Content-Manager".

6.2.2 Attributierung

Einem Dokument kann man anders als z.B. einem Auto oft nicht auf den ersten Blick ansehen, in welchem Fertigungsstadium es sich befindet. Man sieht sofort, ob der Lack oder die Stoßstange noch fehlt – aber ob ein Artikel bereits gegengelesen wurde, ist oberflächlich oft nicht oder nur sehr schwer zu erkennen. In einem CMS werden deshalb die Objekte mit Vermerken über ihren Bearbeitungsstatus versehen. So können zum Beispiel alle Objekte, die freigegeben wurden, mit einem blauen Haken gekennzeichnet werden. Anhand der Attribute kann der Nutzer sofort die aktuelle Position seines Artikels ablesen.

Beispiele möglicher Statusattribute für Artikel:

- in Bearbeitung/Erstellung
- freigegeben
- publiziert
- archiviert

6.2.3 Der Workflow in der Praxis

Als in der Content Studie 2006/1 nach der Zufriedenheit mit den verwendeten Content-Management-Systemen gefragt wurde, stellte sich heraus, dass sich Workflow-Module positiv auf die Nutzer-Bewertung auswirkten: Sehr gute und gute Noten bekamen vor allem die Systeme mit Workflow, mittlere und schlechte Ergebnisse konzentrierten sich auf Systeme ohne diese Funktion. Die Abbildung der Arbeitsprozesse in der Software wird also im Allgemeinen als Unterstützung der Alltagsarbeit empfunden. Ist nun ein Workflow-Modul eine Art Geheimwaffe der Qualitätssicherung, die möglicherweise viel Arbeit einspart und Fehler gegen null tendieren lässt; und auf die eine Online-Redaktion damit keines Falls verzichten soll?

Das wäre eine einfache Lösung, und wie so oft ist sie damit zu schön, um wahr zu sein. Denn schaut man genauer hin und untersucht, wie die Software tatsächlich eingesetzt wird, dann gibt es doch Abstriche. In der Studie wurde weiterhin gefragt, wie die Artikelfreigabe in den Redaktionen geregelt ist: In 43% der Internet-Redaktionen läuft das über das Workflow-Modul. Allerdings – und hier kommt die Einschränkung – gaben vorher 58% der Internet-Redaktionen an, mit einem Content-Management-System mit integriertem Workflow zu arbeiten. Das weist darauf hin, dass immerhin 15% der Redaktionen das Feature zwar haben, aber nicht nutzen. Bei den Intra- und Extranet-Redaktionen liegt die Differenz sogar bei 21%.

Die Zufriedenheit mit den Systemen spricht eher dagegen, in der Ablehnung oder in den Schwierigkeiten der Handhabung die ausschlaggebenden Gründe dafür zu sehen. Eher vorstellbar ist, dass die Abläufe in den Redaktionen so einfach geregelt sind, dass etwa der Autor einen fertigen Artikel per Knopfdruck schnell selbst freischaltet.

Die Workflow-Komponente kommt ins Spiel, wenn mehrere Redakteure zusammenarbeiten müssen. Je mehr Mitarbeiter involviert sind, desto wichtiger ist eine standardisierte Steuerung der Berechtigungen und Prozesse. Ausschlaggebend für die Feinabstufungen des Workflow ist aber nicht nur die Zahl, sondern auch die Organisation der Redaktion. In einer zentral organisierten Redaktion, bei der die Arbeitsplätze in „Rufweite" liegen, ist die Benachrichtigung per Mail auch bei einem größeren Team nicht unbedingt ausschlaggebend. Anders liegt der Fall, wenn die Redaktion sich über verschiedene Abteilungen oder unterschiedliche Niederlassungen erstreckt. Ein Beispiel dafür ist das Intranet-Team von DaimlerChrysler: Da die Intranet-Redaktion für den Einkauf auf zwei Kontinente verteilt ist, muss hier über Zeitzonen hinweg kommuniziert werden. Wenn in den USA ein Artikel fertig geschrieben ist, kann der Autor dies dem zuständigen Redakteur nicht unbedingt per Telefon mitteilen, weil der zu dieser Zeit unter Umständen nicht im Büro ist. Hier ist die Unterstützung durch die Workflow-Funktionen im kommunikativen Bereich unentbehrlich. Ob ein Workflow-Modul sinnvoll ist, muss im Einzelfall geklärt werden, über den Daumen gepeilt kann man aber festhalten: Große Redaktionen mit mehr als fünf Mitarbeitern sollten nicht darauf verzichten, kleinere Redaktion, die dezentral organisiert sind auch nicht. In kleinen zentral organisierten Redaktionen können die Mitarbeiter solche Abläufe leichter und direkter ohne Software gestalten.

In fast allen Redaktionen wird die Workflow-Komponente nicht in vollem Umfang genutzt. Vielfach werden möglichst flache Freigabestufen, ähnliche Stationen und Bedingungen für die meisten Artikel sowie ein einfaches Rollenkonzept verwendet. Ausnahmen werden auch in örtlich dezentral organisierten Redaktionen schriftlich oder mündlich kommuniziert. Bei der Auswahl eines CMS kann man am ehesten am Umfang dieser Komponenten sparen. Ein für jeden Artikel frei definierbarer Workflow und ein verschachteltes Berechtigungsmanagement klingt bei der Produktbeschreibung zwar oft verlockend, die Praxis zeigt allerdings, dass diese Features nur selten gebraucht werden.

6.3 Routinen automatisieren

Neben der Workflow-Funktion, die Arbeitsabläufe einer Redaktion abbildet und koordiniert, haben die meisten CM-Systeme Funktionen, die den Mitarbeitern lästige und fehleranfällige Routinearbeiten abnehmen oder einzelne Bereiche einer Web-Site selbständig erstellen und verwalten.

6.3.1 Link-Checking

Links sind ein elementarer Bestandteil des Hypertextes und finden sich auf jeder Web-Seite. Interne Links machen die gesamte Site für den Nutzer schnell erschließbar, externe Links bieten den direkten Zugang zu Informationen auf anderen Web-Sites. Ändert sich der Aufbau einer Site oder werden Inhalte hinzugefügt oder entnommen, stimmen die Verknüpfungen und die angegebenen Pfade nicht mehr. Gerade bei komplexen Web-Sites können kleine Veränderungen auf einer Seite Auswirkungen auf andere Seiten oder Links haben. Der Überblick darüber, wo welche Links zu ändern sind, kann dabei schnell verloren gehen.

Ein CMS übernimmt die Aufgabe, die Richtigkeit der internen Links zu kontrollieren: Entweder „vollautomatisch" bei jedem Bearbeitungsschritt eines Textes oder bei manuellem Aufruf der Funktion. Dabei werden die Verknüpfungen der Assets untereinander auf Konsistenz und Gültigkeit überprüft. Stellt das System einen Fehler fest, wird die Gruppe der Bearbeiter per Fenster oder E-Mail informiert.

Digitale Assets

Assets sind die einzelnen Bestandteile, aus der sich der Content einer Web-Site zusammensetzt. Sie liegen jeweils in einem bestimmten Dateiformat vor, das spezielle Werkzeuge zur Erstellung und Bearbeitung erfordert. Assets können in verschiedene Klassen eingeteilt werden:

- die „üblichen" Web-Inhalte wie Texte, Bilder und Links
- multimediale Assets, z.B. Streaming-Formate für Video und Audio
- applikationsgebundene Assets sind Dokumente, die zur Darstellung im Web immer noch die Programme brauchen, mit denen sie erstellt wurden
- in transaktionellen Assets werden Nutzerprofile erfasst
- in Community-Assets werden Inhalte von Foren und Chats gespeichert

6.3.2 Newsticker, Verzeichnisse und Sitemaps

Fast jede Web-Site, die in erster Linie aktuelle Informationen liefern will, bietet eine Seite an, auf der die wichtigsten aktuellen Schlagzeilen zusammengefasst sind. Mit Hilfe eines CMS können solche Index-Seiten automatisch generiert, fehlerfrei und aktuell gehalten werden.

Da ein CMS die Struktur der Web-Site in einem Verzeichnis oder Themenbaum abbildet, speichert und verwaltet, bereitet die automatische Generierung einer grafischen Sitemap oder eines Inhaltsverzeichnisses keinen größeren Aufwand. Gerade das Inhaltsverzeichnis hat sich als beliebter Service für einen schnellen Zugriff auf eine Web-Site etabliert. Indem es dem User einen hierarchisch verlinkten Überblick über die Site bietet, erleichtert es die Orientierung.

Nach demselben Prinzip funktioniert die Kontrolle über die Navigation: Das System „sorgt" dafür, dass jeder Artikel und jedes Bild an der richtigen Stelle der Web-Site platziert wird und dass sich Änderungen auch im Navigationsbereich der Web-Site niederschlagen.

6.3.3 Zeitgesteuerte Freigabe

In einem CMS kann jedem Artikel sein Erscheinungszeitraum zugeordnet werden. Dies ermöglicht eine Veröffentlichung nach Zeitplan. Auf der einen Seite können Redakteure Meldungen schon bearbeiten, bevor sie erscheinen dürfen. Sie werden dann zum richtigen Zeitpunkt freigeschaltet. Auf der anderen Seite ist es genauso sinnvoll, Dokumente nach einer gewissen Zeit vom Server zu nehmen. In einem Veranstaltungskalender sollten zum Beispiel Hinweise auf zurückliegende Ereignisse automatisch verschwinden. So kann die Web-Site ohne zusätzliche Kontrolle und Aufwand aktuell gehalten werden.

6.4 Das Content-Repository – Content speichern und verwalten

6.4.1 Versionisierung: Content kontrollieren

Ein Artikel oder ein Bild wird im Laufe seines Lebenszyklus immer wieder verändert oder bearbeitet. So kann zum Beispiel derselbe Fachtext in ausführlicher Version, als Kurztext oder als Abstract vorliegen. Oder es gibt Varianten eines Textes oder Bildes, die man als Entwürfe oder Vorstufen des Endprodukts klassifiziert. Im Prinzip schafft jeder Bearbeitungsschritt eine neue Version eines Artikels oder Bildes und damit ein neues Objekt. Eine normale Textverarbeitung unterstützt Sie bei deren Verwaltung nicht. Sie müssen selbst alle Versionen des Materials in verschiedenen Dateien speichern, sonst sind die Vorgängerversionen verloren, sobald Sie die neuesten Änderungen gespeichert haben. Ein versionsfähiges CMS ermöglicht die parallele Verwaltung von verschiedenen Versionen derselben Objekte.

Auch eine Web-Site kann unterschiedliche Versionen haben: Wenn im Zuge einer Neugestaltung zum Beispiel Navigation oder Layout verändert werden. Dazu kommen die besonderen Bedingungen des Online-Publizierens: Während es bei gedruckten Tageszeitungen oder Wochenzeitschriften keine größere Schwierigkeit darstellt, verschiedene Ausgaben zu unterscheiden, da einfach jeden Tag oder jede Woche eine komplett neue Zeitung oder ein neues Heft erscheint, sind die Übergänge zwischen den Ausgaben und Versionen bei Online-Publikationen fließend. Einige Inhalte verändern sich stündlich, andere sind lange Zeit Bestandteile der aktuellen Web-Site.

Unter bestimmten Umständen können aber die verschiedenen Versionen eines Artikels oder eine „alte Ausgabe" des Internet-Auftritts wertvoll sein: Wenn mehrere Mitarbeiter an einem Dokument arbeiten, wenn Content mehrfach verwendet werden soll oder wenn der Zustand einer Web-Site zu einem bestimmten Zeitpunkt rekonstruiert werden soll.

Innerhalb eines CMS wird die Sicherung für gleichzeitigen Zugriff, die Dokumentation einzelner Entstehungsschritte und die Möglichkeit der Rekonstruktion verschiedener Zwischenstände Versionisierung oder Versionskontrolle genannt.

Bei der Versionisierung einer gesamten Web-Site geht es darum, die Veränderungen in Inhalt oder in Darstellung zu dokumentieren. Gerade bei rechtlich relevanten Inhalten ist es wichtig belegen zu können, welche Informationen zu welchem Zeitpunkt online waren. Hier wird die Versionisierung zur Dokumentation vergangener Inhalte genutzt. Jeder Zustand Ihrer Web-Site kann rekonstruiert werden, weil Änderungen mit Datums- oder Zeitangaben gespeichert werden.

Wird bei einer Web-Site mit Inhalten oder Darstellungen experimentiert, kann eine *roll-back*-Funktion zeitsparend sein. Welche Veränderungen man auch durchgeführt hat, per Klick kann der alte Zustand der Seite oder der Site wiederhergestellt werden, ohne zusätzliche Back-ups oder manuelle Eingaben. Sie können hierbei entscheiden, ob ein *roll-back* global alle Änderungen oder nur bestimmte Teilobjekte betreffen soll.

Sowohl die Versionisierung als auch die *roll-back*-Funktion beruht auf einer Protokollierung der Aktivitäten in einem CMS. Jede Anmeldung eines Nutzers, das heißt jede *session* wird in einer Protokolldatei erfasst, dadurch lässt es sich nachvollziehen: Wer hat wann und an welchem Content Veränderungen vorgenommen?

Eine Web-Site kann aber nicht in zeitlicher Hinsicht unterschiedliche Versionen haben: Ist eine Site mehrsprachig, dann liegen unterschiedliche Sprachversionen vor. Wenn alle Seiten in unterschiedlichen Sprachen zur Verfügung stehen, dann ist jedem Asset sein Gegenstück in einer oder mehrerer anderen Sprachen zugeordnet. Die Beziehungen zwischen den Artikeln speichert das CMS in den Meta-Informationen als Sprachattribute. Damit ist die Konsistenz der Inhalte auf multilingualen Web-Sites gesichert. Bei einer Vielzahl von Autoren plus einer Vielzahl von Sprachen wird die Automatisierung, wie sie ein CMS bietet, notwendig.

6.4.2 Die Leihbibliothek: Check-In – Check-Out

Selbst wenn Arbeitsprozesse auf das Genaueste zwischen den Mitarbeitern abgestimmt sind, kann nicht ausgeschlossen werden, dass zwei Mitarbeiter gleichzeitig auf denselben Content zugreifen. Konkurrierende Zugriffe können zu Fehlern und damit Datenverlusten führen.

Kontrollfunktionen in einem CMS verhindern das durch eine einfache Sperrung: Wird ein Inhalt von einem Mitarbeiter bearbeitet, kann ein zweiter zur gleichen Zeit nicht verändernd darauf zugreifen. Eine verfeinerte Ausführung dieser Sicherheitsfunktion ist das so genannte Check-In/Check-Out. Wenn ein Mitarbeiter auf ein Asset aus dem Content-Repository zugreift, öffnet er es nicht nur, er leiht es sich aus – es erfolgt der Check-Out. Versucht ein anderer Mitarbeiter zeitgleich das betreffende Objekt zu öffnen, erhält er eine Meldung des Systems. Nach Beendigung der Arbeit gibt der erste Mitarbeiter die „Leihgabe" wieder an das System zurück – er checkt sie wieder ein.

Der wesentliche Unterschied und damit auch der Vorteil gegenüber einfachem automatischem Sperren der Inhalte ist, dass der Mitarbeiter entscheidet, wann ein Objekt ein- oder ausgecheckt ist. Bis er das Asset nicht zurückgegeben hat, kann niemand anderes darauf zugreifen. Dazu muss er – anders als beim Sperren

– nicht im System angemeldet sein. Ein Redakteur kann also einen Artikel auschecken und völlig abgekoppelt von der Datenbank oder dem Verzeichnis beliebig lange bearbeiten: z.B. auf Geschäftsreise mitnehmen, ohne dass ein anderer Mitarbeiter seine Aktualisierungen – „aus Versehen" – rückgängig macht.

6.4.3 Content aufbrechen und speichern

Eine der wichtigsten Funktionen des CMS ist die Speicherung des Content. Dabei erfordert das Speichern, den Content „aufzubrechen", das heißt in seine Bestandteile zu zerlegen. Inhalt, Struktur und Vorlagen werden separat gespeichert. Um die Daten in der Ablage wiederzufinden und sie zu strukturieren, müssen sie mit Meta-Daten beschrieben werden. Die verschiedenen Elemente der Web-Site und der Inhalt in verschiedenen Versionen, Struktur, Meta-Daten und Vorlagen können auf unterschiedliche Art gespeichert werden. Den Content speichert man aber nicht nur, um sich rechtlich abzusichern und eine Web-Site immer wieder rekonstruieren zu können. Es geht auch darum, den Content weiterhin zur Verfügung zu stellen, das heißt ihn dezentral für alle Mitarbeiter nutzbar zu machen. Das erfordert, dass er leicht durchsucht werden kann und bestimmte Informationen problemlos wiedergefunden werden können. Im CMS übernimmt diese Funktionen das Content-Repository, hier werden alle Assets gespeichert, die auf einer Web-Site benutzt werden und wurden.

Dateien und Verzeichnisse

Wenn es Ihnen nicht darauf ankommt Ihre Web-Seiten dynamisch zu generieren, können Sie auf die einfachste Speicherform zurückgreifen und so alle Vorzüge nutzen, die eine statische Publikation bietet. Hierbei werden alle Informationen gebündelt und in einem File-Verzeichnis abgelegt. Zugangskontrollen werden durch die Rechte im Dateisystem geregelt und Zusatzinformationen in separaten Dateien abgelegt. Bei dieser einfachsten Form der Speicherung hat der Nutzer – in diesem Fall der Redakteur – den Vorteil, dass er sich nicht umstellen oder einarbeiten muss. Das hierarchische Prinzip ist aus vielen Anwendungen vertraut und der Redakteur kann auf bekannte Werkzeuge zurückgreifen, denn für Dateien verschiedenster Formate gibt es eine breite Palette von Editoren. In einem File-System stehen die Informationen dauerhaft zur Verfügung und sind von mehreren Anwendungen parallel zu verwenden. Dabei können die Dateien die unterschiedlichsten Informationen umfassen: So z.B. ausführbare Codes wie Programme oder Skripte. Über die Dateistruktur können sie sehr einfach verwaltet und integriert werden.

Nachteile der Speicherung im File-Verzeichnis:

- Content liegt nicht strukturiert vor. Wieder ist es der technische Fachmann – in diesem Fall der Programmierer – der sich um die Speicherung, den Zugriff und die Konsistenz der Daten kümmern muss.

- Die Inhalte in den Dateien können nur bedingt verknüpft werden, das heißt es gibt keine Überwachungsinstanz, die beispielsweise prüft, ob eine Datei gelöscht oder verschoben wurde, auf die in einer anderen Datei noch ein Verweis existiert.

- Das Auffinden von Informationen ist im Prinzip auf die Volltextsuche beschränkt. Nur wenn innerhalb der Dateien Meta-Informationen in Platzhalter eingepflegt werden, kann die Suche spezifiziert und z.B. die Erstellung von Indizes ermöglicht werden.

Datenbanken

Informationen werden in Datenbanken nicht als Ganzes in Dateien gespeichert, sondern in Datensätzen abgelegt. Content ist teilweise oder vollständig auf einer Web-Site mehrfach verwendbar, das Web-Design wird garantiert und durchgängig eingehalten, strukturierte Information lässt eine differenzierte Suche zu.

Sie können entweder auf relationale oder objektorientierte Datenbanken zurückgreifen. Relationale Datenbanken – wie Oracle, MySQL oder Sybase – haben sich seit vielen Jahren einen festen Platz im Bereich der Datenverwaltung der CM-Systeme gesichert. Das Prinzip aller relationalen Datenbanken ist die Speicherung der Informationen in Tabellen, die über Schlüsselfelder untereinander verknüpft werden können. Die Spaltenüberschriften entsprechen den Strukturelementen wie etwa „Überschrift", „Teaser" oder „Autor". Die Zeilen, das heißt die einzelnen Datensätze, können z.B. einem Artikel entsprechen, wobei der Content in den einzelnen Feldern gespeichert ist. Den Feldern können wiederum unterschiedliche Formate zugewiesen werden, so etwa Datum, Währung, Zeit usw. Existiert für eine Information kein passender Typ, so kann diese in BLOBs

(Binary Large Object) abgespeichert werden. Auf diese Weise lassen sich auch Informationen abspeichern, die nicht oder nur schlecht zu strukturieren sind. Die Steuerung und Abfrage der Tabellen erfolgt über eine Structured Query Language (SQL). Mit SQL können Datensätze angelegt, geändert, gelöscht oder mittels einer Abfrage ausgewählt werden. Da diese Sprache standardisiert ist, dient sie auch als Schnittstelle zwischen verschiedenen Datenbanksystemen. Die Stärke von relationalen Datenbanken ist die breite Unterstützung fast jeder aktuellen Programmiersprache, der einfache und schnelle Umgang mit numerischen und textbasierten Daten sowie schnelle Antwortzeiten bei Anfragen.

In einer objektorientierten Datenbank bleiben die Informationen als Objekt zusammen, sie werden nicht auf verschiedene Tabellen aufgeteilt. Bei der Konzeption der Datenbank werden jedem Objekttyp bestimmte Attribute zugeteilt. Ihr Vorteil ist, dass sie komplex vernetzte Organisations- und Prozessstrukturen besser abbilden als relationale Datenbanken. Dennoch konnten sich objektorientierte Datenbanksysteme, wie zum Beispiel Jasmine oder Poet, keinen großen Marktanteil sichern, da sie im Allgemeinen immer noch als langsamer gelten als die klassischen relationalen Datenbanken.

Hybride Speicherformen

Moderne Datenbank-Management-Systeme können alle Objekte, auch Bilder, Videos und Töne, in der Datenbank selbst gespeichert werden. Dafür brauchen sie natürlich enorme Ressourcen und bei großen Mengen komplexer Objekte führt das zu Laufzeitproblemen. Das System wird langsam und lässt nur eine geringe Zahl von gleichzeitigen Abfragen zu.

Deswegen gibt es neben reinen Datenbank-Lösungen auch Hybrid-Formen, die aus einer Kombination von Datenbanken und externen, in Verzeichnissen abgelegten Dateien bestehen. In den Verzeichnissen werden Inhalte gespeichert, die sich nicht einer Datenbank gemäß strukturieren lassen oder sehr groß sind, wie etwa Videos, Tondateien oder Bilder. Zwar werden Angaben zu ihrem Inhalt und Meta-Informationen im Datenbanksystem vorgehalten, die Dateien selbst befinden sich aber in einem Verzeichnis.

6.4.4 Für viel Bild und Ton: Media-Asset-Management-Systeme

Wenn auf Ihrer Web-Site mehr als ein Bild oder eine Grafik als Illustration erscheinen soll und daneben Videos, Musik und Animationen einen wichtigen Stellenwert haben, wäre es für Sie eine Überlegung wert, ob Sie nicht statt eines CMS ein Media-Asset-Management-System (MAM) einsetzen. Die Unterschiede zwischen beiden Systemen sind auf den ersten Blick kaum zu erkennen, denn sie haben ganz ähnliche Funktionen und grundsätzlich können beide dieselben Informationsobjekte verwalten.

Bei der Entwicklung der CMS-Idee war jedoch der textorientierte Content die Ausgangsbasis, während die Media-Asset-Management-Systeme für den Bedarf von Medienunternehmen entwickelt wurden. Ziel war es, die unterschiedlichen Formate medienneutral zu speichern, zu verwalten und sie dezentral zur Verfügung zu stellen. Ständige Verfügbarkeit und kommerzielle Nutzbarmachung der Informationsobjekte stehen hier an erster Stelle. Aus diesem Grund unterscheiden sich CMS und MAM auch auf technischer Ebene. Beim MAM spielen komplexe Suchfunktionen über Meta-Daten eine besondere Rolle, da in Bild- und Tondateien eine Volltextsuche nicht möglich ist. Ergänzt wird dies durch Funktionen, die eine automatische Bildinhaltserkennung anbieten. Zur Grundausstattung zählt weiter das medienspezifische Datenmanagement, wie Farbmanagement und medienneutrale Formate, Verwaltung von Urheberrechten, digitalen Signaturen, Wasserzeichen und Lizenzen. Ein MAM ist auch in Erwägung zu ziehen, wenn Content regelmäßig medienübergreifend veröffentlicht werden soll oder wenn Content für die Verwendung im kommerziellen Bereich produziert wird. Hier kann ein MAM-System seine Stärken voll ausspielen und ist den meisten normalen CMS überlegen.

6.4.5 Daten über Daten – Meta-Daten

Meta-Daten sind maschinenlesbare Informationen über Daten oder Content. In einem CMS dienen die Meta-Daten als Vermittler zwischen Inhalt und Vorlage. Die Meta-Daten sind in diesem Fall die „Namen" der Elemente, denen ein bestimmtes Design zugeordnet ist. Sie benennen entweder ein gesamtes Dokument, z.B. „Pressemitteilung" oder Teile davon (Überschrift, Teaser usw.).

Wenn strukturbeschreibende Meta-Daten vorhanden sind, können die einzelnen Elemente auch in unterschiedlichem Zusammenhang präsentiert werden. Der Teaser eines Artikels kann beispielsweise mit dem dazugehörenden Bild auf der Homepage stehen, er kann in einem Newsletter versendet werden oder als Vorspann zum eigentlichen Artikel erscheinen. Mit Hilfe der Software eines CMS kann die Mehrfachverwendung innerhalb einer Site leicht bewerkstelligt werden, die Veröffentlichung in verschiedenen Medien gestaltet sich aber komplexer.

Diese Art von Meta-Daten gehört zur Klasse der inhaltsabhängigen. Sie können nur erzeugt werden, wenn der Inhalt verstanden wird, wobei auch separat gespeicherte Schlagwörter, Indizes oder Schlüsselwörter berücksichtigt werden. Inhaltsbeschreibende Meta-Daten können auch zur sprachlichen Darstellung nicht-sprachlicher Inhalte dienen: sie beschreiben in Worten, was z.B. als Bild oder Grafik vorliegt. Ein Beispiel dafür ist die Begleitinformation zu einer Karte, die in etwa lauten könnte: Die Karte zeigt den Verlauf der Autobahn, die Rastplätze sind eingezeichnet. Ohne solche Informationen ist eine Suche in multimedialen Beständen nicht möglich.

Meta-Daten, die nichts mit dem Inhalt eines Dokuments zu tun haben, lassen sich in zwei Unterarten gliedern: in identifizierende und administrative. Die identifizierenden Meta-Daten bestimmen ein Dokument oder eine Information eindeutig. Typischerweise handelt es sich dabei um Merkmale wie etwa der Name eines Autors, eine Versionsnummer oder ein einheitlicher Dokumentenname. Administrative Meta-Daten dienen zur Verwaltung, sie bezeichnen zum Beispiel den Aufbewahrungsort (Verzeichnisstruktur, URL etc.), die Beziehungen zu anderen Daten oder einen Status (in Bearbeitung, genehmigt etc.). Auf solche Meta-Daten wird in einem CMS im Bereich des Workflows und der Speicherung zurückgegriffen.

Beinahe unersetzlich sind Meta-Daten für jede Art von Suche, denn ohne sie ist man auf die Volltextsuche angewiesen, die gerade bei großen Datenbeständen landläufig bekannte Tücken hat. Meta-Daten erleichtern die Suche in den unternehmensinternen Datenbeständen. Darüber hinaus verbessern sie auch die Effektivität einer Site-internen Suchmaschine und helfen im Suchmaschinen-Ranking besser abzuschneiden.

Bei der Dokumentation der Daten geht es in erster Linie darum, den Datenbestand klein und langfristig verwertbar zu halten – auch hier sind Meta-Daten ein wichtiges Werkzeug. Im Dokumentenmanagement wird dies mit dem Wort „Datenfitness" umschrieben. Zu ihr gehört auch die Information der zeitlichen Gültigkeit, Aktualität und andere Qualitätsmerkmale der Daten. Meta-Daten spielen eine entscheidende Rolle beim Austausch von Informationen, sie teilen dem Empfänger den Aufbau der übertragenen Datei mit und instruieren ihn über die Interpretation der Daten.

Beispiele für Meta-Daten, die im Web-Publishing gebraucht werden:
- Schlüsselwörter für den Index und die Suchmaschine
- Art des Content: z.B. Bild, Artikel, Nachricht, Produktbeschreibung
- Personen: Autor, Bearbeiter etc.
- Den Zustand des Dokuments: in Bearbeitung, veröffentlicht, Veröffentlichungsdatum, archiviert etc.
- Gültigkeitsstatus: Wann wurde das Dokument freigegeben, wie lange soll es auf der Web-Site zu lesen sein?
- Verbindungen zu anderen Projekten, Artikeln etc.

6.5 Content veröffentlichen: Statisch oder dynamisch?

Die meisten CM-Systeme haben eine Server-Komponente, die im Zusammenspiel mit dem Web-Server und einer Datenbank die Seiten eines Internet-Auftritts generiert – und zwar beim Abruf einer Seite und dies entweder statisch oder dynamisch. Beim dynamischen Publizieren wird am Grundprinzip der Trennung bis zum Schluss festgehalten: Vorlage und Inhalt kommen erst in der Browser-Ansicht des Nutzers zusammen – also erst im letzten Augenblick. Bei der statischen Generierung legt das CMS die fertigen Internet-Seiten einzeln als HTML-Dokumente in File-Systemen auf der Festplatte des Web-Servers ab. Sie stehen dann bei Abfrage sofort zur Verfügung, ein Rückgriff auf das CMS ist nicht notwendig. Einige CMS bieten nur dynamisch erzeugte Web-Sites an, andere produzieren auf Wunsch auch statische. Beide Publikationsweisen haben ihre Stärken und Schwächen.

Dynamisches Generieren

Vorteile:

- Die Web-Site ist immer auf dem neuesten Stand. Dieses Maximum an Aktualität ist besonders interessant bei „Echtzeit-Anwendungen" wie Online-Shops, Buchungssystemen oder Benutzerforen.
- Das Erscheinungsbild der Web-Site ist leicht zu ändern: Will man ein neues Layout einführen, muss nur eine Schablone geändert werden.

Nachteile:

- Der Aufbau kann etwas langsamer sein, denn der Aufruf einer Web-Seite ist komplexer: Der Web-Server muss die Anfrage erst an das CMS weiterleiten. Dieses wiederum startet eine Anfrage an den Datenbank-Server, baut aus der Antwort und der Layout-Vorlage die Seite zusammen und gibt sie an den Web-Server zurück. Erst dieser liefert die Seite dann aus.
- Die erhöhte Server-Last kann zu Performance-Problemen führen. Vor allem bei Hostern, die Datenbank- und Web-Server unter mehreren Kunden teilen, besteht hier die Gefahr, dass der Seitenaufbau langsam wird.

Statisches Generieren

Vorteile:

- Die Seitenabrufe sind schnell.
- Sie erzeugen weniger Server-Last, da der Web-Server nur fertige Seiten ohne Rückgriff auf das CMS oder die Datenbank ausliefern muss.

Nachteile:

- Der aktuellste Stand der Web-Site ist nicht automatisch garantiert.
- Änderungen im Layout sind etwas komplizierter, da jede einzelne Seite der Site neu generiert werden muss.

Die Entscheidung für eine Publikationsweise hängt von der Größe der Site, dem Bedürfnis an Aktualität, der voraussichtlichen Update-Frequenz sowie den Zugriffszahlen ab. Gerade für vielbesuchte Sites ist es wichtig, die Anforderungen an die Rechenleistungen des Web-Servers nicht so hoch werden zu lassen, dass Abfragen zu langsam bearbeitet werden. Dafür wird oft auf die höchste Aktualitätsstufe verzichtet. Für solche Sites ist es sinnvoller mit statischen Seiten zu arbeiten, die zeitgesteuert sind oder bei Änderungen in der Datenbank generiert werden.

Bei manchen CMS müssen Sie keine Entscheidung für Ihre komplette Site treffen, da sie einen teildynamischen Modus anbieten. Nach diesem Prinzip arbeitet zum Beispiel die Redaktion der Zeitschrift c't. Ihre Online-Ausgabe ist sehr stark frequentiert. Daher generiert sie die meisten Seiten statisch. Nur beim Forum setzt sie auf dynamische Seiten, da dieses davon lebt, Meldungen der Besucher auf die Minute aktuell einzustellen.

Beim statischen Publizieren muss aber die Aktualität der Site nicht eingeschränkt sein, vielmehr kann ein CMS die Seiten dann generieren und für Updates sorgen, wenn wirklich Änderungen erfolgt sind.

6.6 CMS – geschenkt, gekauft, geliehen oder selbst gebaut?

Maßgeschneidert oder Konfektion? Wer eine CMS-verwaltete Site aufbaut, muss sich entscheiden, ob er den perfekt sitzenden Maßanzug braucht oder ob es auch etwas Passendes von der Stange sein darf. Welches Modell man sich aussucht, ist nicht nur eine Frage des Preises, sondern auch des Aufwandes und des Anspruchs. Wie genau muss das CMS auf die Systemumgebung zugeschnitten sein? Wie viel Entwicklungsarbeit sind Sie bereit, dafür selbst aufzuwenden?

Dabei ist nicht zu vergessen, dass Ihre Web-Site von morgen nicht mehr genau dieselbe ist, wie die von heute: Seitenzahlen können ansteigen, die Site kann neue Funktionen bekommen. Wenn Sie sich ein neues CMS anschaffen, sollten Sie sicherstellen, dass es mit Ihrer Web-Site und Ihrer Redaktion mitwachsen kann. Wenn Sie zum Beispiel ein Forum einrichten wollen oder eine zweisprachige Fassung Ihrer Web-Site geplant ist, stellt die Verwaltung der Web-Site andere Anforderungen an ein CMS.

Der CMS-Markt ist heiß umkämpft und unzählige Hersteller mit den unterschiedlichsten Produkten sind dort vertreten. Die Preisspanne ist ebenso riesig wie der Umfang der angebotenen Funktionen, Bausteine und Lösungen. Der Markt stellt sich heute dreigeteilt dar. Es gibt die teuersten High-End Lösungen, wie zum Beispiel Vignette oder Interwoven, die einen ganzheitlichen Ansatz verfolgen und damit das Ziel, den gesamten Workflow von Inhalten, Daten und Dokumenten des Unternehmens zu steuern.

Im mittleren Marktsegment finden sich die reinen „Redaktionslösungen". Sie beschränken sich auf die Pflege von Internet-Inhalten. In diesem Sektor konkurriert eine Vielzahl von Anbietern mit im Wesentlichen identischen Produkten.

Für die einfachsten Ansprüche gibt es auch eine Reihe von Angeboten, die sich auf die unbedingt erforderlichen Funktionen beschränken und z.T. auf Open-Source-Module zurückgreifen. Meist wird auf Benutzerverwaltung und Workflow verzichtet. Sie eignen sich also vor allem für überschaubare Web-Sites, die von einem kleinen Team erstellt und gepflegt werden. Dafür kosten sie oft weniger als ein Anzug von der Stange.

In diesem Bereich kann man zu einem geschlossenen System greifen, es installieren und loslegen. Bei *out-of-the-box*-Produkten gibt das CMS vom Design der Seiten bis zum Workflow vieles vor. Die Vorgaben der teureren Produkte sind in Teilen allerdings so vielfältig, dass eine fertige Lösung nicht unbedingt wie ein Korsett einschränkt.

Die meisten Hersteller bieten auch Module an, mit denen das Kernsystem individuell erweitert werden kann. Die Grenzen zwischen den *out-of-the-box*-Systemen und modularen Produkten sind nicht klar gezogen, gerade günstige Produkte bieten neben ihrer Grundausstattung modulare Erweiterungen an. Dabei gilt: Je mehr Bausteine miteinander kombiniert werden können, umso höher sind die Anforderungen an die Implementierung und die Konfiguration.

Sie müssen nicht gleich eine Software-Lizenz kaufen, Sie können ein CMS auch mieten. Diese Angebote verstecken sich hinter der Abkürzung ASP (Application Service Providing). Betreiber bieten hier gegen eine Nutzungsgebühr Anwendungen als Mietlösungen an. Im CMS-Bereich entwickeln die Provider meist selbst die Systeme, teilweise kaufen sie aber auch die Software-Lizenzen von anderen Herstellern. Auf jeden Fall sorgen sie für den Betrieb, die Wartung und für Updates der eingesetzten Lösung. Die Software läuft auf Servern im Rechenzentrum des Providers und wird komplett über den Web-Browser bedient. Die Funktionen und Angebote sind dabei genauso umfangreich wie bei gekauften Systemen.

Die Vorteile einer solchen Lösung liegen darin, dass hohe Anschaffungskosten entfallen und dass sie eine schnell implementierbare und komfortable Alternative bietet. Wenn der Erfolg eines Unternehmens allerdings wesentlich von der Verfügbarkeit der Web-Site abhängt, ist der direkte Zugriff darauf unverzichtbar. Eine zu große Abhängigkeit vom Provider kann sich in diesem Fall nachteilig auswirken.

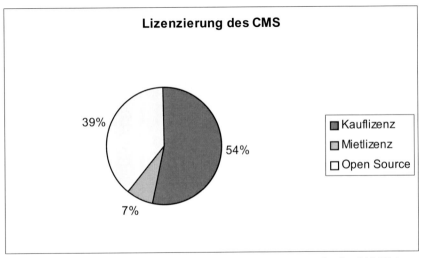

Mietlizenzen haben sich nicht durchgesetzt (Quelle: Content Studie 2006/1.)

Beim Einsatz von Open-Source-Software wird ein frei verfügbares, kostenloses Produkt auf dem eigenen Web-Server installiert und eingerichtet. Im Unterschied zu kommerzieller Lizenz-Software ist der Quellcode offen zugänglich und das CMS daher individuell weiterzuentwickeln werden. Der eigenen Entwicklungslust sind keine Grenzen gesetzt. Sind die notwendigen technischen Ressourcen vorhanden und die Ansprüche an die „Passform" eines CM-Systems hoch, können ganze Systeme oder auch Teile davon durchaus selbst entwickelt werden. Der Vorteil daran ist, dass sich das System nahtlos in die IT-Umgebung einfügt und optimal auf die redaktionellen Bedürfnisse zugeschnitten ist. Natürlich bedeutet der Selbstbau den größten Aufwand aller möglichen Lösungen. Ob er teurer ist, muss im Einzelfall geprüft werden, denn oft kann man auf einige Module eines Lizenz-Produktes verzichten. Das technische Know-how für die Maßanfertigung können Sie auch bei Dienstleistern einkaufen.

6.7 Fragen an…

… Oliver Zschau, Geschäftsführer von Feig & Partner und Chefredakteur von contentmanager.de zum Thema Content-Management-Systeme.

Wenn Sie die Contentmanager.days 2006 zusammenfassen, welche Themen standen dort besonders im Mittelpunkt? Und wie ist Ihre Einschätzung dazu?

> *Grundlegend lässt sich feststellen, dass viele Anwender Schwierigkeiten haben, ihr Content-Management – ob im Inter- oder Intranet – effektiv und qualitätsorientiert zu gestalten. Die Contentmanager.days 2006 haben hier durch Beispiele aus der Praxis neue Lösungswege aufgezeigt und die Diskussion unter den Verantwortlichen in Gang gebracht. Der aktuelle Fokus im Content-Management ist kein technologischer, sondern ein organisatorischer.*

Das CMS-Angebot ist für einen Laien kaum überschaubar. Wenn nun eine Software für eine informationsbasierte nicht zu komplexe Web-Site gesucht wird, die von einer drei-köpfigen Redaktion betreut wird: Welche Funktionen sind unerlässlich, was ist eher überflüssig? Worauf sollte man sonst noch bei der Auswahl eines CMS achten?

> *Dies könnte in der einfachsten Variante auch eine Blog-Software sein. Im Content-Management kommt es nicht darauf an, was gerade benötigt wird, sondern wohin es gehen soll. Der Wechsel selbst vom einfachsten System in ein erweitertes ist mit Migrationsproblemen verbunden. Redaktionen, selbst kleine, sollten ihre Arbeitsweise skizzieren und damit auf die Suche nach ihrem CMS gehen. Nur das CMS, das sich darauf ausrichtet, kann zu effektiver Arbeit beitragen. Verzichten sollte man jedoch in keinem Fall auf eine Versionsverwaltung der Inhalte.*

Wie schätzen Sie aus Ihrer Erfahrung den Nutzen eines mehrstufigen ausgefeilten Workflows ein? Wie genau sollte ein Workflow abgebildet sein? Kann eine Workflow-Komponente die Qualität einer Web-Site wirklich verbessern?

Ja, kann sie, wenn der Workflow gelebt wird. Immer wieder zu beobachten ist, dass es in Workflows ein Hintertürchen gibt, damit Verantwortliche ohne Umwege Content freigeben können. Dies wird meist zur Standardvorgehensweise. Mein Rat ist, den Workflow so klein wie möglich zu halten und diesen dann konsequent zu verwenden. Mehrstufige Workflows sind auf jeden Fall sinnvoll, doch sie werden in der Praxis eher selten konsequent umgesetzt.

Informationen zu speichern und für eine Recherche oder Wiederverwendung bereitzustellen ist auch eine wichtige Funktion von CMS. Was können die Systeme heute? Welche Features sind notwendig?

Heutige Systeme können Inhalte nicht nur als Web-Seite sondern in Komponenten zerlegt ablegen. Auf Basis dieser Komponenten sind dann vielfältige Möglichkeiten der Content-Wiederverwendung nutzbar beziehungsweise mehrsprachige Web-Sites umsetzbar. Was davon notwendig ist lässt sich nicht pauschal beantworten. Gerade komplexe, internationale Marketingauftritte benötigen diese Features.

7 Webspezifische Kommunikationsformen und Web 2.0

Freunde zu finden ist im 21. Jahrhundert leichter als je zuvor. Die Angabe Ihres Namens und einer E-Mail-Adresse reicht aus, um Mitglied der weltweit größten Internet-Community myspace.com zu werden. Diese Plattform mit mittlerweile 87 Millionen registrierten Mitgliedern wirbt damit, ein „place for friends"[55] zu sein. In tagebuchähnlichen Einträgen informieren die Nutzer der Seite ausgiebig über ihr Privatleben und ihre persönlichen Bedürfnisse, tauschen sich in Foren und Chats über Neuigkeiten aus oder laden selbst produzierte Videos und Musikstücke ins Netz. Rupert Murdoch witterte riesige Werbeeinnahmen, erwarb 2005 für 580 Millionen US Dollar die Rechte an myspace.com und machte den User vom Freund zum transparenten Kunden. Die Online-Community MySpace ist jedoch längst nicht das einzige Beispiel für eine rasant fortschreitende, scheinbar grenzenlose Vernetzung des Internets, in dem immer öfter User selbst zu Anbietern und Redakteure zu Issues-Managern werden.

Eines ist klar, ob professionelles Unternehmen oder Gelegenheitsblogger: Wonach die Anbieter von Content im Internet dieser Tage streben, ist Aufmerksamkeit. Mittlerweile tummeln sich täglich neun Millionen Besucher auf der Video-Plattform youtube.com, die im Oktober 2006 für 1,65 Milliarden Dollar von Google übernommen wurde. Es existieren weltweit über 55 Millionen private, und zu PR-Zwecken genutzte Blogs und Fotodatenbanken. flickr.com oder die Kontakt-Management-Plattform xing.com ziehen hunderttausende von Besuchern an. Jede Sekunde kommen laut Informationen der Blogsuchmaschine technorati.com zwei neue Besucher hinzu. Diese Zahlen zeigen eine durch technische Innovationen ermöglichte Entwicklung des Internets: weg vom reinen Abrufmedium hin zur interaktiven Plattform mit schier grenzenlosen Möglichkeiten, als Nutzer selbst aktiv zu werden. Das unter dem Begriff Web 2.0 bekannt gewordene „Mitmach-Internet" steht laut Studien noch am Anfang seiner

---

[55] www.myspace.com

Entwicklung und wird die traditionellen Kommunikationsformen so schnell nicht ablösen, sondern sich parallel dazu entfalten. Die neuen Dienste jedoch könnten womöglich heute schon großen Mehrwert für Ihren Internetauftritt bedeuten. Selbst wenn auf den ersten Blick Blog, Community, Podcast oder Newsfeed für Sie und Ihre Redaktion wenig Potenzial zu bieten scheinen – das Wissen über die neuen Entwicklungen des Internet und deren Dienste bringt oft die entscheidende Flexibilität, im richtigen Moment die passende Kommunikationsform einzusetzen. Oder oft genauso wichtig: Zu wissen, wo und vor allem mit welchen Mitteln über Ihr Unternehmen und Ihre Arbeit kommuniziert wird.

Ziel dieses Kapitels ist es, Ihnen einen Überblick zu sowohl traditionellen Anwendungen wie Newsletter und Forum als auch neu entstehenden Formen der Online-Kommunikation und deren Implikationen für das heutige Internet und die dort aktive User-Gemeinschaft zu geben. Spätestens seit Angela Merkel den Seitenbesuchern von www.bundeskanzlerin.de via Podcast in Form kleiner Videobeiträge die aktuellsten Regierungsbeschlüsse nahebringt, können wir uns sicher sein: Kein Online-Redakteur kann es sich leisten, nicht über die neuesten Entwicklungen im Netz und technischen Innovationen Bescheid zu wissen.

7.1 Das Potenzial von Web 2.0

Es besteht große Uneinigkeit über die Definition des von Tim O'Reilly erstmals auf der Web-2.0-Konferenz im Oktober 2004 genannten Begriffes Web 2.0. Das Internet durchlebt eine rasante Entwicklung weg vom Netz einseitiger Kommunikation hin zur interaktiven Plattform, die es Millionen von Usern erlaubt, sich aktiv einzubringen. Von kollektiver Intelligenz, dem Internet zum Mitmachen, sozialer Software wird gesprochen und manchmal fällt sogar der Begriff „Revolution im WorldWideWeb".

Das Nutzerverhalten ändert sich

Von großem Interesse für Online-Redaktionen sind vor allem die Chancen und potenziellen Probleme, die diese Entwicklung hin zu mehr Interaktivität und User-Eigeninitiative für die Mitarbeiter von Online-Redaktionen bringt. Zwar ist die Zahl derjenigen, die Interesse daran zeigen aktiv, Beiträge zu verfassen und ins Internet zu stellen, laut der ARD/ZDF-Online-Studie[56] mit 25% insgesamt gesehen noch relativ gering. In der aktivsten Gruppe der 20- bis 29-Jährigen sind es jedoch schon 32%.

Art der Nutzung	In %
Abruf von Audiodaten	29
Abruf von Videodaten	20
Live-Radionutzung	27
Live-Fernsehnutzung im Internet	7
Podcasting	6
Vodcasting	3
Instant Messaging	28
Teilnehmen oder chatten an Gesprächsforen oder Newsgroups	32
Abo von RSS Feeds/Newsfeeds	6
Abo Newsticker/Liveticker	9

Welche multimedialen Anwendungen werden genutzt? (Quelle: Fisch, Martin, Gscheidle, Christoph, Onliner 2006)

Noch deutlicher wird der Einfluss von „Web-2.0-Diensten", wenn man sich die Nutzerzahlen multimedialer Anwendungen betrachtet. Die Rolle des traditionellen Redakteurs, dessen Aufgabe in der Selektion des richtigen Contents und dessen Aufbereitung bestand, erweitert sich damit heute in vielen Fällen um Funktionen in den Bereichen Moderation, Unterhaltung, Sicherung von Qualitätsstandards, Beobachtung gesellschaftlicher Trends und Monitoring der Kommunikation über die eigene Organisation und Konkurrenz-Organisationen. Das Aneignen von Wissen über Existenz und Eigenheiten neuer und traditioneller Anwendungen ist zur Pflicht für professionelle Anbieter von Content im Netz

---

[56] Fisch, Martin, Gscheidle, Christoph, Onliner 2006.

geworden. Die übertragene Information ist stark vom gewählten Medium abhängig und verschiedene Dienste sollten wohlüberlegt und mit gutem Grund eingesetzt werden, um nicht zur leeren Hülle des Inhalts zu werden. Es soll mit einem Blick auf Vor- und Nachteile des wohl derzeit meist diskutierten Dienstes begonnen werden: dem Blog.

7.2 Weblogs

Weblogs (engl. Wortkreuzung aus Web und Log) basieren auf Content-Management-Systemen, die das Schreiben und Verwalten von Artikeln ohne Erfahrung mit HTML-Programmierung ermöglichen. Auf den tagebuchähnlichen Web-Sites werden periodisch neue Einträge veröffentlicht. Das Schreiben in einem Blog wird als bloggen bezeichnet, die Gesamtheit aller existierender Blogs als Blogosphäre. Besonderheit von Blogs ist die einfache Vernetzung von Inhalten untereinander, wobei zum einen der Leser über die Kommentarfunktion seine Meinung zum Thema beitragen, zum anderen über die Trackback-Funktion von einem Artikel auf einen anderen verwiesen kann. Hauptsächlich sind es zwei Eigenschaften, die Weblogs charakterisieren und den Ausschlag für ihren großen Erfolg gegeben haben. Erstens sind Blogs extrem leicht zu handhaben. Und zweitens: Blogs sind kommunikationsbetont und, dank der Möglichkeit Seiten zu verlinken, interaktiv.

Also: Sofort Blog anmelden, Design wählen, Text und Bilder hochladen, fertig? Falsch! Denn nichts ist schlimmer als ein Weblog ohne Konzept. Eine wohlüberlegte und sinnvolle Integration eines „Onlinetagebuchs" in Ihren Internetauftritt kann großen Mehrwert bringen. Ein Blog nur des Bloggens wegen jedoch bedeutet oft zusätzlichen Arbeitsaufwand für Sie und ist ohne Nutzen für den User.

Ein Fallbeispiel. Der Urlaubs-Blog von Hapag-Lloyd Express erlaubt es den Kunden Reiseerlebnisse, Eindrücke und Tipps mit Besuchern der Seite zu teilen, und stellt eine gelungene Umsetzung des Prinzips Blog als Plattform dar. Die Seite warnt: „Vorsicht, das ist nicht nur unterhaltsam, sondern wirkt auch inspirierend!"[57] und zeigt damit recht transparent die eigentliche Intention des Onli-

---

[57] http://blog.hlx.com

neauftritts – Kunden werben Kunden durch Berichte von Flugreisen mit HLX. Und dies, ohne dass nennenswerte Kosten für das Unternehmen verursacht werden. Die „Nutzung kollektiver Intelligenz" würde Tim O'Reilly das wohl nennen. Dass jeder Artikel der freiwilligen „Reisereporter" mit Werbung, Preisauskunft und Buchungsaufforderung für das beschriebene Reiseziel umrandet ist, versteht sich von selbst.

Der „HLX-Urlaubsblog" als Mittel zur Kundenbindung und zur Schaffung von Mehrwert (Quelle: http://blog.hlx.com)

In der Rubrik „HLXperten" stellen Mitarbeiter sich und ihre beliebtesten Ziele vor, haben Besucher die Möglichkeit, an Fotowettbewerben teilzunehmen oder Informationen zu bestimmten Themenbereichen wie Kultur und *nightlife* zu recherchieren. Das Bedürfnis der Fluggäste, ihre Erlebnisse einer breiten Öffentlichkeit mitzuteilen, scheint groß zu sein, denn täglich sind zahlreiche neue Einträge zu verzeichnen. Ein Besuch des Blogs ersetzt den Reisekatalog, denn was ist überzeugender als die Erfahrungsberichte und Geheimtipps anderer Urlauber. Der Button, der zur Buchung führt, liegt natürlich immer in direkter Klicknähe. Das Beispiel zeigt deutlich, worauf es bei der Entscheidung für oder gegen den Einsatz eines Blogs ankommt, auf:

- Das damit verbundene Ziel!
- Die klare Definition einer Zielgruppe!
- Die Einbindung des Blogs in den Kommunikationsmix Ihrer Organisation!
- Die Möglichkeit, die Effizienz und Effektivität des Blogs zu evaluieren!
- Die Bestimmung von Verantwortlichen, die der Aufgabe gewachsen sind!

Kurz: Der Einsatz eines Weblogs bedarf einer Strategie.

Blogs ohne klare Intention und Zielgruppe, die einzig dazu genutzt werden, im Monatsrhythmus Pressemitteilungen oder unregelmäßig Informationen zu lancieren, und keine Möglichkeit der Interaktion zwischen Kunden untereinander und dem Seitenbetreiber bieten, sind nicht nur nutzlos, sondern zudem wenig besucht. Die negativen Auswirkungen auf das Image des kompletten Internetauftritts und damit auf die verantwortliche Organisation sind nicht abzuschätzen. Vieles gilt es zu bedenken, denn Blogs können Schaden oder Nutzen für Sie bringen. Ansgar Zerfaß, Professor für Kommunikationsmanagement an der Universität Leipzig und Mitglied der Geschäftsleitung der MFG Baden-Württemberg, dem Kompetenzzentrum des Landes für IT und Medien, schlägt vor, sich dem Thema in mehreren Schritten zu nähern. Ein entscheidender erster Schritt sollte die intensive Auseinandersetzung mit dem Medium und dessen Besonderheiten sein, um ein Gespür für die neue Kommunikationsform zu bekommen. Es bietet sich an, einen oder mehrere Ihrer Mitarbeiter darauf anzusetzen, ein Blog-Monitoring zu etablieren – sprich, eine systematische Beobachtung fremder Blogs durchzuführen, um Aussagen über die Bedeutung der Blogosphäre für Ihr Unternehmen treffen zu können. In einem weiteren Schritt können Sie damit die für Sie relevanten Meinungsmacher, Kritiker und Multiplikatoren ausmachen, sich an deren Diskussionen beteiligen und gegebenenfalls ein Vertrauensverhältnis zu ihnen aufbauen. Nachdem Ihre Mitarbeiter sich intensiv mit dem Medium, dessen technischen Besonderheiten und den verschiedenen Stakeholdern beschäftigt haben, können Sie den Einsatz eines ersten „Pilot-Blogs" wagen. Der letzte Schritt ist schließlich die Inbetriebnahme eines eigenen vollwertigen Blogs.

Was bei Ihren Überlegungen zum Einsatz eines Blogs jedoch nie fehlen darf, ist der kritische Blick auf Vor- und Nachteile eines Blogs. Die folgenden Punkte helfen bei der Entscheidung – unabhängig davon, ob Sie mit Ihrer Web-Site gewerbliche oder rein informationsvermittelnde Absichten verfolgen.

7.2.1 Chancen und Probleme eines Blogs

Blogs bieten gegenüber herkömmlichen Online-Diensten wie Forum, E-Mail und Newsletter einige technische Vorteile, wobei beachtet werden muss, dass ein technischer Vorteil nicht automatisch Nutzen für Sie oder Ihre Zielgruppe bedeutet. Erst in Verbindung mit einer eindeutigen Intention bringt das Ganze einen Mehrwert.

Vorteile

1. Blogs sind interaktiv: Über die Kommentarfunktion kann eine persönliche Meinung zu einem Eintrag abgegeben und über dessen Inhalt diskutiert werden. Gegenüber Foren haben Blogs den Vorteil, dass Artikel zwar kommentiert, nicht jedoch eigene Themen erstellt werden können. Es liegt wohl in der Natur des Internet-Users, dass er wissen möchte, was im Nachhinein von anderen Seitenbesuchern über seine Anmerkungen geschrieben wird. Je größer die Beteiligung an Diskussionen, desto größer die Zahl an wiederkehrenden Besuchern. Im Optimalfall besitzt der Besucher einen eigenen Blog und verlinkt diesen mit Ihrer Seite. Ihr potenzieller Leserkreis wird somit automatisch vergrößert. Nach dem Motto: „Ich habe nichts zu befürchten und zeige mein Unternehmen gerne" steigert es zudem ganz nebenbei die Glaubwürdigkeit Ihres Onlineauftritts, wenn Sie eine Kommentierung zulassen. Bieten Sie diese Möglichkeit der Interaktivität, wenn Sie den Kunden stärker einbinden möchten!

2. Blogs sind preisgünstig und technisch ein Kinderspiel: Neben kostenfreien Weblogs, die sich über Bannerwerbung finanzieren, bieten zahlreiche etablierte Provider heute die Möglichkeit, gegen geringe Gebühren schnell

und einfach einen Blog unter dem eigenen Domain-Namen zu registrieren. Sollten Sie für Ihre Web-Site ein Content-Management-System verwenden, ist dort in den meisten Fällen bereits eine Blog-Funktion integriert. Ansonsten greifen Sie auf Softwarepakete zurück, in denen Sie die einzelnen Komponenten aufeinander abstimmen können. Beliebt sind derzeit die Programme WordPress und Movable Type. Der Technikverantwortliche Ihrer Redaktion weiß sicher über die verschiedenen Varianten Bescheid!

3. Bloggen ist einfach: Ohne jegliche HTML-Kenntnisse können Blog-Artikel in ein Textfeld eingetragen und Bilder hinzugefügt werden. Sie können selbst entscheiden, ob der Text sofort online gestellt oder zur späteren Weiterverarbeitung gespeichert wird. Entscheiden Sie, wer die Erlaubnis bekommt, Inhalte zu veröffentlichen!

4. Blogeinträge können über Feeds (mehr dazu im Verlauf dieses Kapitels) abgerufen werden: Je nachdem, ob Sie ihren Kunden diesen Service anbieten, können neu veröffentlichte Inhalte Ihres Blogs dank RSS-Feeds automatisch in regelmäßigen Abständen auf die Computer (oder andere Endgeräte wie z.B. Handys, PDAs oder mobile Spieleplattformen) des Abonnenten geladen werden. Mit Weblog-Systemen wie WordPress oder Movable Type können diese RSS-Feeds automatisch generiert und in Ihre Web-Site eingebunden werden. Bieten Sie Feeds an, wenn Sie Ihre Kunden ständig mit aktuellen Informationen versorgen möchten. Eine Infobox zur Verwendung von RSS-Feeds auf Ihrer Web-Site ist ratsam, da bisher nur sehr aktive Nutzer über diesen Service Bescheid wissen und ihn nutzen.

Nachteile

1. Pflege des Blogs ist ein Muss: Einmal online verlangt der Blog ständige Pflege und Aktualisierung der Inhalte. Denn ein „Tagebuch" mit seltenen oder unregelmäßigen Einträgen interessiert den Leser vielleicht kurz, aber führt nach wenigen Besuchen ohne neuen Informationsgewinn schnell zu großer Enttäuschung. Können Sie die Pflege der Inhalte aus zeitlichen oder personellen Gründen nicht gewährleisten, sollten Sie den Einsatz überdenken!

2. Blogs sind persönlich: Dass die Verfasser am Ende der Einträge üblicherweise namentlich genannt werden, führt dann zu einem Problem, wenn die betroffene Person keine Zeit hat, den Artikel persönlich zu verfassen und die Inhalte in zeitaufwändigen Briefings mit dem Geschäftsführer abgestimmt werden müssen. Stellen Sie sicher, dass die Verfasser der Artikel die Zeit dazu haben, Ihre Aufgabe auszuüben.

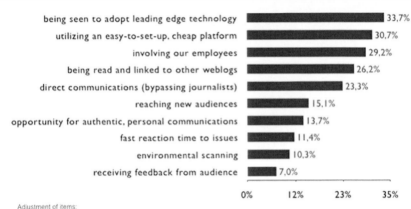

Die ersten Ergebnisse der großen europaweiten Studie zu Weblogs im Überblick. 587 PR-Fachleute aus 33 Ländern gaben an, was sie vom Bloggen erwarten. (Quelle:http://www.euroblog2006.org/press//graphs/files/page17-1000-full.html)

3. Blogs fehlt die Struktur: Ein Punkt, in dem ein Blog der herkömmlichen Web-Site fast immer unterliegt, ist die Struktur der Seite, da die Sortierung nach Datum zwar eindeutig ist, ein Kunde, der sich einen Überblick über ein gewisses Thema verschaffen will, sich jedoch schwer tut. Versuchen Sie deshalb, Inhalte in Kategorien einzuteilen und gewissenhaft zu archivieren. Viele Blogs verfügen zudem über eine Suchmaschine.

7.2.2 Nutzen eines Blogs

Nachdem Sie sich über Vor- und Nachteile klar geworden sind, können Sie dazu übergehen, zu definieren, was das Ziel des Einsatzes Ihres Blogs sein soll. Es macht Sinn, zwischen interner und externer Nutzung zu unterscheiden.

Interne Nutzung

Deutlich zeigt sich der Nutzen eines Blogs z.B. in der Funktion eines „schwarzen Bretts" für Mitarbeiter, da Inhalte schnell aktualisiert werden können und durch die Archivierungsfunktion auch später noch auffindbar sind. Leser können die „Aushänge" kommentieren und sich über ein Thema austauschen. Auch als ideale Ergänzung Ihres E-Mail-Verkehrs ist der Blog denkbar. Sie können Meetings beispielsweise per E-Mail ankündigen und zum Einsehen von Vorbereitungsmaterialen oder Protokollen auf den Blog verweisen. Verfügen Sie bereits über ein gut besuchtes Intranet, sollte der Mehrwert des Blogs im Vergleich zum restlichen Intranet im Fokus Ihrer Überlegung stehen. Beliebt ist auch der Einsatz von Blogs als projektbegleitendes Kommunikationsmittel, das ohne großen Aufwand erlaubt, die verschiedenen Phasen eines Projekts zu dokumentieren, und die Einarbeitung für neu hinzukommende Personen einfacher macht. Bei IBM nutzen so beispielsweise 500 Beteiligte in über 30 Ländern einen Blog, um Entwicklungsprojekte voranzutreiben.

Externe Nutzung

Die auf unternehmensfremde Besucher Ihrer Seite fokussierte externe Nutzung eines Blogs kann viele Formen annehmen und sehr unterschiedliche Ziele verfolgen.

- Information für Kunden: Das moderne und interaktive Format eines Blogs erlaubt es, Kunden auf kreative Art und Weise mit Informationen über Ihre Organisation zu versorgen. Generell nimmt weiterhin die traditionelle Web-Site diese Funktion wahr, beliebt ist jedoch das Veröffentlichen von Zusatzinformationen zu Produkten und Dienstleistungen. Ihr Newsletter könnte beispielsweise durch eine E-Mail mit einem Verweis auf Ihren Blog ersetzt werden, da dort mehr Möglichkeiten der Interaktion mit dem Kunden bereitstehen. Je spannender und besser Sie Inhalte auf Ihrem Blog präsentieren, desto eher sind Kunden geneigt, in regelmäßigen Abständen vorbeizuschauen. Ein Wort des Vorstandschefs an die Besucher, Links zu anderen nützlichen Seiten, zu Bildern Ihrer Organisation, die Vorstellung von Mitarbeitern oder neuen Produkten – Ihrer Phantasie sind keine Grenzen gesetzt.

- Feedback der Kunden: Groß angelegte Marktforschungsstudien sind Ihnen zu teuer und Sie wollen lediglich einen Eindruck der Wünsche Ihres Kunden bekommen? Wieso also nicht einzelne Produkte und Dienstleistungen auf dem Blog zur Diskussion stellen? Natürlich erhalten Sie auf diese Weise keine repräsentativen Daten, aber vielleicht den einen oder anderen wichtigen Gedankenanstoß.

- Kundenbindung: Fühlt sich der Kunde ernst genommen und kann er seine Meinung äußern, bleibt er Ihrem Onlineauftritt treu. Transparenz und die Möglichkeit zur Interaktion steigern die Glaubwürdigkeit Ihrer Anliegen und bringen Sie auf Augenhöhe mit dem Besucher der Seite. Wenn Sie zusätzlich das Abonnement eines RSS-Feeds anbieten, erreichen Sie eine umfassende Vernetzung mit Ihren Kunden.

- Neukunden-Akquise: Der Einsatz eines „Product-Blogs" bietet sich an, um sich und seine Produkte bekannt zu machen. Die Wirkung von Mundpropaganda kann im Netz von Millionen miteinander verlinkter Blogs ungeahnte Größe erreichen. VW stellt Werbevideos beispielsweise gezielt auf youtube.com online, die von der riesigen User-Gemeinde im wahrsten Sinne des Wortes über die komplette Welt verteilt werden.

7.2.3 Gefahren eines Blogs

Was auf den ersten Blick einen Vorteil bietet, kann jedoch schnell auch zum Problem werden: das Kommentieren der Einträge. Denn verärgerte Kunden und Seitenbesucher sind geneigt Ihren Blog zu nutzen, um ihrem Ärger verbal Ausdruck zu verleihen. Negative Kommentare zu löschen führt meist dazu, den Groll des Besuchers weiter zu vergrößern, Einträge online zu lassen, kann das Image schädigen. Gleiches gilt für die organisationsinterne Nutzung von Blogs, die es Mitarbeitern erlauben soll, sich über bestimmte Themen auszutauschen.

Ein Beispiel ist der Blog des Siemens-Chefs Kleinfeld, der im Intranet des Unternehmens eingerichtet und zur Plattform für zahllose verbitterte Kommentare angesichts der geplanten Gehaltserhöhung der Siemens-Vorstände wurde. Anmerkungen wie „Herr Kleinfeld, (...) Sie rauben unserem Unternehmen seine Identität"[58] zählen zu den harmlosen Beispielen. Sie müssen zwischen der Gefahr negativer Kommentare und dem Verlust von Interaktivität und Glaubwürdigkeit abwägen.

Ebenso intensiv wie über die Ziele und den Nutzen Ihres Blogs sollten Sie über die Risiken desselben nachdenken. Hier auf einen Blick die Gefahren beim Einsatz eines Blogs:

- Bis zu einem gewissen Grad können negative Kommentare die Glaubwürdigkeit Ihrer Organisation steigern, die Grenze zur Imageschädigung ist jedoch schnell erreicht.

- Ihre Konkurrenz kann Kommentare Ihrer Kunden zum eigenen Vorteil nützen oder gegen Sie verwenden.

- Die Blogosphäre, die Gesamtheit an Blogbetreibern und Lesern, ist sehr empfindlich und reagiert auf Ihre Fehler und schlecht versteckte PR-Botschaften schnell und unkontrollierbar.

Unabhängig davon, ob Sie selbst einen Blog betreiben oder von dessen Nutzung absehen, müssen Sie einen weiteren Punkt unbedingt beachten: Auch wenn Sie nichts kommunizieren, kommuniziert das Netz vielleicht über Sie! Zu Beginn des Kapitels wurde der Gedanke geäußert, dass Online-Redakteuren im Zeitalter von Web 2.0 die spezielle Aufgabe zuteil wird, die Kommunikation über die eigene Organisation im Auge zu behalten. Die Rückrufaktion von Fahrradschlössern der Sicherheitsfirma Kryptonite ist ein in der Branche oft zitiertes Beispiel für die Gefahren einer verspäteten Reaktion auf Anschuldigungen im Internet. Erst nach fünf Tagen wurde auf das selbstgedrehte Video eines schockierten Kunden reagiert. Der online gestellte Clip zeigte, wie sich das Bügel-

---

[58] www.spiegel-online.de vom 26. September 2006, 30 Prozent mehr für Vorstände: Siemens-Mitarbeiter revoltieren im Intranet.

schloss Evolution 2000 mit einem Kugelschreiber knacken lässt.[59] Vielbesuchte Blogs griffen das Thema auf, die Negativschlagzeilen verbreiteten sich in der Blogsphäre wie ein Virus in der realen Welt – die PR-Katastrophe war perfekt. Unterschätzen Sie das Tempo nicht, mit dem sich negative Informationen im Geflecht von Communities, Foren und Weblogs ausbreiten.

7.3 Podcasts, Newsfeeds und Online-Plattformen

7.3.1 Podcasts

Neben Weblogs halten eine Reihe weiterer neuer Anwendungen Einzug ins Internet. Zu den prominentesten zählt das Podcasting. Podcasts sind Audio- oder Videodateien, die über das Internet verbreitet werden. Personen, die Podcasts erstellen und ins Netz laden, bezeichnet man als Podcaster. Die Dateien können entweder direkt auf der Web-Site angehört beziehungsweise angesehen, oder heruntergeladen und auf portablen Geräten weiterverwendet werden. Immer mehr Anbieter von Podcasts verbreiten ihre Angebote über Sender, die mittels eines Podcatchers, einer für diesen Zweck programmierte Software, abonniert und empfangen werden können. Laut der ARD/ZDF-Online-Studie nutzen 6% aller Internet-User und bereits 15% in der Altersgruppe der 14- bis 19-Jährigen diesen Service.

Nicht nur Musik- und Videoproduzenten und die bekannten Nachrichtensender nutzen Podcasts zum eigenen Vorteil. Auch eine steigende Zahl von Unternehmen probiert sich in der Anwendung der neuen Kommunikationsform. Doch auch hier gilt: Ohne klar definiertes Ziel bleibt der Einsatz des Podcasts ohne Wirkung.

Ein gelungenes Beispiel ist die Initiative der Verantwortlichen von www.bundeskanzlerin.de, die wöchentlich Online-Botschaften von Angela Merkel via Video-Podcast ins Netz laden. In drei- bis vierminütigen Beiträgen referiert die Kanzlerin über aktuelle Entscheidungen und Pläne der Bundesregierung. Die Aufmachung erweckt den Eindruck von Dynamik und Modernität und ver-

---

[59] http://www.basicthinking.de/blog/2005/10/11/blogcounter-kryptonite/

bessert gleichzeitig das Image der gerade zu Beginn ihrer Kanzlerschaft als medienuntauglich eingeschätzte Merkel. Das Angebot wird ergänzt durch die Möglichkeit, die Beiträge per RSS-Feed zu abonnieren, also immer automatisch über neue Podcasts informiert zu werden und diese auf den eigenen PC geliefert zu bekommen. Demonstration von Bürgernähe und die persönliche Darlegung der Entscheidungen waren hier die Intentionen, die mit dem Einsatz des Podcasts gut umgesetzt werden.

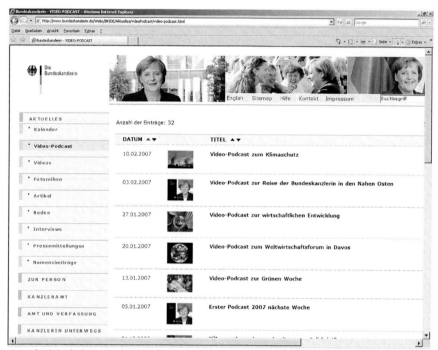

Angela Merkel nutzt den Podcast zur Vermittlung politischer Botschaften (Quelle:http://www.bundeskanzlerin.de/Webs/BK/DE/Aktuelles/VideoPodcast/video-podcast.html)

Weniger offensichtlich ist die Zielsetzung von www.siemens.de. Dort wird in Podcasts das Bewerbungsverfahren des Unternehmens erläutert. Fraglich bleibt, ob es den potenziellen Bewerbern nicht mehr bringen würde, den Ablauf detailliert in Textform einzusehen. Oder, fast entscheidender, ob in diesem Fall nicht

Ressourcen für die Produktion des Podcasts verschwendet werden, die an anderer Stelle effektiver eingesetzt werden könnten. Ganz gleich, ob Audio- oder Videodatei: Die professionelle Podcast-Produktion macht viel Arbeit und kostet Geld. Qualitativ minderwertige Podcasts schädigen Ihr Image und wirken aufgesetzt. Wie im Falle des Weblogs sollten strategische Überlegungen dem Einsatz des Mediums vorausgehen, Ziele festgelegt und die Möglichkeit von Effizienz- und Effektivitätsevaluierung überprüft werden.

Fragwürdiger Mehrwert eines Podcasts auf www.siemens.de (Quelle: www.siemens.de)

7.3.2 RSS-Newsfeeds – immer up to date

Bisher nur sehr selten von Unternehmen eingesetzt werden RSS-Feeds. Der Ausdruck RSS steht für Really Simple Syndication – eine wirklich einfache Verbreitung – die es dem Internet-User erlaubt, mit Hilfe so genannter RSS-Reader eine Vielzahl von Nachrichten zu bestimmten Themen unterschiedlicher Web-Sites abzurufen, zu sortieren und zu archivieren. Diese auch als Aggregator-Programm bezeichnete RSS-Reader-Software lädt automatisch die aktuellsten Newsfeedbeiträge, meist in Form von Headlines oder Teasern, von ausgewählten Web-Sites herunter. Diese kann der User bei Interesse dann genauer einsehen. Hierfür muss der Internetnutzer lediglich einen Link zu den bevorzugten Web-Sites und deren RSS-Feeds anlegen. Einige Anbieter wie Mozilla Firefox bieten den Service des RSS-Readers als integrierten Bestandteil des Browsers. Immer mehr Web-Sites ermöglichen ein RSS-Abonnement. Vorreiter war hier SPIEGEL ONLINE – bereits seit Längerem wird die Web-Site durch diese

Anwendung aufgewertet. Eine stetig steigende Zahl von Unternehmen macht sich den Service zunutze. Der METRO Group helfen die RSS-Feeds beispielsweise bei der Intensivierung von Presse- und Investorenbeziehungen. Angesichts der Tatsache, dass die Verbreitung der RSS-Technologie noch am Anfang steht, ist es sinnvoll, detaillierte Informationen über die Nutzung derselben anzubieten. Die METRO Group löst dies geschickt und verweist auf Links zum Thema Newsfeed.

Die METRO Group informiert Besucher über den Online-Dienst RSS-Newsfeed (Quelle:http://www.metrogroup.de/servlet/PB/menu/1085730_12/index.html)

7.3.3 Social Networks & Communities – die Plattformen der Online-Gesellschaft

Ein Phänomen, das in letzter Zeit an Bedeutung gewinnt, ist die Online-Plattform. Ob myspace.com, youtube.com oder flickr.com, die gängigen Online-Communities verzeichnen einen starken Anstieg der Nutzerzahlen. So haben laut der ARD/ZDF-Online-Studie bereits 92% aller Web-User Informationen auf der Enzyklopädie-Plattform www.wikipedia.de abgerufen und erstaunliche 42% der Nutzer von Fotogalerien wie flickr.com schon einmal persönliche Galerien im Internet eingerichtet.

www.myspace.com	*Social-networking*-Plattform zum Anlegen privater Profile und deren Verlinkung zu den Seiten anderer User, um Fotos, Videos und Neuigkeiten auszutauschen (nach Unternehmensangaben über 100 Millionen registrierte Nutzer)
www.xing.com	Webplattform zur Verwaltung von Geschäftskontakten
www.youtube.com	2005 gegründete Webpräsenz zum Hochladen, Ansehen, Kommentieren und Austauschen von Videobeiträgen (laut Unternehmensangaben verzeichnet die Seite 70 Millionen gesehene Beiträge pro Tag)
www.qtype.com	*Social-networking*-Branchenbuch mit Bewertungsmöglichkeit von Orten und Dienstleistern
www.flickr.com	Foto-Community zum Hochladen, Suchen, Kommentieren, Archivieren und Austauschen von Fotos
http://del.icio.us	Plattform zum Anlegen und Kommentieren von Linklisten persönlicher Favoritenseiten im Internet
www.wikipedia.com	In über 230 Sprachen verfügbare Online-Enzyklopädie

Die bekanntesten Online-Plattformen

Eine Community als Bestandteil Ihres Webauftritts ist natürlich nicht immer sinnvoll und soll hier auch nicht Thema sein. Das Wissen über die Entwicklung der Webgemeinschaft ist jedoch von großer Bedeutung für jeden Content-Anbieter im Netz. Eine steigende Akzeptanz neuer Dienste und die fortschreitende Vergesellschaftung des Internets lassen ahnen, dass die Entwicklungen erst am Anfang stehen. In Zukunft werden wohl mehr und mehr Bestandteile des sozialen Lebens im Internet ihren Ausdruck finden. Schon heute werden Businesskontakte online geknüpft (xing.com ehemals openbc.com), Freundschaften in Chats und Foren gepflegt, die Fotos des Familienausflugs ins Netz gestellt (flickr.com) und via Blog und Podcast auf die eigene Person aufmerksam gemacht.

Die Unternehmenswelt hat das enorme Potenzial der Online-Plattformen längst erkannt. Dies lassen zumindest die enormen Geldsummen erahnen, die beim Verkauf einiger Plattformen (samt deren Kundenstamm) geflossen sind. Wenn man bedenkt, dass die derzeit aktivste Nutzergruppe der 14- bis 19-Jährigen in den nächsten Jahren an Kaufkraft gewinnen wird, hat es sich wohl in den meisten Fällen um gute Investitionen gehandelt.

7.4 Traditionelle Kommunikationsformen im Internet

7.4.1 Newsletter

Technisch gesehen ist ein Newsletter eine E-Mail, die an einen bestimmten Abonnentenkreis verschickt wird. Dieser meist kostenfreie Service muss in der Regel über ein doppeltes „Opt-in"-Verfahren (per Bestätigung) abonniert werden, um sicherzustellen, dass eine E-Mail-Adresse nicht durch Dritte auf die Abonnentenliste gesetzt werden kann. Üblich ist, dass der Interessent…

- …ein Newsletterabonnement über die Web-Site beantragt,
- …daraufhin per E-Mail eine Bitte um Bestätigung seines Antrags auf Mitgliedschaft erhält,
- …den Antrag bestätigt, als Abonnent freigeschaltet und auf die Liste Verteilerliste gesetzt wird.

Bereits am Beispiel des „Opt-in"-Verfahrens wird ein Erfolgskriterium von Newslettern deutlich: Der Nutzer muss dem Empfang explizit zustimmen. Häufig wird die Erlaubnis des Nutzers durch eine Abfrage seiner Interessensschwerpunkte erweitert. Er wählt auf diese Weise selbst aus, über welche Themen er informiert werden möchte. Die Online-Ausgabe der Zeit bietet beispielsweise sieben Newsletter an, die dem Leser unter anderem die Wahl lassen zwischen Wirtschafts-, Reise- und Kulturnachrichten.

Der Anbieter von Newslettern minimiert so automatisch Streuverluste und kann bestimmte Personenkreise gezielt ansprechen. Der Nutzer wiederum erhält nur Informationen, die ihn wirklich interessieren.

```
Sehr geehrter Abonnent,
Sie haben sich für den PC-WELT-Newsletter qualifiziert und diesen bestellt.
Um den Bestellvorgang abzuschließen, klicken Sie bitte auf den
nachfolgenden Link:
http://listsrv1.idgcom.de/inxmail/url?vnfd0q0000000023f5a42
Vielen Dank Ihr
PC-WELT Team
```

Bestätigungsverfahren bei der Bestellung des PC-Welt Newsletters (Quelle: www.pc-welt.de)

Generell gilt, dass Web-Site-Betreiber große Vorsicht bei der Abonnentenrekrutierung und beim Umgang mit den Nutzerdaten walten lassen sollten. Leitlinien hat der Deutsche Multimedia Verband (www.dmmv.de) in seiner „Definition für akzeptables E-Marketing" formuliert. Im Unterpunkt Wissenspool finden sich praxisbezogene Ratschläge und offizielle Regelungen im Umgang mit Datenschutz bei kommerziellen Internetpräsentationen.

Inhalte

Der Abonnent erwartet vom Newsletter einen Mehrwert. Je größer der Leser den Nutzen einschätzt, desto größer seine Bereitschaft, die eigene E-Mail-Adresse anzugeben und den Newsletter zu bestellen. Informieren Sie Ihre Leser deshalb genau, welche Inhalte zu erwarten sind, wann und wie oft er erscheinen wird und welche Vorteile er bietet. Ein Archiv mit den bisher erschienenen Ausgaben bietet sich hier an. Eine Antwort auf die Frage nach dem perfekten Inhalt gibt es nicht. Fest steht: Der Newsletter sollte exklusiv, aktuell und zielgruppenorientiert sein.

Paradebeispiel sind Börsenbriefe zur Situation am Kapitalmarkt mit Informationen, die für Privatleute nicht oder nur schwer zugänglich sind. Oft bietet bereits die Aufbereitung bestimmter Informationen, ein regelmäßiger Überblick über ein Thema oder die Zusammenstellung interessanter News einen Mehrwert für den User.

Vorschläge für Inhalte:

- Marktbeobachtungen oder -analysen
- Aktuelle News zum Thema
- Besondere Trends, Tipps, Tricks, Rezepte
- Ausführliche Praxisbeispiele
- Neue Studien zu interessanten Themen
- Einladungen zu Veranstaltungen
- Aufschlussreiche Pressemitteilungen
- Spezialangebote für Abonnenten

Das regelmäßige Erscheinen des Newsletters ist ein Muss. Der Abstand zwischen den Veröffentlichungen sollte nicht zu groß sein – immer jedoch sollte ein Kommunikationsanlass Voraussetzung sein. Schlimmer als ein seltener oder unregelmäßiger Newsletter ist ein überflüssiger. Denkbar ist auch die Beschränkung des Erscheinungszeitraums bei besonderen Anlässen wie der Beteiligung Ihres Unternehmens an einer Firmenmesse oder von Ihnen gesponserte Sportevents. Die Ausgabe eines temporären Newsletters bietet sich hier an.

Für Newsletter gelten die Grundregeln des webgerechten Schreibens: Klarer und einfacher Ausdruck, prägnante Formulierungen, Struktur – alles was Sie über Schreiben im Netz wissen, können Sie auf die Texte in einem Newsletter anwenden.

Aufbau eines Newsletters

Jede Ausgabe Ihres Newsletters sollte wegen des Wiedererkennungseffektes einheitlich aufgebaut sein und dem User ein leichtes Zurechtfinden ermöglichen.

Die Betreffzeile sollte unbedingt den Absender, gegebenenfalls das Datum und den Inhalt enthalten. Erkennt der Leser nicht sofort, um wen und was es sich handelt, wird die E-Mail als Spam deklariert.

Gelungener Newsletters des Reiseveranstalters Escapio (Quelle: www.escapio.com)

Im Hauptteil finden sich nach der Begrüßung des Kunden meist eine Kurzbeschreibung der aktuellen Ausgabe, eine Inhaltsangabe und Links zu den einzelnen Themen. Im klassischen Newsletter findet der Leser im Folgenden nun alle Nachrichten und Artikel direkt in der E-Mail. Erfahrungen der Online-User-Forschung haben jedoch gezeigt, dass Newsletter, die anstatt des ganzen Artikels nur eine Kurzfassung – einen Teaser – enthalten, auf größere Beliebtheit seitens der Leser stoßen. Bei Interesse kann der Leser auf einen Link klicken, der ihn zur Volltextversion des Artikels führt. Neben einer interessanten Überschrift des Teasers bietet es sich an, charakterisierende Schlagwörter hinzuzufügen und gegebenfalls eine Angabe, wie lange es dauert, den Artikel zu lesen. Entscheiden Sie sich für die moderne Variante der Verlinkungen Ihrer Artikel, stellt sich die Frage wo der Leser „landen" soll. Die so genannte *landing page* kann Ihre Web-Site oder aber ein spezieller Newsletter-Bereich sein. Je nachdem, wie exklusiv die Inhalte sein sollen, bieten beide Varianten Vor- und Nachteile.

Im Fußbereich müssen Informationen zu Herausgeber, Copyright, Feedback und Abbestellung des Newsletters angegeben werden. Ein vollständiges Impressum schließt den Newsletter ab. Neben den vorgeschriebenen Angaben des Herausgebers, verantwortlichen Redakteurs und der Anschrift enthält es idealerweise auch einen Verweis darauf, wie Leser mit der Redaktion oder dem Unternehmen in Kontakt treten können.

Erfolgskriterien eines Newsletters

Unabhängig vom jeweiligen Inhalt zeichnen sich typische Erfolgskriterien eines Newsletters ab.

Klare Zielvorgaben und Zielgruppenausrichtung: Um den Inhalt und das Profil des Newsletters zu schärfen und Leser zu gewinnen beziehungsweise langfristig an sich zu binden, ist eine klare Vorgabe der Ziele unerlässlich. Die Analyse des eigenen Abonnentenstammes kann spannend und aufschlussreich sein für die weitere strategische Ausrichtung der Inhalte.

- Exklusivität und Mehrwert: Die Konzeption und Ausgestaltung Ihres Newsletters sollte immer unter dem Blickwinkel des konkreten Mehrwerts betrachtet werden. Bietet er interessante Rubriken? Geht er über reine Selbstdarstellung hinaus? Transportiert er echte Botschaften? Aktualität und Serviceorientierung sollten für einen Newsletter selbstverständlich sein. Informieren Sie beispielsweise Ihre Abonnenten früher als andere über Sonderangebote und -aktionen oder schaffen Sie durch Gewinnspiele,

Umfragen und Veröffentlichung von Leserbriefen die Möglichkeiten für Austausch und Beteiligung.

- Kürze und Prägnanz: Übersichtliche Struktur und Verständlichkeit der Texte sind ein Muss. Viel zu oft vergisst man einen der wesentlichen Punkte beim Schreiben im Internet: Das Wichtigste gehört an den Anfang und nur das Wesentliche in den Text.

- Sprache und Stil: Spätestens an dieser Stelle sollte ein Newsletter klar Profil zeigen. Sprache, Stil und Wortwahl geben dem Newsletter ein Gesicht und machen ihn einzigartig, interessant und unverwechselbar. Auch die Form der Anrede sollte je nach Zielgruppe gut gewählt und konsequent verwendet werden.

Für Leser können auch die Inhalte älterer Newsletter-Ausgaben interessant sein. Bieten Sie dem Leser die Möglichkeit auf ein Archiv zuzugreifen – gegebenenfalls über eine Suchfunktion oder eine Übersichtsseite.

Da eine persönliche Empfehlung mehr bewirkt als die beste Werbung, sollten Sie den Empfängern Ihres Newsletters die Weiterempfehlung leicht machen, z.B. über einen Weiterempfehlungsbutton.

Ein Themenplan ermöglicht eine Vorschau auf künftige thematische Schwerpunkte, macht den Leser neugierig und bringt einen roten Faden in die einzelnen Newsletter-Ausgaben.

Folgende Fehler sollten bei keinem Newsletter vorkommen. Sie wirken unprofessionell, schädigen das Image oder sind gar illegal:

- Unregelmäßiger Versand
- Zu viel Werbung
- Schlechte Gestaltung
- Reine Selbstdarstellung
- Falsche Formate
- Sonderzeichen oder Tipp-Fehler

- Geklaute Inhalte
- Laxer Umgang mit Nutzerdaten
- Spam-E-Mails

7.4.2 Forum

Als eine Art virtuelles schwarzes Brett fungiert ein Forum. Die Besucher einer Web-Site können dort Informationen und Meinungen austauschen. Unterschieden wird zwischen offenen Foren, die für alle Nutzer zugänglich sind und geschlossenen Foren, zu denen nur ein ausgewählter Kreis an Nutzern Zugang hat. Laut der ARD/ZDF-Online-Studie nutzen 50% der 20- bis 29-Jährigen diesen Service, bei den 14- bis 19-Jährigen sind es sogar knapp 80%. Das Prinzip ist so einfach wie erfolgreich: Eingestellte Nachrichten und Fragen können von Usern eingesehen, kommentiert und beantwortet werden. Es findet eine asynchrone Kommunikation statt – ein entscheidender Punkt, wenn es darum geht, den Einsatz eines Forums für seine eigenen Zwecke zu planen.

Wie immer bei der Verwendung spezieller Kommunikationsformen gilt es auch hier im Voraus einige Punkte genauer zu definieren: das mit dem Einsatz verbundene Ziel, die Zielgruppe und Verantwortliche für die Ausgestaltung.

Das oft genannte Ziel, den *traffic* auf der eigenen Web-Site zu erhöhen, erscheint plausibel, sollte jedoch nicht die einzige Motivation für die Einrichtung eines Forums sein. Nicht selten verstecken sich in den Beiträgen bedeutsame Informationen, die Ihnen dabei helfen können, besser auf die Wünsche Ihrer Kunden einzugehen. Sie müssen aber nicht darauf warten, dass „zufällig" über Ihre Produkte oder Dienstleistungen gesprochen wird. Feedback sollte aktiv eingefordert werden. Ganz nebenbei steigert dies die Glaubwürdigkeit Ihrer Organisation. Eine bisher eher selten genutzte Möglichkeit Mehrwert zu generieren, ist die Beantwortung von Fragen und Beiträgen durch den Betreiber des Forums selbst. Ein besonders gutes Beispiel hierfür ist die Diskussionsplattform von STA Travel, dem weltweit größten Anbieter von Studentenreisen. Die Moderatoren mischen sich geschickt in die Gespräche zwischen Nutzern der Seite ein und geben Tipps zum Kauf von Flügen, die Buchung von Round the world trips oder beispielsweise Safaris in Afrika – natürlich immer mit dem Verweis auf die eigenen

Angebote. Besonders auffällig dabei ist die Tatsache, dass bewusst nicht versucht wird, die eigene Identität zu verstecken, sondern völlig transparent kommuniziert wird, was die potentielle Unterstellung von Schleichwerbung erst gar nicht aufkommen lässt.

Ob es nun ein Forum zum Austausch von Gedanken zu aktuellen Themen ist wie auf SPIEGEL ONLINE, eine Plattform für Ratschläge und Produktinformationen wie bei www.pcwelt.de oder ein Ort zum Austausch von Wissen wie auf www.medizin-forum.de – definieren Sie für sich oder zusammen mit Ihrem Team ein klares Ziel dessen, was mit dem Einsatz erreicht werden soll. Ein schlecht besuchtes Forum, dass keine Anreize für User bietet, sich zu betätigen, ist wie jeder andere wenig frequentierte Online-Service nutzlos und im schlechtesten Fall imageschädigend.

Die Online-Foren-Moderatoren des Reiseveranstalters STA Travel verweisen bei Fragen der Besucher auf die eigenen Leistungen (Quelle: http://www3.statravel.de/phpbb/)

Vor- und Nachteile

Bei der Entscheidung für oder gegen den Einsatz eines Forums hilft ein Blick auf die Vor- und Nachteile.

Vorteile:

- Im Gegensatz zu einer E-Mailing-Liste bietet das Forum dem Nutzer die Möglichkeit, selbst zu entscheiden, wann er Inhalte einsehen möchte. Man sollte jedoch bedenken, dass dies im Umkehrschritt bedeutet, dass er erst auf die Web-Site gehen muss, um zu erfahren, ob neue Beiträge online gestellt wurden. RSS Newsfeeds können hier eine gute Lösung sein.

- Ein besonders gutes Forum kann dazu führen, dass Internet-User über das Forum auf Ihre Web-Site gelangen. Allgemein wird der *traffic* auf Ihrer Seite durch die angebotene Interaktionsmöglichkeit erhöht.
- Durch geschickte Moderation und gute Fragen sind Kundenreaktionen messbar. Feedback auf Ihre Webpräsenz und Ihre Produkte beziehungsweise Dienstleistungen kann eingeholt werden.
- Sie haben die Möglichkeit Beiträge zu kommentieren und können dem Kunden zu verstehen geben: „Wir verstehen Sie".
- Ein Forum bietet sich besonders gut für einen sachbezogenen Austausch an, da man sich als Besucher Zeit nehmen kann, sich Gedanken zu machen um dann auf Beiträge zu antworten.

Nachteile:

- Wie eingangs erwähnt, findet innerhalb eines Forums eine asynchrone Kommunikation statt. Es bedarf also einer gewissen Anstrengung Ihrerseits, die Kommunikationsprozesse in Gang zu bringen und am Laufen zu halten.
- Der Betreuungsaufwand eines Forums ist relativ hoch, da die Beiträge ständig überprüft werden sollten, um zu vermeiden, dass Lügen oder Obszönitäten verbreitet werden.

Eine geeignete Foren-Lösung

Sobald Sie sich über das Ziel, die Vor- und auch die Nachteile klar geworden sind und sich für den Einsatz eines Forums entschlossen haben, sollten Sie folgenden Fragen und Tipps bei der Auswahl einer Foren-Lösung beachten:

1. Nutzerfreundlichkeit

Ist das Forum intuitiv zu bedienen? Wie einfach ist die Navigation? Ist einfach zwischen Originalbeitrag und Antworten darauf zu unterscheiden? Sind neue Beiträge gekennzeichnet? Antworten auf Beiträge anderer Nutzer sollten abgehoben von allgemeinen Beiträgen zum Thema sein und am besten nicht nur chronologisch sondern direkt durch einen eingerückten Absatz gekennzeichnet sein.

2. Struktur

Ist der Inhalt sinnvoll in Themenblöcke gegliedert und die Seite gut strukturiert? Ist der jeweilige Themenblock mit einer Teaserfunktion versehen? Wie aufwändig ist die Einrichtung neuer Foren? Können die einzelnen Nachrichtenbretter mit einleitenden Informationen zum jeweiligen Themenschwerpunkt versehen werden?

3. Registrierung

Je weniger der User angeben muss, desto niedriger die Hemmschwelle! Als freiwillige Angaben sollten Informationen jedoch eingefordert werden um Kundenprofile zu gewinnen. Vergessene Passwörter sollten einfach per E-Mail bekommen zu sein.

4. E-Mailing-Listen-Funktion

Werden registrierte Nutzer über neue Nachrichten per E-Mail informiert? Können ihnen neue Nachrichten auf Wunsch auch per E-Mail zugestellt werden? Kann direkt aus dem E-Mail-Programm heraus auf diese geantwortet werden oder muss sich der Nutzer für eine Antwort zunächst wieder auf der Web-Site des Anbieters anmelden?

5. Beiträge

Welche Gestaltungsmöglichkeiten habe ich für meine E-Mails? Kann ich Links in die Beiträge einbauen? Gibt es eine Vorschau-Option für erstellte Beiträge, die nachträglich noch editiert werden können? Werden alte Beiträge archiviert? Kann per Suchfunktion nach alten Beiträgen oder nach Autoren recherchiert werden?

6. Archivierung

Es sollte eine sinnvolle Archivierung möglich sein. Es sollte eine Suchfunktion geben, um bestimmte Beiträge nochmals einsehen zu können. Einzelne Beiträge sollten gelöscht werden können ohne dabei den kompletten Thread (Diskussionsleitfaden) zu löschen! Der Moderator sollte besonders gekennzeichnet werden.

7. Technik

Die Software des Forums sollte möglichst ausbaufähig sein, um auf sich verändernde Nutzerbedürfnisse reagieren zu können.

8. Layout

Lässt sich das Forum komfortabel dem Layout der eigenen Web-Site anpassen? Kann es ausschließlich per Link auf die eigene Seite eingebunden werden? Ist das Forum werbefrei? In welcher Form ist andernfalls mit Werbeeinblendungen zu rechnen?

Bestimmte Fragen müssen Sie für Ihren individuellen Webauftritt klären:

- Sollte der User die Möglichkeit haben, selbst Themenblöcke anzulegen? In manchen Foren ist dies erfahrenen Benutzern gestattet – dies ist auch als Motivation denkbar!
- Sollte es offene und geschlossene Bereiche geben?
- Sollte es die Möglichkeit geben, dass sich die User untereinander kontaktieren können?

8 Recht und Online-Redaktion

Die Online-Redaktion und ihre Arbeit ist juristisch ein interessantes, aber sehr weitläufiges Feld mit vielen Stolperfallen und Fallstricken. Die in Teilen unübersichtliche rechtliche Lage vieler Web-Sites machen sich einige Juristen zunutze und überziehen Web-Site-Betreiber mit einer Reihe von Abmahnungen. Um hier kein Risiko einzugehen, sollten Sie sich über die juristischen Regelungen informieren, die Ihre Web-Site betreffen. Diese können je nach Art Ihres Angebotes, Ihres Themenkreises und der Gestaltung Ihrer Web-Site so unterschiedlich sein, dass hier nur die Spitze des Eisbergs gezeigt werden kann. Für alles Weitere sollten Sie sich von einem Experten beraten lassen.

8.1 Das neue Telemediengesetz

Seit dem ersten Entwurf gab es Gegenwind. Als das neue Telemediengesetz schließlich Mitte Januar 2007 vom Bundestag verabschiedet wurde, wurden erneut kritische Stimmen laut. Und die Kritiker kamen aus den unterschiedlichsten Richtungen: Vertreter der Verbände der Internetwirtschaft, Datenschützer und Rechtsexperten – sie alle liefen Sturm und forderten Änderungen.

Dabei stand am Anfang ein Vorhaben, das auf positive Resonanz stieß. Die Bundesregierung wollte mit dem neuen Gesetz einen komplizierten Sachverhalt im Netz aufheben: Bisher unterstanden die Internet-Angebote dem Teledienste-Gesetz – und fielen damit unter Bundesrecht. Aber nur solange sie sich nicht „(…) in Text, Ton oder Bild (…)" an die Allgemeinheit richteten. Dann gelten für sie nämlich die Bestimmungen des Mediendienste-Staatsvertrags, den die Länder untereinander geschlossen haben. Auf dem Papier mag eine solche Unterscheidung funktionieren, im Internet natürlich nicht. Wenn ein Online-Shop für Babyartikel (eigentlich Teledienst) einen Bereich mit Informationen für werdende Eltern eingerichtet hat (eigentlich Mediendienste-Staatsvertrag), ist fast nicht zu entscheiden, unter welche Zuständigkeit die Web-Site dann fällt. Das verabschiedete Gesetz schafft nun einen neuen Bereich, der nur noch der Bundesgesetzgebung unterliegt: Die *Telemedien*. Aus dieser Kategorie ausgegrenzt werden die Telekommunikationsdienste und der Rundfunk. Aber auch das ist eine Grenzziehung, die nach Meinung der Kritiker zu Schwierigkeiten führen wird. Die Online-Übertragung von Rundfunkprogrammen und die Internettelefonie zählen zu den Telekommunikationsdiensten, das Angebot für den individuellen Abruf von Videos etwa gehört zu den Telemediendiensten – solange es sich nicht um einen Fernsehdienst handelt.

Inhaltlich neu sind die hohen Bußgelder für Spam-Mails. Bis zu 50 000 Euro sind vorgesehen, wenn Werbe-Mails mit Sender- und Betreffzeilen versendet werden, die deren kommerziellen Charakter verschleiern. Die Abwicklung der Spambeschwerden sollen Landratsämter und ähnliche Stellen übernehmen und die seien – so die Kritiker – heillos überfordert, wenn auch nur ein Bruchteil der Spam-Mails angezeigt werden würde. Erschwerend käme hinzu, dass die meisten Spam-Mails aus dem Ausland kommen, was die Behörden vor noch größere Probleme stellt.

Am stärksten in der Kritik steht eine Regelung, die den Umgang mit Nutzerdaten betrifft. Sie sieht vor, dass Internet-Provider und Web-Site-Betreiber verpflichtet sind, auf Anordnung der jeweilig zuständigen Stellen Nutzerdaten preiszugeben. Eine richterliche Anordnung ist dafür nicht mehr nötig. Der Bund will mit dieser Regelung nach eigenen Angaben die Behörden im Kampf gegen den Terrorismus unterstützen. Die Gründe für die Herausgabe von Nutzerdaten sind Strafverfolgung, Gefahrenabwehr und Urheberschutz. Die Kritiker beanstanden die schwammige Formulierung des Gesetzes, die nicht nur der Behördenwillkür Tür und Tor öffnet, sondern es auch Privatleuten oder Firmen ermöglicht, Nutzerdaten anzufordern, sofern es „zur Durchsetzung der Rechte am geistigen Eigentum erforderlich ist".

So schätzt Jörg Bange, Rechtsanwalt und Experte für Medien- und IT-Recht, das neue Telemediengesetz ein:

„Nach meiner Ansicht wird das neue Telemediengesetz keine ‚Revolution' des Internetrechts mit sich bringen. Vieles wurde aus den bestehenden Vorschriften übernommen. Sehr interessant wird die weitere Entwicklung der Haftung der Forenanbieter und sonstigen Plattformbetreiber für Inhalte und Aussagen ihrer Nutzer werden. Die Rechtsprechung ist hier im Fluss und eine abschließende

Bewertung wird meines Erachtens noch längere Zeit brauchen. Aber die Justiz ‚hinkte' schon immer den technischen und tatsächlichen Möglichkeiten des Internet hinterher."

8.2 Haftungspflicht und Umgang mit Links

Umstritten ist nicht nur, wie die einzelnen Vorschriften ausgeführt sind, sondern auch, was nicht geregelt wurde. Der Verband der deutschen Internetwirtschaft „eco" vermisst eine klare gesetzliche Regelung zur Beschränkung der Haftung für Hyperlinks und der Haftung von Suchmaschinenbetreibern.

Der Verband bezieht sich auf die Haftungsverpflichtung für Verweise auf fremde Web-Sites. Wenn man sich die Veröffentlichungen zum Thema Verlinken anschaut, scheint dies ein interessantes Feld zu sein. Nicht-Juristen verlieren hier leicht den Überblick. Wobei auch Arne Trautmann vom Law-Blog von „(…) der teilweise entglittenen Rechtsprechung zu diesem Thema"[60] spricht. Der Gesetzgeber hält sich zurück und die deutsche Rechtsprechung hat das Problem der Linkhaftung auch nicht gelöst. Deswegen ist bei der Verlinkung auf fremde Inhalte besondere Vorsicht geboten.

Eine Sache ist bei dem ganzen Durcheinander doch ganz klar: Links auf rechtswidrige Angebote sind strafbar. So wie die Verbreitung von kinderpornographischen, volksverhetzenden und gewaltverherrlichenden Darstellungen verboten ist, kann allein der Verweis per Link auf solche Seiten als Billigung, Anleitung oder Beihilfe zu einer Straftat interpretiert werden. Es drohen Freiheitsstrafen von bis zu drei Jahren oder Geldstrafen. Die Betonung liegt auf „kann", denn grundsätzlich sind Sie für fremde Angebote nicht verantwortlich. Das ändert sich, wenn Sie sich diese Angebote „zu eigen" machen. Im Prinzip gibt es zweieinhalb Möglichkeiten, sich bei der Verlinkung keine Verfehlung zu leisten:

1. Sie machen sich die verlinkten Web-Sites nicht „zu eigen" und zeigen das.

2. Sie verweisen nur auf Web-Sites, die keine rechtwidrigen Inhalte haben.

3. Sie schützen sich mit einem Disclaimer.

---

[60] Trautmann, Arne, Disclaimer für Hyperlinks.

Zu Punkt 1: Das Setzen eines einfachen Hyperlinks heißt noch lange nicht, dass Sie mit dem Angebot, auf das Sie verweisen, einverstanden sind. Sie können ja z.B. auch auf eine „kritische" Seite verweisen, damit sich Ihr Leser von Ihrer Kritik an den Inhalten selbst überzeugen kann. Sie haben sich erst dann das Angebot einer Web-Site zu eigen gemacht, wenn ein objektiver Dritter der Ansicht sein kann, dass der Autor den gesetzten Link besonders empfiehlt oder ihm zustimmt. Um diesem objektiven Dritten die Entscheidung leicht zu machen, können Sie sich entweder im Text zu jedem Link äußern oder durch die Gestaltung der Links eindeutig Position beziehen:

- Kennzeichnen Sie externe Links.

- Externe Links sollten sich immer im neuen Fenster öffnen, auch wenn viele User das nicht mögen.

- Verzichten Sie auf *framing*, das heißt auf die Einbindung fremder Inhalte in Ihre Web-Site.

- Verlinken Sie auf die Startseite des Angebots und nicht auf einen speziellen Bereich.

Zu Punkt 2: Dass Sie nicht auf Web-Sites mit rechtswidrigem Inhalt verweisen, ist eigentlich eine Selbstverständlichkeit. Das Problem ist, dass manche Web-Sites sehr umfassend sind. So können Sie sich nicht sicher sein, dass ein rechtswidriger oder beleidigender Inhalt auf gar keinen Fall dort zu finden ist. Hier spielt natürlich Glaubwürdigkeit eine große Rolle. Niemand wird sich größere Gedanken darüber machen, ob er auf faz.net verlinkt. Trotzdem ist jeder Autor, der verlinkt, verpflichtet das verlinkte Angebot auch zu prüfen. Hier unterliegen Sie der Sorgfaltspflicht. Leider ist nicht eindeutig geregelt, wie viel Arbeitsaufwand Ihnen zugemutet werden kann, um die Sorgfaltspflicht nicht zu verletzen. Die faz.net fordert in ihrem redaktionellen Kodex für sich selbst ein, „dass gelinkte Seiten und Internet-Quellen einer über die übliche Sorgfaltspflicht hinausgehenden Prüfung unterzogen werden und dass die dort vorzufindenden inhaltlichen Angebote dem Kodex der Redaktion entsprechen". Zumutbar und üblich ist, die Startseite eines Web-Angebots zu prüfen. Wenn hier keine Anhaltspunkte auf rechtswidrige Inhalte zu finden sind und das Web-Angebot sehr groß ist, genügt diese Startseitenüberprüfung der Sorgfaltspflicht. Besonders komplex wird das Thema dadurch, dass sich Inhalte von Web-Sites ständig ändern. Müssen Sie nun jeden Tag die von Ihnen verlinkten Seiten absurfen und kontrollieren? Nein, eine Pflicht zur späteren anlassunabhängigen Kontrolle besteht nicht, weder regelmäßig noch stichprobenartig. Und auch an dieser Stelle kommt wieder der Einwand, dass die Rechtslage nicht ganz eindeutig ist: Je näher der von Ihnen gesetzte Link an der Grenze des „Zu-Eigen-Machens" liegt, desto höhere Anforderungen könnten von der Rechtsprechung etwa an die Kontrollpflichten gestellt werden.

Gerade bei einer Web-Site, bei der Sie aufgrund des Gesamtangebots damit rechnen können, dass dort gesetzwidrige Inhalte auftauchen, müssten Sie eben doch – auch ohne Anlass – kontrollieren. Sobald Sie aber darüber Kenntnis erlangen, dass verlinkte und bisher von Ihnen als unbedenklich eingestufte Angebote nun doch verbotene Inhalte enthalten, sind Sie verpflichtet Ihre Links zu löschen.

Zu Punkt 3: Manchen Menschen sind die Gefahren, die die ersten beiden Möglichkeiten bergen, zu groß und sie suchen nach Vereinfachungen und Klarheit. Deswegen sind auf vielen Web-Sites Texte wie diese zu finden: „Mit Urteil vom 12. Mai 1998 - 312 O 85/98 – ‚Haftung für Links' hat das Landgericht (LG) Hamburg entschieden, dass man durch das Setzen eines Links, die Inhalte der gelinkten Seite ggf. mit zu verantworten hat. Dies kann – so das LG – nur dadurch verhindert werden, dass man sich ausdrücklich von diesen Inhalten distanziert". Solche oder ähnliche Texte – als Disclaimer bezeichnet – finden Sie auf vielen Web-Sites, dabei ist bereits der Bezug auf die Entscheidung des Landgerichtes inkorrekt, weil das Urteil anders zu verstehen und nicht allgemein übertragbar ist. Aber auch andere Formulierungen schützen nicht vor der Haftung, deswegen sind Disclaimer überflüssig, manche Juristen halten sie sogar eher für schädlich. Nur in ganz wenigen Fällen, wenn etwa ein Link missverständlich oder falsch beschriftet ist, kann ein Disclaimer ausnahmsweise nützlich sein. Deswegen wird der Einsatz von Disclaimern hier als „halbe" Möglichkeit gewertet, vorausgesetzt Sie haben die richtige Formulierung gewählt und den Disclaimer gut sichtbar in Ihre Web-Site integriert.

Die Verantwortlichen bei Stern versuchen mit der pauschalen Distanzierung kein Risiko einzugehen. Im Zweifelsfall wird das nicht viel nützen.(Quelle: http://www.stern.de/sonst/501463.html)

8.3 Vorsicht: Foren

Die Einrichtung von Möglichkeiten sich zu äußern bringt zwar Belebung auf die Web-Site, aber auch rechtliche Risiken und Haftungspflichten. Foren und Gästebücher müssen ständig daraufhin überprüft werden, ob sich verbotene Inhalte darin befinden. Berühmt wurde in letzter Zeit das „Heise-Foren-Urteil" des Landgerichts Hamburg. Dieser Streitpunkt betrifft den juristischen Komplex der Störerhaftung: In dem Fall ging es um die Frage inwieweit ein Forenbetreiber für Beiträge Dritter haftet. Im Heise-Forum hatte ein Nutzer zum Boykott der Server der Universal Boards aufgerufen. Der Verlag wusste von diesem Aufruf nichts, billigte ihn auch nicht und hat ihn nach Aufforderung unverzüglich entfernt. Dennoch hat das Landesgericht Hamburg in einer einstweiligen Verfügung entschieden, dass Heise als Störer für diesen rechtswidrigen Beitrag hafte. Das Urteil sorgte für großen Protest, vor allem die Begründung und die Einschätzung des Gerichts war Zielpunkt der Kritik. Für das Landesgericht Hamburg ist ein Webforum eine „Gefahrenquelle", eine „besonders gefährliche Einrichtung", eine „Einrichtung, von der wegen ihrer schweren Beherrschbarkeit besondere Gefahren ausgehen". Das Gericht fügte auch an, es sei dem Verlag zuzumuten, alle von den Usern hinterlassenen Texte vor ihrer Veröffentlichung automatisch oder manuell zu prüfen. Müssen Sie als Forenbetreiber jetzt eine Mannschaft von Moderatoren und Zensoren beschäftigen? Die dazu befragten Politiker meinten: Nein, denn durch eine solche Kontrollpflicht könne die freie Meinungsäußerung im Internet unterwandert werden. In der Diskussion über dieses Urteil wurde immer wieder auf das erwartete Telemediengesetz verwiesen, in dem hierzu allerdings keine Stellung genommen wird.

Für Forenbetreiber ist es auf jeden Fall sicherer die Beiträge zu kontrollieren. Eine Möglichkeit sich im Vorfeld vor unerwünschten Beiträgen zu schützen ist, den Zutritt und die Nutzungsbedingungen klar zu regeln. Festgelegt sein sollten

- die erwünschten und unerwünschten Themen,
- eine Netiquette, die das Verhalten regelt,
- die vorgesehenen Sanktionen und wann sie verhängt werden,
- das Recht des Betreibers, *fakes* und *hoaxes* zu entfernen.

Erst wenn die Netiquette und die Bedingungen akzeptiert wurden, sollte der Zutritt gestattet werden. Für Foren und Chatrooms gibt es auch die Möglichkeit, die Teilnehmer mit Anschrift, E-Mail-Adresse, Benutzernamen und Passwort zu registrieren. Der Mehraufwand zahlt sich darin aus, dass bei Störungen und Rechtsschwierigkeiten schnell und zielsicher gehandelt werden kann. Allerdings bedeutet eine Registrierung immer auch eine Einengung des potenziellen Nutzerkreises.

8.4 Impressumspflicht

„Anbieter von Telemedien, die nicht ausschließlich persönlichen oder familiären Zwecken dienen, haben folgende Informationen leicht erkennbar, unmittelbar

Siemens gibt in seinem Impressum auch den Verantwortlichen für die Web-Site an (Quelle: www.siemens.de)

erreichbar und ständig verfügbar zu halten", so beginnt §55 des neuen Telemediengesetzes. Landläufig wird darunter die Impressumspflicht verstanden. Neu ist jetzt, dass die Regelung einheitlich für alle Internet-Angebote gilt, die Unterscheidung zwischen Teledienstangeboten und Mediendiensten fällt weg. Die Diskussionen konzentrieren sich vor allem auf den Verlauf der Grenze des „Privaten". Gerade in der Blogger-Szene wird darum gerungen, ab wann eine Web-Site nicht mehr ausschließlich persönlichen Zwecken dient.

Ein korrektes Impressum auf Ihrer Web-Site schützt sie vor Ordnungsgeldern oder Abmahnungen. Ins Impressum gehören:

- Name und Anschrift
- Bei Personengesellschaften Namen und Anschrift der Vertretungsberechtigten

- Bei Web-Sites „(...) mit journalistisch-redaktionell gestalteten Angeboten, in denen insbesondere vollständig oder teilweise Inhalte periodischer Druckerzeugnisse in Text oder Bild wiedergegeben werden (...)" Name und Anschrift des Verantwortlichen

Das Impressum darf nicht versteckt werden, sondern muss leicht zu erkennen, unmittelbar zu erreichen und ständig verfügbar sein. Am ehesten gelingt das, wenn auf jeder Seite einer Web-Site ein Link zum Impressum führt.

8.5 Urheberrecht

Nichts ist im Internet leichter als das Urheberrecht zu verletzen. Schnell ist ein Text oder ein Bild kopiert und (auf der eigenen Web-Site) wieder eingefügt. Ohne entsprechende Kennzeichnung oder die erworbenen Rechte ist das illegal. Das Urheberrecht schützt Werke der Literatur, Wissenschaft und bildenden Kunst, die sich durch Originalität und Kreativität auszeichnen, von einer Person geschaffen sind und einen gewissen Umfang aufweisen. Unter den Rubriken werden auch neue Werkarten subsumiert: Computer-Animationen etwa werden als Werke bildender Kunst verstanden, Software und Schriftfonts als Sprachwerke. Geschützt wird dabei nicht die Idee oder Information, sondern nur die Form, das heißt die Zusammenstellung, Präsentation oder Strukturierung. Der Urheberschutz gilt ohne formalen Akt, ohne Eintragung und Registrierung oder den Vermerk des Copyrights. Dabei hat der Urheber die Verwertungsrechte an der Vervielfältigung, der Bearbeitung, der öffentlichen Wiedergabe und der Verbreitung. Der Urheber kann seine Nutzungsrechte verkaufen, allerdings ist das ein eher komplizierter Lizenzvertrag. Er kann nicht einfach von allen Rechten zurücktreten, vielmehr müssen alle Rechte einzeln aufgeführt werden. Dabei müssen einige Fragen geklärt werden, die wichtigsten zählt Arne Trautmann seinem Blog auf[61]:

- Was wird übertragen?

---

[61] Trautmann, Arne, Webdesign und Urheberrecht.

- Für welche Medien, in welchem Umfang zu nutzen? Was soll der Empfänger damit machen dürfen? Vertragszweck?
- Für welches Territorium?
- Darf bearbeitet oder verändert werden?
- Exklusiv oder nicht?
- Darf weiter übertragen werden?

Wenn Sie fremde Inhalte auf Ihrer Web-Site veröffentlichen, sollten Sie Umfang und Art der Nutzungsrechte klären, die Sie an den Inhalten haben. Das ist nicht immer ganz einfach, weil es nicht immer der Urheber selbst ist, von dem Sie die Nutzungsrechte kaufen. Nicht selten werden solche Verträge etwa über Agenturen geschlossen, so dass sich regelrechte Nutzungsrechteketten bilden. Da ist besondere Vorsicht geboten, denn Sie sollten prüfen, ob die Agentur über die von Ihnen gebrauchten Nutzungsrechte tatsächlich verfügt, sonst laufen Sie Gefahr unwissentlich das Urheberrecht doch zu verletzen.

Text	- Rechte liegen meist bei den Verlagen. - Gesetzestexte und amtliche Dokumente können ohne Einschränkung verwertet werden - Zitate, Stichworte, kurze Abstracts und Literaturverzeichnisse sind frei verfügbar - Nicht geschützt: Formulare, Gebrauchsanleitungen, Werbung
Bilder	- Träger der Rechte: Fotograf - Achtung Persönlichkeitsschutz! Abgebildete Personen müssen – mit Ausnahmen – ihre Zustimmung zur Veröffentlichung geben
Filme	- Problem: Vielzahl an Rechteinhabern (Hersteller, Drehbuchautor, Kameraleute). Meistens hat der Filmhersteller die Rechte. Aber hier auch prüfen!
Musik	- Vielzahl von Urhebern: Texter, Komponist, Hersteller der Tonträger und Verlag

Überblick über geschützte und schutzfähige Elemente im Internet.

8.6 Kennzeichnung von Werbung

Die eindeutige Trennung von Werbung und redaktionellem Inhalt ist nicht nur Teil des journalistischen Ethos oder ein Qualitätskriterium für eine Web-Site, sondern auch juristisch festgelegt. Werbung muss eindeutig als solche erkennbar und vom übrigen Inhalt der Angebote getrennt sein. Das heißt zum einen, dass Werbung nicht als redaktioneller Beitrag getarnt sein darf. Sie muss sich in der Aufmachung und in der Platzierung eindeutig unterscheiden. Auf seriösen Web-Sites ist Werbung auf bestimmte Bereiche beschränkt und mit „Anzeige" überschrieben. Auch eingeblendete Fenster sind zwar manchem User lästig, solange sie aber als Werbung gekennzeichnet sind, rechtlich einwandfrei. Im redaktionellen Kodex von faz.net heißt es dazu: „Die Redaktion stellt sicher, dass PR-Material für Bild-, Ton- und Videoangebote als solches gekennzeichnet wird".

Komplizierter wird es, wenn Werbung nicht mehr über die Anzeigenabteilung oder das Marketing auf die Web-Sites kommt, sondern die Redaktion für Werbezwecke eingespannt wird. Das geschieht mitunter sehr subtil und indirekt, so dass die Redaktion ein feines Radar dafür entwickeln sollte. Auf der Web-Site zeigen sich solche Einflussnahmen entweder direkt, wenn Produktinformationen unkritisch in einen Artikel übernommen werden. Oder indirekt, wenn etwa neutrale Berichterstattung vorgetäuscht wird, in Wirklichkeit aber ein Anbieter dahinter steht. Die Grenze der Unzulässigkeit eines redaktionellen Beitrags ist dann überschritten, wenn dieser der einseitigen Wahrung von Sonderinteressen dient.

Dafür ist nicht einmal ein ganzer zu einseitig ausgerichteter oder übermäßig lobender Artikel notwendig, in dem der Name eines Produktherstellers zu oft genannt wird. Nein, hier kann auch ein Link ausreichen. Ein Link, der aus einem redaktionellen Zusammenhang auf eine Werbeseite führt, muss so gestaltet sein, dass dem Nutzer erkennbar ist, dass auf eine Werbeseite verwiesen wird. Fehlt es daran, liegt ein Verstoß gegen den Trennungsgrundsatz vor. So urteilte das Berliner Kammergericht im Jahr 2006 im Falle eines Internetportals für Finanzdienstleistungen, auf dem ein Link aus dem redaktionellen Zusammenhang auf eine Werbeseite geführt hatte.

Web-Site mit eindeutiger Trennung von redaktionellem Angebot und Werbung (Quelle: http://www.faz.de)

8.7 Rechtsfragen im Intranet werden stiefmütterlich behandelt

Bei juristischen Fragen ist der Fokus der Unternehmen meist auf externe Netzwerke gerichtet – das zeigte die Content Studie 2006/1. Immerhin 72% der Internet-Anwender sagen aus, Kenntnis über die Lizenzierung des Inhalts (Fotos, Grafiken etc.) zu haben. Dagegen findet bei internen Netzwerken keine gebührende Auseinandersetzung mit Rechtsproblemen statt: 54% der Befragten geben an, dass sie Kenntnis über die Lizenzierung des Inhalts haben, bei 35% ist dies nur teilweise der Fall und bei 11% gar nicht. Diesen Umstand bewertet Jörg Bange, Anwalt und Spezialist für Medien-, Internet- und IT-Recht, kritisch: „Die Ergebnisse der Content Studie zeigen, dass das Internet für Unternehmen als Quelle juristischer Probleme erkannt worden ist. Für das Intranet wird dies allerdings noch nicht ausreichend wahrgenommen. Dabei finden viele rechtliche Vorgaben auch für geschlossene Netzwerke Anwendung." Denn Intranets gelten im rechtlichen Sinne nicht als „geschlossene" Netzwerke. Es ist notwendig, sich mit eventuellen Fallstricken im Vorfeld auseinanderzusetzen. Die Ausrede, das Intranet richte sich ja „nur" an die Mitarbeiter und Fehler seien deshalb tolerierbar, zählt nicht!

9 Intranet

Intranet ist in aller Munde – jeder will es, jeder braucht es und jeder macht es. Dem „Wie", dem „Warum" und den entscheidenden Erfolgsfaktoren werden darüber manchmal zu wenig Beachtung geschenkt.

Viele der bisher im Buch geschilderten Qualitätsaspekte und Organisationsprinzipien lassen sich auf Intranet-Redaktionen übertragen. In mehr als der Hälfte der Unternehmen sind Internet- und Intranet-Redaktion sogar identisch. So antworten in der aktuellen, bei Redaktionsschluss des Buches noch laufenden Content Studie 2007/1 auf die Frage „Wie sind Internet- und Intranet-Redaktion in Ihrem Unternehmen organisiert?" 54% der Befragten „Es gibt nur eine Redaktion, die sowohl für die Internet- als auch für die Intranet-Web-Site zuständig ist". In 29% der Unternehmen gibt es zwei getrennte Redaktionen für Internet und Intranet (Zwischenstand nach 195 Befragten). Trotzdem: „Schnell mal" ein Intranet ins Leben zu rufen, führt meist nicht zu dem Erfolg, den der Einsatz des internen Kommunikationsinstruments haben kann. Wie kann die Intranet-Redaktion also zur reibungslosen Einführung eines Intranet beitragen? Und: Ist ein Intranet wirklich für jedes Unternehmen notwendig beziehungsweise sinnvoll? Wie können Sie dafür sorgen, dass die Mitarbeiter sich dem neuen Medium öffnen und es auch nutzen?

Eine wahre Flut von Fragen wartet auf Sie, wenn Sie gerade über die Einführung oder Neukonzeption des Firmenintranet nachdenken. Es ist erforderlich, sich als Intranet-Verantwortlicher beziehungsweise als Online-Redakteur mit den Unterschieden zwischen Internet und Intranet auseinanderzusetzen. Einen entscheidenden Nachteil bringt jedes Intranet mit sich: Der Zutritt für Unbefugte ist verboten, Außenstehende haben keinen Zugriff. Das heißt in der Konsequenz, dass Sie nicht, wie im Falle des Internet bei den Konkurrenten „spicken" können. Sich an erfolgreichen Web-Sites zu orientieren und von ihnen zu lernen ist nicht möglich. Abhilfe schaffen nur Zusammenkünfte mit Intranet-Verantwortlichen, die einen fachlichen Austausch zum Thema ermöglichen. Eine Gelegenheit dazu bietet beispielsweise der Arbeitskreis Intranet, der in regelmäßigen Abständen in Frankfurt am Main und Leipzig stattfindet. Ansonsten sind Sie – und das ist gerade bei der Suche nach Verbesserungen verheerend – ganz auf sich allein gestellt.

Bei der Entscheidung für die Einführung eines Intranet in einem Unternehmen spielt zunächst eine ganze Reihe von Motiven eine Rolle. Zum einen kann das Intranet dafür sorgen, dass Informationen besser verfügbar und verteilbar sind. Dass die Mitarbeiter jederzeit auf das gesammelte Know-how des Unternehmens zugreifen können, macht langfristig gesehen eine Qualitätssteigerung in der Arbeit jedes Einzelnen möglich. Das Intranet gewährleistet – oder erleichtert zumindest – eine einheitliche Kommunikation der Geschäftsleitung mit ihren Mitarbeitern. Ohne das Informationsmedium des Intranet, zu dem idealerweise alle Angestellten Zugang haben sollten, ist dies nur schwer möglich. Der berühmt-berüchtigte „Flurfunk" tritt in Aktion, wenn die Mitarbeiter ungenügende und/oder widersprüchliche Informationen erhalten. Den kursierenden Gerüchten kann im Nachhinein nur bedingt entgegengewirkt werden. Die beste Prävention: offene und direkte Kommunikation mit Hilfe des Intranet. Des Weiteren bietet das Intranet die Möglichkeit einer *knowledge base* als Grundlage für die Bewahrung des firmeneigenen Wissensbestands.

9.1 Mehr als Einweg-Kommunikation

Ein Intranet ist nicht per se ein Erfolg – den muss sich das Kommunikationsmittel in einem Unternehmen erst hart erarbeiten. Eine Studie der britischen Cranfield Universität ergab, dass über 50% der untersuchten Intranets sechs Monate nach ihrer Einführung nicht mehr genutzt wurden. Die Antwort auf das „Warum" erscheint simpel: Wenn die Nutzung des Intranet dem Anwender keinen Mehrwert bietet, dann sinkt die Motivation, es im Arbeitsalltag zu verwenden.

Damit ein Intranet tatsächlich das Arbeiten in einer Organisation effektiver macht, muss es mehr sein als eine „Präsentationsplattform mit allgemeinen Informationen für die graue Masse der Belegschaft"[62]. Die Auffassung eines Intranet als „Arbeitsplattform" bedeutet, dass die Bedürfnisse des einzelnen Mitarbeiters gedeckt werden müssen. Vor allem müssen leistungsfähige Arbeitsumge-

---

[62] Heinrich, Torsten/Mayr, Philipp, Den Gencode des Intranet-Erfolgs entschlüsseln.

bungen für Geschäftsprozesse aller Art angeboten werden. Nur so gelingt es, das Intranet als „Werkzeug" zu etablieren, mit dessen Hilfe Informationen geteilt und weiter kommuniziert werden.

In der Entwicklung des Intranet musste zunächst eine Zeit des Ausprobierens durchlaufen werden. Erst nach und nach wurden die Bedürfnisse der Anwender in den Mittelpunkt aller Überlegungen gestellt.

Entwicklungsphasen des Intranet	
Anfangsphase: Wild Wild Web	„Jeder macht was er will": Unsystematische Infosammlungen, die nach dem Geschmack der Ersteller gestaltet wurden.
Übergangsphase: Konsolidierung	Zusammenführung der bestehenden Angebote in eine einheitliche Struktur, Durchsetzung von Inhalts- und Gestaltungsrichtlinien. Wandel von senderorientierter Darstellung zum empfängerorientierten Informationsservice.
Heute: Unternehmensportale	Schaffung einer einheitlichen Infrastruktur für den Betrieb von Anwendungen im Intranet und Bereitstellung von Basisdiensten für Sicherheit, Content Management etc. Intranet soll zur Optimierung der Geschäftsprozesse beitragen und die Effizienz steigern.

Entwicklungsphasen des Intranet

Wird das Intranet als Unternehmensportal aufgefasst, dessen klar definiertes Ziel eine Effizienzsteigerung ist, so müssen arbeitsrelevante Informationen und Prozesse abgebildet werden. Außerdem bietet ein vorbildliches Unternehmensportal Schnittstellen sowohl zu den Lieferanten als auch zu den Kunden an: Es steht quasi zwischen den Lieferanten, die Informationen einspeisen oder abrufen und den Kunden, die ihrerseits Auskünfte einholen oder ihre Daten eingeben. Hilfreiche Anwendungen und Workflows machen ein Intranet zu einem zeitsparenden und nützlichen Arbeitsmittel. Die folgende Tabelle zeigt – klassifiziert nach Unternehmensabteilungen – Beispiele für Intranet-Anwendungen in Unternehmensportalen. Inhalte sind nur ein Teil des Angebots innerhalb eines Intranet. Ein Intranet bietet ein viel größeres Potenzial – machen Sie es sich und Ihren Mitarbeitern zunutze!

Intranet-Anwendungen in Unternehmensportalen	
Personalwesen	Stelleninformation und Bewerbung, Arbeitszeiterfassung, E-Learning
Forschung & Entwicklung	Entwicklungsbibliotheken, Simultaneous Engineering
Beschaffung	Bestellformulare, Bestellüberwachung, Kataloge
Produktion	Arbeitsplanung, Lagerverwaltung, QM, Fertigungssteuerung, Auftrags- und Terminverfolgung
Marketing & Vertrieb	Produkt- und Marktinformationen, Kundenmanagement, Schulungsunterlagen, Vertriebsunterstützung
Kundendienst	Software-Updates, Problem-Meldung, Fehlerbeseitigung
Verwaltung	Archive, *data-warehouse*, Projektkalkulation, Adress- und Telefonbücher
Information & Kommunikation	Informationsbereitstellung, Wissensmanagement, E-Mail, Diskussionsgruppen, Weblogs

Beispiele für Intranetanwendungen in Unternehmensportalen (Quelle: In Anlehnung an Hoffmann, Claus, Lang, Beatrix, Das Intranet.)

9.2 Herausforderungen für die Intranet-Redaktion

Fangen Sie erst einmal im Kleinen an. Im Intranet gilt die Devise „Klasse statt Masse". Da für die Nutzung des Intranet kostbare Arbeitszeit eingesetzt wird, sollten die für den Nutzer relevanten Informationen erstens vorhanden und zweitens leicht auffindbar sein. Orientieren Sie sich an den unternehmensspezifischen Bedürfnissen – nur weil andere Firmen ein Weblog des Geschäftsführers in ihr Intranet integrieren, heißt das nicht, dass es auch für Ihr Intranet die richtige Wahl ist. Nicht die Schaffung einer technischen Plattform und die Erstbefüllung der Web-Site mit Inhalten beziehungsweise Texten stellen die größten Anstrengungen dar. Im Gegenteil: Für die Online-Redaktion fängt die eigentliche Arbeit jetzt erst an. Denn was ist für den einzelnen Mitarbeiter frustrierender als eine unternehmensinterne Web-Site, die keine aktuellen Informationen bietet? Und was ist unnützer aus Sicht der Unternehmensführung als Texte, die nicht die Vision und Leitlinien des Unternehmens transportieren? An eine Online-Redaktion stellt eine Intranet-Web-Site insofern hohe Anforderungen. Es gilt, den Nutzern hochwertige Inhalte und Texte zur Verfügung zu stellen. Um Missverständnissen vorzubeugen: Selbstverständlich kann sich die Intranet-Redaktion anstrengen soviel sie will – wenn die Unternehmensführung nicht die nötige Rückendeckung liefert, hat sie einen schweren Stand. Das heißt: Die Redaktion braucht die volle Unterstützung der Geschäftsleitung bei der Beschaffung von Informationen, der Freigabe der Texte und – das Management muss vor allem die Grundlage legen. Bei der Einführung des neuen Kommunikationsinstruments ist es unumgänglich, innerhalb eines konsequenten Changemanagements auf die Ängste der Mitarbeiter einzugehen.

Um gleichbleibende und hohe Qualität gewährleisten zu können, werden in Redaktionen bestimmte Routine-Abläufe benötigt. So sollte die Redaktionskonferenz an der Tagesordnung sein. Die Bedeutung regelmäßiger Treffen mit allen Autoren (und gegebenenfalls anderen Mitarbeitern des Unternehmens) wird in vielen Intranet-Redaktionen unterschätzt. Die Content Studie 2006/1 zeigte, dass nur 30% der Unternehmen, die eine Intranet- oder Extranet-Web-Site betreiben, regelmäßige Redaktionskonferenzen durchführen. Dieses Ergebnis lässt den Rückschluss zu, dass es keine ausreichend definierten Abläufe zwischen der Redaktion und den anderen Unternehmensabteilungen gibt. Gerade für das Intranet ist es entscheidend, dass die Informationswege innerhalb des Unternehmens optimal genutzt werden. Oftmals sind Intranet-Redaktionen dezentral organisiert und erst durch den Einsatz von Organisationshilfen wird der Informationsaustausch zur Gewohnheit. Nur auf diese Weise kann *der* Grundvoraussetzung eines erfolgreichen Intranet überhaupt Rechnung getragen werden: Die Vision und Mission des Unternehmens zu kommunizieren. Leitbild und Wertesystem des Unternehmens müssen sich im Intranet-Auftritt widerspiegeln – das ist die Mindestanforderung an das Kommunikationsmedium.

Erfolgsfaktoren für das Intranet aus redaktioneller Sicht

Relevante Informationen anbieten

Aktualität gewährleisten

Vorteile neuer Technologien ausschöpfen

Nutzen transparent machen

Zusammenarbeit mit IT-Abteilung verbessern

Einklang mit der Unternehmensstrategie herstellen

Wissensplattform bieten

Klare Kompetenzverteilung

Konzentration auf Wertbringer

9.3 Die Mitarbeiter mit im Boot

Die geringere Beeinflussung des Kommunikationsprozesses durch Hierarchien führt dazu, dass der Gemeinschaftsgedanke innerhalb des Unternehmens gefördert wird. Dies gilt allerdings nur, wenn das Intranet auch wirklich von allen Mitarbeitern akzeptiert und genutzt wird.

Leider steht bei der Einführung des Intranet oft die Technik im Zentrum des Interesses. Menschliche Faktoren spielen jedoch eine mindestens ebenso wichtige Rolle. Rufen Sie sich dies immer wieder ins Gedächtnis: Das Engagement der Mitarbeiter entscheidet über den Erfolg oder Misserfolg eines Intranet-Projekts!

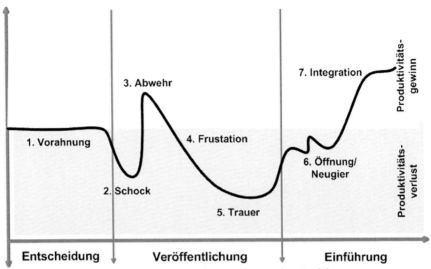

Die emotionale Einstellung der Mitarbeiter, die sie der Einführung eines Intranet gegenüber hegen, ist ernst zu nehmen. Von ihr hängt ab, ob das Intranet Erfolg haben oder Scheitern wird. Das Schaubild verdeutlicht die einzelnen Phasen, die ein Intranet-Einführungsprozess mit sich bringt. (Quelle: in Anlehnung an: Hoffmann, Claus, Lang, Beatrix, Das Intranet.)

Der Umgang mit Ängsten und Bedenken der Mitarbeiter entscheidet über die erfolgreiche Einführung eines Intranet. Menschen stehen Veränderungsprozessen im Allgemeinen skeptisch gegenüber. Löst ein Intranet die gewohnte Mitarbeiterzeitschrift ab, so gilt es, vor allem Mitarbeiter ohne spezielle IT-Kenntnisse auf dem Weg in das neue Informationszeitalter mitzunehmen. Insbesondere mit folgenden Ängsten müssen Sie in Bezug auf das Intranet rechnen:

- Angst vor technischen Neuerungen
- Überforderung durch fehlende Nutzungspraxis
- Widerstand, alte/bewährte Kommunikationsroutinen aufzugeben
- Mangelndes Verständnis für den Nutzen des Intranet
- Intranet-Angebot deckt die persönlichen Bedürfnisse des Mitarbeiters nicht ab

Die Auswirkungen solcher Ängste: Der Mitarbeiter nimmt eine Abwehrhaltung ein. Wie kann man im Vorfeld den Bedenken und Zweifeln der Mitarbeiter begegnen? Je besser ein Intranet-Projekt in allen Unternehmensbereichen vorbereitet ist, desto unwahrscheinlicher sind lange Schock- und Frustrationsphasen bei den Mitarbeitern. Unternehmensportale können nur funktionieren, wenn sie akzeptiert, verstanden und genutzt werden. Es liegt auf der Hand, dass sich dies nicht allein mit den Mitteln der IT erreichen lässt. Die Unterstützung durch andere Abteilungen ist notwendig, um die Veränderungsprozesse zum Erfolg zu führen.

Damit die Mitarbeiter das Intranet annehmen und ihm positiv gegenüber stehen, muss die Zusammenarbeit der Intranet-Redaktion mit anderen Abteilungen stimmen. Denn viele Aufgaben können Sie nur gemeinsam mit anderen Unternehmensbereichen meistern:

Intranet-Redaktion und Unternehmensleitung	
Promotion	Werben Sie für Ihr Intranet-Projekt und rufen Sie es dem Mitarbeiter ins Gedächtnis.
Information	Informieren Sie auch nach der Einführung regelmäßig über Ihr Intranet-Projekt.
Community-Funktionen	Nehmen Sie Themen mit *human-touch* auf. Beispielsweise wird auf Mitarbeiter-Steckbriefe oder Fotogalerien gern zugegriffen.
Intranet-Redaktion und IT-Abteilung	
Mehrwert	Erleichtern Sie den Arbeitsalltag Ihrer Mitarbeiter, indem Sie die Intranet-Applikationen Ihren Bedürfnissen anpassen.
Integration	Schulen Sie Ihre Mitarbeiter in der Anwendung des Intranet. Bestimmen Sie Ansprechpartner, die den Usern bei Bedarf zur Seite stehen.
Dialog	Zeigen Sie, dass Ihnen die Meinung der User wichtig ist. Sammeln Sie Feedback der Mitarbeiter zum Intranet. Anonyme Befragungen liefern die besten Ergebnisse.

Weiterhin ist die Unverzichtbarkeit des Intranet eine Voraussetzung für seine Akzeptanz. Üben Sie sanften Druck aus und machen Sie das Intranet zu einem unverzichtbaren Bestandteil des Arbeitsalltags. Indem Sie etwa bestimmte Formulare für Urlaubsanträge und zur Stundenerfassung ausschließlich im Intranet zur Verfügung stellen, wird die Nutzung des Intranet für den Mitarbeiter zwangsläufig bald zur Selbstverständlichkeit.

Eine andere Möglichkeit, ein Intranet aufzuwerten und die Beliebtheit bei den Nutzern zu steigern, besteht darin, Mitarbeiter über ein Intranet-Blog zu Wort kommen zu lassen. Texte, die in Intranets veröffentlicht werden, sind bis dato zumeist mehrfach abgestimmt und dienen eher Informations- als Kommunikationszwecken. Was spricht also für Blogs im Intranet? Blogs lassen sich mit begrenzten Mitteln einführen und in Betrieb halten. Sie fördern die Kommunikation innerhalb eines Unternehmens. Sie sind interaktiv und stellen Beziehungen her. Und nicht zuletzt bergen Weblogs als Bestandteil von geschlossenen Unternehmensnetzwerken den Vorteil, dass Wissen personalisiert wird und dieses dann allen Nutzern zur Verfügung steht. Es lauern aber auch Gefahren: Wenn Mitarbeiter Weblogs betreiben wird es schwer, dem Ideal der integrierten Unternehmenskommunikation, in der alle Botschaften, Kommunikationsmittel und -maßnahmen aufeinander abgestimmt sind, gerecht zu werden. Bei Siemens nutzten die Mitarbeiter im September 2006 die Möglichkeit, über das Weblog des Vorstandsvorsitzenden Klaus Kleinfeld ihrem Ärger über die 30-prozentige Erhöhung der Vorstandsbezüge Luft zu machen. Unverblümte Äußerungen tragen nicht dazu bei, das Unternehmen mit einer Stimme sprechen zu lassen, aber sie sind dennoch ein Zeichen offener Kommunikationskultur. Nimmt die Unternehmensleitung die Aussagen der Belegschaft ernst, so kann Schlimmeres abgewendet werden. Insofern bergen Weblogs auch hier eine Chance: Die Mitarbeiter verschaffen sich Gehör und die Geschäftsleitung hat frühzeitig die Möglichkeit auf Missstimmungen zu reagieren. Mehr zu interaktiven Formaten im Internet lesen Sie im Kapitel „Webspezifische Kommunikationsformen und Web 2.0".

9.4 Intranet-Usability – Entwicklung nutzungsfreundlicher Intranets mit Hilfe von Card-Sorting-Untersuchungen

Von Thorsten Wilhelm, geschäftsführender Gesellschafter der eResult GmbH und Spezialist für Web-Usability und Eyetracking-Verfahren.

Intranets werden bei vielen mittelständischen und größeren Unternehmen zur Kommunikation von Betriebsterminen, zum Wissensmanagement (z.B. Skill- und Supportdatenbanken, Marketing- und Kundeninformationen) oder zur Fortbildung (z.B. Web Based Trainings) eingesetzt.

Die theoretischen, betriebswirtschaftlichen Wirkungen von Intranets liegen auf der Hand: Kostenreduzierung durch effizientes Wissensmanagement, Verbesserung des Kundenservice durch schnellere Antwort- und Reaktionszeiten, kürzere Einarbeitungszeiten von neuen Mitarbeitern, Vermeidung von administrativen Doppelarbeiten etc. Diese positiven Effekte eines Intranets können jedoch nur wirksam werden, wenn das Intranet eine hohe Nutzerakzeptanz hat und eine effiziente und effektive Nutzung zulässt. Leider ist dies nur selten der Fall. Neben der Suche und guten News-Archivfunktion ist die Informationsarchitektur ein zentraler Erfolgsfaktor für die intuitive Nutzbarkeit und Zugänglichkeit von Inhalten. Aber genau das ist das Problem: Intranets sind oft über Jahre „gewachsene" Systeme. Die Inhalte sind abteilungs- beziehungsweise herausgeberorientiert strukturiert, das heißt Abteilungen legen Inhalte und Vorlagen in „ihrem Abteilungsordner" ab. Die Folge: Mitarbeiter können Informationen nur dann auffinden, wenn sie die Verantwortungsgebiete der Abteilungen kennen. Eine intuitive Navigation ist nicht oder nur sehr schwer möglich.

Erfolgsfaktor Informationsarchitektur

Eine Strukturierung der Inhalte nach Themen, also inhaltlichen Kriterien, würde die erwähnten Probleme lösen. Hier hilft nur eins: Card Sorting – kein neues Spiel, sondern eine bewährte Methode zur Entwicklung nutzungsfreundlicher Informationsarchitekturen (und das nicht nur für Intranets!). Card-Sorting-Tests sollten in der konzeptionellen Phase eines Web-/Intranet-Projekts durchgeführt werden. Zu diesem Zeitpunkt besteht in der Regel Klarheit darüber, welche Inhalte und Services bereitgestellt werden sollen.

Es fehlen jedoch häufig Antworten auf diese Fragen:

- Wie sollen die vorhandenen Inhalte strukturiert werden?
- Wie viele Hauptrubriken sind erforderlich?
- Wie sollen die Haupt- und Unterrubriken benannt werden?
- Welche Inhalte bzw. Unterrubriken sollen den Hauptrubriken zugeordnet werden?

Mit Hilfe der so genannten Card-Sorting-Methode können diese Fragen beantwortet werden. Bei einem Card-Sorting-Test fassen die Nutzer Kärtchen mit Begriffen, die die Inhalte des Intranets repräsentieren, zu Gruppen zusammen. Die Gruppierung erfolgt dabei unter Berücksichtigung inhaltlicher und funktionaler Überlegungen. Anschließend werden den Gruppen Namen zugewiesen, welche die späteren Hauptrubriken darstellen (sollen). Die Ergebnisse der Sortierung bilden das mentale Modell der Nutzer ab und bieten somit eine wertvolle Datengrundlage zur Entwicklung einer nutzergerechten Informationsarchitektur.

Dieser Aufsatz ist erschienen unter http://www.eresult.de/intranet-usability_informationsarchitektur.htm

10 Fazit

„Journalism without journalists"[63] überschreibt Nicholas Lemann seinen Artikel in der Online-Ausgabe des „New Yorker", in dem er das gegenwärtige Szenario eines „Bürgerjournalismus" skizziert, wie ihn die Weblog-Welle und das Web 2.0 hervorgebracht haben. Die zahlreichen Amateurkollegen scheinen den Journalismus als Profession tatsächlich in Frage zu stellen und erschüttern einige Grundfesten des journalistischen Selbstbildes. Als ob das nicht ausreichen würde, eröffnet sich für den klassischen Journalismus noch eine zweite Front: Die als *byepassing* bezeichnete Vorgehensweise der PR nährt die Befürchtung, Journalisten könnten in nächster Zukunft überflüssig werden. Den PR-Redaktionen bietet sich mit dem Internet die Möglichkeit, ohne größeren Aufwand mit Ihrer Zielgruppe in direkten Kontakt zu treten. Das Kräfteverhältnis zwischen PR-Leuten und Journalisten, das sowieso zwischen „Brauchen und Hassen" oft nur mühevoll im Gleichgewicht gehalten werden konnte, wird dadurch erneut empfindlich verschoben. Die Zukunft wird zeigen, in welchem Maß sich der klassische Journalismus hier behaupten kann.

Natürlich muss man die Vertreter des klassischen Journalismus nicht zu den gefährdeten Spezies rechnen. Aber Sie müssen sich – insbesondere im Internet – der zunehmenden Konkurrenz durch andere „Informationsanbieter" stellen. Unternehmen und Verbände, organisierte und informelle Plattformen nutzen die Präsenz im Internet immer offensiver. Dabei gilt: Sobald sie das Internet als direkten Distributionskanal nutzen, unterstehen auch sie den Gesetzen der Massenmedien. Und wenn sie erfolgreich sein wollen, müssen sie sich den journalistischen Standards anpassen, damit sie wahrgenommen werden und dem Leser glaubwürdig erscheinen. Auch im Internet beißen die Fische nur, wenn ihnen etwas schmeckt, will heißen, wenn die Qualität stimmt. Die beschriebene Konstellation fordert Unternehmen, Verbände und Organisationen auf, ihre Qualitätsstandards bei der Veröffentlichung im Netz zu definieren und umzusetzen. Diese Ansprüche werden von vielen Unternehmen begrüßt, in der Praxis aber arbeiten

---

[63] Lemann, Nicholas, Amateur hour. Journalism without journalists.

viele Online-Redakteure noch unter eher amateurhaft anmutenden Verhältnissen. In einigen Unternehmen werden die Inhalte für die Web-Site fast beiläufig erstellt, gerade bei Online-Redakteuren in Nebenfunktion fehlt häufig das Knowhow für die Produktion journalistischer Qualität. Professionalisierung ist deshalb an vielen Stellen gefragt. Ein wichtiges Instrument ist dabei die Aus- und Weiterbildung der beteiligten Mitarbeiter. Vor allem Redakteure in Nebenfunktion können von einer Schulung in den Grundfertigkeiten des Journalismus stark profitieren. Bei Redakteuren in Hauptfunktion sollte eine Ausbildung mit journalistischem Schwerpunkt als Ausweis der Professionalität ein entscheidendes Auswahlkriterium sein. Dabei ist auch klar: Damit eine Online-Redaktion professionell arbeiten kann, müssen entsprechende Personalressourcen zur Verfügung stehen. Denn es ist abzusehen, dass auf die Online-Redaktionen mehr Arbeit zukommt, die sie ohne personelle Aufstockung kaum bewältigen können: Gerade die Einbindung von Anregungen aus dem *social web* bietet ein großes Potenzial an Inhalten, die jedoch einer intensiven Pflege bedürfen. Auch im Bereich der Interaktivität werden künftig Kapazitäten und Abläufe neu definiert werden müssen.

Wir hoffen es ist im Laufe dieses Buches deutlich geworden, dass die Ausrichtung auf den Journalismus und seine Qualitätsstandards essenzielle Bedeutung für das Gelingen der Unternehmenskommunikation im Internet hat. Unternehmen können von Journalisten lernen. In vielerlei Hinsicht sind medienfremde Unternehmen den klassischen Medienanstalten und -unternehmen aber auch einen Schritt voraus. Sie haben oft weniger Berührungsängste mit Managementmodellen, die eine Einführung oder Umsetzung des Qualitätsmanagements erleichtern. Auch Marketingkonzepten gegenüber ist eine größere Offenheit zu konstatieren, was eine gezielte Orientierung an den User erleichtert. In den meisten unternehmenseigenen Online-Redaktionen muss die Transferleistung „vom Druck ins Netz" nicht mehr erbracht werden. Daher ist oft die Ausrichtung auf das Medium „Internet" oder „Intranet" eindeutiger und weit weniger von Traditionen geprägt, die den Blick für neue Möglichkeiten trüben könnten.

Vielleicht hat Ihnen die Lektüre dieses Buches einige neue Möglichkeiten aufgezeigt, die Sie gerne umsetzen würden. Dann tun Sie es! Ganz gleich aber, ob Sie dies als Journalist oder als Online-Redakteur in einem Unternehmen tun – Auf den Punkt gebracht besteht das beste Rezept für eine qualitativ hochwertige Web-Site und eine effizient arbeitende Online-Redaktion darin, sich das Beste aus beiden Welten zu holen!

11 Literaturverzeichnis

Adamzik, Kirsten et al. (Hrsg.), Domänen- und kulturspezifisches Schreiben, Frankfurt a. M. 1997.

Ahlswede, Elke, Das Praktikum im Journalismus, Konstanz 2002.

Alkan, Saim Rolf, 1x1 für Online-Redakteure und Online-Texter. Einstieg in den Online-Journalismus, Göttingen 2006.

Alkan, Saim Rolf, Handbuch Online-Redaktion, Bonn 2003.

Alkan, Saim Rolf, Schweigen ist Silber, Reden ist Gold - Organisationshilfen im Alltag einer Online-Redaktion
http://www.contentmanager.de/magazin/artikel_1007_organisationshilfen_online-redaktion.html

Alkan, Saim Rolf, Texten für das Internet. Ein Praxisbuch für Online-Redakteure und Webtexter, Bonn 2004.

Alkan, Saim Rolf, Zschau, Oliver, Content Studie 2006/1. Erste deutschsprachige Studie über die Qualität und Steuerung von Online-Inhalten, Leipzig 2006.

Alkan, Saim Rolf, Zschau, Oliver, Content Studie 2006/2. Content Management in deutschen Online-Redaktionen, Norderstedt 2007.

Altmeppen, Klaus-Dieter (Hrsg.), Online-Journalismus. Perspektiven für Wissenschaft und Praxis, Wiesbaden 2000.

Altmeppen, Klaus-Dieter (Hrsg.), Qualität im Journalismus. Grundlagen – Dimensionen – Praxismodelle, Wiesbaden 2003.

Altmeppen, Klaus-Dieter , Hanitzsch, Thomas, Löffelholz, Martin, Quandt, Thorsten, Onlinejournalisten in Deutschland. Zentrale Befunde der ersten Repräsentativbefragung deutscher Onlinejournalisten, in: Media Perspektiven Nr. 10 (2003), S. 477-486.

Backhausen, Wilhelm, Thommen, Jean-Paul, Coaching. Durch systemisches Denken zu innovativer Personalentwicklung, Wiesbaden 2006.

Barth, Christoph, Qualitätssicherung in Onlinemedien. Befunde zur Redaktionsorganisation, in: Beck, Klaus, Schweiger, Wolfgang, Wirth, Werner (Hrsg.), Gute Seiten - schlechte Seiten. Qualität in der Onlinekommunikation, München 2004, S. 203-221.

Barth, Christoph, Rezeptionsmuster der Onlinekommunikation. http://www.medienwissenschaft.de/forschung/rezeptionsstudie1998/start.html

Bleicher, Knut, Leitbilder. Orientierungsrahmen für eine integrative Management-Philosophie, Stuttgart 1992.

Breitenbach, Patrick, Die kleine Community Fibel – nicht nur für OpenBC. http://www.werbeblogger.de/2006/09/12/das-kleine-community-fibel-nicht-nur-fur-openbc/

Bremer, Claudia, Lessons learned. Moderation und Gestaltung netzbasierter Diskussionsprozesse in Foren – Erfahrungen aus virtuellen Konferenzen und Gestaltungsoptionen von Foren im eLearning. http://www.bremer.cx/paper22/paper_bremer_gmw2003.pdf

Breyer-Mailänder, Thomas, Die Zukunftsmacher http://www.mediummagazin.de/heft.cfm?abo_id=Gast&show_jahr=2006&show_ausgabe=12&show_rubrik=Medi&show_id=4153

Bucher, Hans-Jürgen, Journalistische Qualität und Theorien des Journalismus, in: Altmeppen, Klaus-Dieter, Bucher, Hans-Jürgen, Qualität im Journalismus, Wiesbaden 2003, S. 11-34.

Bucher, Hans-Jürgen, Publizistische Qualität im Internet, in: Altmeppen, Klaus-Dieter, Bucher, Hans-Jürgen, Online-Journalismus, Wiesbaden 2000, S. 153-172.

Dahinden, Urs, Kaminski, Piotr, Niederreuther, Raoul, „Content is King" – Gemeinsamkeiten und Unterschiede bei der Angebots- und Rezipientenperspektive, in: Beck, Klaus, Schweiger, Wolfgang, Wirth, Werner (Hrsg.), Gute Seiten – Schlechte Seiten. Qualität in der Onlinekommunikation, München 2004, S. 103-126.

Definitionen und Konzepte des Qualitätsmanagements. http://www.q-m-a.de/2definitionen/2qualitaetsmanagement/view

EuroBlog 2006. Weblogs in PR and Communication Management. http://euroblog2006.org/

Fisch, Martin, Gscheidle, Christoph, Onliner 2006: Zwischen Breitband und Web 2.0. Ergebnisse der ARD/ZDF-Online-Studien 1997 bis 2006, in: Media Perspektiven Nr. 8 (2006).

Fischer-Epe, Maren, Coaching, Reinbek bei Hamburg 2003.

Gaube, Frank, Qualitätssicherung im Online-Journalismus am Beispiel Faz.net, in: Altmeppen, Klaus-Dieter, Bucher, Hans-Jürgen, Qualität im Journalismus, Wiesbaden 2003, S. 255-259.

Hanitzsch, Thomas, Quandt, Thorsten, Löffelholz, Martin, Altmeppen, Klaus-Dieter, Online-Journalismus in Deutschland und den USA. http://www.onlinejournalismus.de/wpcontent/images/deutschland_usa.pdf

Heinrich, Torsten, Mayr, Philipp, Den Gencode des Intranet-Erfolgs entschlüsseln. http://www.contentmanager.de/magazin/artikel_214_intranet_erfolg_entschluesseln.html

Held, Barbara, Ruß-Mohl, Stephan, Qualitätsmanagement als Mittel der Erfolgssicherung. http://www.ejo.ch/analysis/qualitymanagement/QMHaller.pdf

Hesseling, Claus, Auf verschlungenen Pfaden. http://www.ftd.de/politik/deutschland/151071.html

Hesseling, Claus, Datenschützer kritisieren neues Telemediengesetz. http://www.swr.de/nachrichten/-/id=396/nid=396/did=1906686/1n7meog/

Hintergründe Berufsbild. Wer ist Journalist - und was machen Journalisten? http://www.djv.de/Hintergruende.217.0.html#245

Hoffmann, Claus, Lang, Beatrix, Das Intranet. Erfolgreiche Mitarbeiterkommunikation, Konstanz 2006.

Jakobs, Eva-Maria, Lehnen, Katrin, Schindler, Kirstin (Hrsg.), Schreiben am Arbeitsplatz, Wiesbaden 2005.

Karmasin, Matthias, Medienethik als Wirtschaftsethik medialer Kommunikation?, in: Communicatio Socialis Nr. 4 (1999), S.343-366.

Kombüchen, Stefan, Die Definition neuer Zielgruppen im Rahmen der Erlebnisgesellschaft. Das Modell der Sozialen Milieus und sein Nutzen für die Unternehmenskommunikation. http://www.pr-plus.de/archiv.cfm?fuseaction=dap.getFile&fp_id=577

Lemann, Nicholas, Amateur hour. Journalism without journalists. http://www.newyorker.com/fact/content/articles/060807fa_fact1

Malik, Maja, Scholl, Armin, Weischenberg, Siegfried, Journalismus in Deutschland 2005. Zentrale Befunde der aktuellen Repräsentativbefragung deutscher Journalisten, in: Media Perspektiven Nr.7 (2006), S. 346-361.

Meckel, Miriam, Redaktionsmanagement. Ansätze aus Theorie und Praxis, Opladen 1999.

Media Studie 2002. Journalisten online. Die Folgestudie.
http://www.newsaktuell.de/de/mediaevents/mediastudien/2002/ms2.html

Meier, Jörg, Journalisten möchten besser schreiben können, in: Fachjournalismus Nr. 17 (2005), S. 13-18.

Meier, Klaus, Internet-Journalismus. Ein Leitfaden für ein neues Medium, Konstanz 2003.

Meier, Klaus, Marathonläufer für 2005.
http://goa2003.onlinejournalismus.de/ausbildung/meier.php

Meier, Klaus, Qualität im Online-Journalismus, in: Altmeppen, Klaus-Dieter, Bucher, Hans-Jürgen, Qualität im Journalismus, Wiesbaden 2003, S.247-266.

Meier, Klaus, Qualität und Qualitätsmanagement im Online-Journalismus.
http://www.djv.de/fileadmin/djv_Dokumente/Besser-online/dokumentation_2005/Meier_Qualitaet_djv-Tagung.pdf

Neuberger, Christoph, Online-Journalismus: Akteure, redaktionelle Strukturen und Berufskontext. Ergebnisse einer Berufsfeldstudie, in: M&K 1(2002), S. 102-114.

Neuberger, Christoph, Onlinejournalismus: Veränderungen – Glaubwürdigkeit – Technisierung, in: Media Perspektiven Nr. 3 (2003), S. 131-138.

Neuberger, Christoph, Qualität im Online-Journalismus, in: Beck, Klaus, Schweiger, Wolfgang, Wirth, Werner (Hrsg.), Gute Seiten – Schlechte Seiten. Qualität in der Onlinekommunikation, München 2004, S. 32-57.

Neuberger, Christoph: Journalismus im Internet. Auf dem Weg zur Eigenständigkeit? Ergebnisse einer Redaktionsbefragung bei Presse, Rundfunk und Nur-Onlineanbietern, in: Media Perspektiven Nr. 7 (2000), S. 310-318.

Neue Pflichten zur Auskunftserteilung.
http://www.compliancemagazin.de/markt/nachrichten/eco190107.html

Neues Telemediengesetz verabschiedet – und weiter in der Kritik.
http://www.haufe.de/SID106.eBr5LUW3YXM/newsDetails?JAVASCRIPT_ACTIVE=1&newsID=1169475785.3&d_start:int=0&topic=Computer_Web&topicView=Computer%20und%20Web

Nickl, Markus, Redaktion im Umbruch. Schreiben als industrieller Prozess, in: Fachjournalismus Nr. 17 (2005), S. 19-22.

Niggemeier, Stefan, Der Spiegel kann Fehler leider nicht selbst korrigieren. http://www.stefan-niggemeier.de/blog/der-spiegel-kann-fehler-leider-nicht-selbst-korrigieren/

O'Reilly, Tim, What is the Web 2.0?: Design Patterns and Business Models for the Next Generation of Software. http://www.oreilly.de/artikel/web20.html

Ortner, Hanspeter, Schreiben und Wissen. Einfälle fördern und Aufmerksamkeit staffeln, in: Perrin, Daniel, Böttcher, Ingrid, Kruse, Otto, Wrobel, Arne, Schreiben. Von intuitiven zu professionellen Schreibstrategien, Wiesbaden 2002, S. 63–81.

Patalong, Frank, Rückkehr der rasenden Reporter. Neue Zeitungsmodelle. http://www.spiegel.de/netzwelt/web/0,1518,457357,00.html

Perrin, Daniel, Kompressionsfaktor 100. Strategien journalistischer Textproduktion optimieren, in: Adamzik, Kirsten, Antos, Gerd, Jakobs, Eva-Maria (Hrsg.), Domänen- und kulturspezifisches Schreiben, Frankfurt a. M. 1997, S. 167-203.

Perrin, Daniel, Meier, Klaus, Repertoires kopieren? Kein Training für Online-Reportagen, in: Perrin, Daniel, Böttcher, Ingrid, Kruse, Otto, Wrobel, Arne, Schreiben. Von intuitiven zu professionellen Schreibstrategien, Wiesbaden 2002, S. 223 ff.

Perrin, Daniel, Thesenpapier zur Europäischen Zeitungstagung. "Drehscheibe Qualität – die besten Modelle der Zeitungsmacher". http://www.bpb.de/files/ZHGU40.pdf

Perrin, Daniel, Wie Journalisten schreiben. Ergebnisse angewandter Schreibprozessforschung, Konstanz 2001.

Politz, Frank, Methodisches Recherchieren. Fundierte Grundlage journalistisch-qualifizierter Berichterstattung. http://www.netzwerkrecherche.de/dokumente/leidenschaft_recherche_2aufl.pdf

Publizistische Grundsätze (Pressekodex). Richtlinien für die publizistische Arbeit nach den Empfehlungen des deutschen Presserats. http://www.presserat.de/uploads/media/Pressekodex.pdf

QM update. Wissenswertes aus dem Qualitätsmanagement. http://dgq.de/dateien/q-tipp.pdf

Quandt, Thorsten, Journalisten im Netz. Eine Untersuchung journalistischen Handelns in Online-Redaktionen, Wiesbaden 2005.

Rager, Günther, Dimensionen der Qualität. Weg aus den allseitig offenen Richter-Skalen?, in: Bentele, Günter, Hesse, Kurt R. (Hrsg.), Publizistik in der Gesellschaft, Konstanz 1994, S. 189-210.

Rau, Harald, Zu wenig Leidensdruck, in: Message Nr. 2 (2002), S. 114-120.

Rauen, Christopher, Steinhüber, Andreas, Das Coach-Modell. http://www.coaching-magazin.de/artikel/rauen_steinhuebel_-_coach-modell.doc

Rögner, Andrea, Benutzerinformation. Untersuchungen zur Funktion von Benutzerinformationen für die Beeinflussung der menschlichen Zuverlässigkeit in sozio-technischen Systemen. http://deposit.ddb.de/cgi-bin/dokserv?idn=973691212&dok_var=d1&dok_ext=pdf&filename=973691212.pdf

Röthlin, Thomas, Online-Journalisten in der Deutschschweiz. Wer sie sind, wie sie denken und handeln. Ergebnisse einer Fragebogen-Erhebung. Facharbeit am Institut für Medienwissenschaft an der Uni Bern 2001. http://www.online-journalismus.ch/news/studie/stumi_print.htm

Ruß-Mohl, Stephan, Der I-Faktor. Qualitätssicherung im amerikanischen Journalismus. Modell für Europa?, Osnabrück 1994.

Ruß-Mohl, Stephan, Fengler, Susanne, Der Journalist als aufgeklärter "Homo oeconomicus". Plädoyer für eine ökonomische Analyse journalistischen Handelns – am Beispiel der Berichterstattung von Massenmedien über Massenmedien, in: Altmeppen, Klaus-Dieter, Karmasin, Matthias (Hrsg.), Medien und Ökonomie, Wiesbaden 2003, S. 209-235.

Ruß-Mohl, Stephan, Infrastrukturen der Qualitätssicherung, in: Hasebrink, Uwe, Jarren, Otfried, Matzen, Christiane, Weßler, Hartmut, Perspektiven der Medienkritik. Die gesellschaftliche Auseinandersetzung mit öffentlicher Kommunikation in der Mediengesellschaft, Opladen 1997, S. 219–224.

Ruß-Mohl, Stephan, Journalismus. Das Hand- und Lehrbuch, Frankfurt a. M. 2003.

Scanlan, Chip, Editors at Work: A Process Approach. http://www.poynter.org/column.asp?id=52&aid=71036

Schatz, Heribert, Schulz, Winfried, Qualität von Fernsehprogrammen. Kriterien und Methoden zur Beurteilung von Programmqualität, in: Media Perspektiven Nr. 11 (1992), S. 690-712.

Schnedler, Thomas, Die Content-Falle. Journalismus in der digitalen Medienwelt, Mainz 2006.

Schwiesau, Dietz, Die Nachrichtenauswahl. http://www.journalistische-praxis.de/nachr/nachricht/auswahl.htm

Staatsvertrag für Rundfunk und Telemedien. http://www.lfk.de/gesetzeundrichtlinien/rundfunkstaatsvertrag/download/RStV9Aenderung.pdf

Stanford Web Credibility Research. http://www.webcredibility.org/guidelines/

Stegers, Fiete, In sechs Semestern Online-Redakteur. http://www.onlinejournalismus.de/2006/07/12/studiengang-online-redakteur-fh-koeln-interview

Stegers, Fiete, www.online-volontaer.de: Ausbildung für den Online-Journalismus. Eine empirische Untersuchung von Online-Volontariaten. http://www.netzjournalismus.de/downloads/stegers_magister2.pdf

Suchmaschinenkonferenz in Berlin. http://www.lehrstuhl-journalistik2.de/lehrstuhl/forschung/projekte/suma-konferenz/

Telemediengesetz. Überwachung leicht gemacht. http://www.manager-magazin.de/it/artikel/0,2828,460861,00.html

Thühaus, Benedikt, Im Quotenparadies. http://www.onlinejournalismus.de/2006/08/03/im-quotenparadies

Total Quality Management (TQM) = Umfassendes Qualitätsmanagement. http://www.olev.de/t/tqm.htm

Traub, Dennis, Zahradka, Rik, Zschau, Oliver, Web Content Management. Websites professionell planen und betreiben, Bonn 2002.

Trautmann, Arne, Checkliste für Websiten (Repost). http://www.law-blog.de/131/checkliste-fur-webseiten-repost/

Trautmann, Arne, Das Telemediengesetz (TMG) kommt. http://www.law-blog.de/350/das-telemediengesetz-tmg-kommt/#more-350

Trautmann, Arne, Disclaimer für Hyperlinks. http://www.law-blog.de/48/disclaimer-fur-hyperlinks/

Trautmann, Arne, Domain schützen? http://www.law-blog.de/125/domain-schutzen/#more-125

Trautmann, Arne, Webdesign und Urheberrecht –Wahrheit und Irrtum. http://www.law-blog.de/unterlagen/webdesign_und_urheberrecht_final.pdf

Vietsch, Volker von, Erfolgsfaktoren einer Website. http://www.ec-net.de/EC-Net/Redaktion/Pdf/Einbindung-offen/doku-roadshow06/060927-mannheim-vortrag-von-vietsch,property=pdf,bereich=ec__net,sprache=de,rwb=true.pdf

Vlasic, Andreas, Über Geschmack lässt sich nicht streiten - über Qualität schon? Zum Problem der Definition von Maßstäben für publizistische Qualität, in: Beck, Klaus, Schweiger, Wolfgang, Wirth, Werner (Hrsg.), Gute Seiten - schlechte Seiten. Qualität in der Onlinekommunikation, München 2004, S. 15-31.

Weichler, Kurt, Redaktionsmanagement, Konstanz 2003.

Welch, Matt, The Corrector: Slipup.com. http://mattwelch.com/OJRsave/OJRsave/CorrectorSlipup.htm

Wenger, Jochen, Bauer Poppe und die Googleisierung. http://jochen.jonet.org/modules.php?name=News&file=article&sid=119

Werner, Petra, Nachrichtenfaktoren – Einführung. http://www.fbi.fh-koeln.de/institut/personen/werner/material/Nachrichtenauswahl_Folien.pdf

Wied, Kristina, Redigieren und Kritisieren. Ergebnisse einer Befragung von Printjournalisten. http://www.opus-bayern.de/uni-bamberg/volltexte/2006/104/pdf/Bericht_Redigieren%20und%20Kritisieren_Publikation.pdf

Wikipedia. Die freie Enzyklopädie. Total Quality Management. http://de.wikipedia.org/wiki/Total-Quality-Management

Wikipedia. The free encyclopedia. PDCA. http://en.wikipedia.org/wiki/Image:PDCA.gif

Wirth, Werner, Methodologische und konzeptionelle Aspekte, in: Rössler, Patrick, Wirth, Werner (Hrsg.), Glaubwürdigkeit im Internet. Fragestellungen, Modelle, empirische Befunde, München 1999.

Wolter, Brigitte, Firmenleitbilder: Alles Mode oder was? http://www.brandinvest.com/blog/2006/firmenleitbilder-alles-mode-oder-was/

Wyss, Vinzenz, Medienmanagement als Qualitätsmanagement, in: Karmasin, Matthias, Winter, Carsten (Hrsg.), Grundlagen des Medienmanagements, München 2000, S. 150-171.

Wyss, Vinzenz, Redaktionelles Qualitätsmanagement. Ziele, Normen Ressourcen, Konstanz 2002.

Young, Philip, Zerfass, Ansgar, Sandhu, Swaran, Results of the first European Survey on Weblogs in Public Relations and Communication Management. http://www.euroblog2006.org/results/assets/EuroBlog2006_Results.pdf

Zerfaß, Ansgar, Corporate Blogs: Einsatzmöglichkeiten und Herausforderungen. http://www.zerfass.de/CorporateBlogs-AZ-270105.pdf

Zerfaß, Ansgar, Fietkau, Karen, Interaktive Öffentlichkeitsarbeit. Der Einsatz von Internet und Online-Diensten im PR-Management. http://www.communicationmanagement.de/zerfass-fietkau.pdf

Zischek, Yves, Qualifikationsanforderungen an Online-Journalisten. http://www.iam.zhwin.ch/download/online_journalisten_studie.pdf